Muttersprache plus

6 Sprach- und Lesebuch
Sachsen

Erarbeitet von
Tefide Avci, Brita Kaiser-Deutrich, Andrea Kruse,
Sylvia Masur, Sylke Michaelis, Viola Oehme,
Elke Oll, Gerda Pietzsch, Bianca Ploog,
Luzia Scheuringer-Hillus, Birgit Schmidt,
Adelbert Schübel, Wiebke Schwelgengräber,
Marianne Thiele, Viola Tomaszek

Unter Beratung von
Viola Oehme

Cornelsen

Muttersprache plus

6 **Sprach- und Lesebuch**
Sachsen

Redaktion: Karin Unfried, Birgit Patzelt, Kristina Weidemann, Gabriella Wenzel
Illustrationen: Friederike Ablang, Berlin: S. 169, 171, 173, 175, 178 (3), 179, 180, 181, 182, 186, 213, 220, 221, 222, 223, 224 (2), 225, 227 (2), 230, 233, 235, 241
Annette von Bodecker-Büttner, Dresden: S. 72, 74, 79, 100, 102, 103, 104, 105, 107, 108, 114, 122, 123, 124, 125, 131, 132, 251 Cleo-Petra Kurze, Berlin: S. 156, 158
Christa Unzner, Berlin: S. 9, 10 (2), 11, 12, 13, 14 (2), 17, 40, 42, 56, 66, 69, 70, 71, 95, 111, 117, 118, 120, 121, 243, 264
Umschlaggestaltung: werkstatt für gebrauchsgrafik, Berlin
Umschlagillustration: Dorina Tessmann, Berlin
Layout und technische Umsetzung: lernsatz.de

Begleitmaterialien für Schülerinnen und Schüler zu *Muttersprache plus* Klasse 6

Schülerbuch als E-Book	978-3-06-063291-6
Arbeitsheft	978-3-06-063303-6

www.cornelsen.de

Dieses Werk berücksichtigt die Regeln der reformierten Rechtschreibung und Zeichensetzung.
Bei den mit [R] gekennzeichneten Texten haben die Rechteinhaber einer Anpassung widersprochen.

Die mit * markierten Texte wurden aus didaktischen Gründen gekürzt und/oder verändert.

1. Auflage, 1. Druck 2021

Alle Drucke dieser Auflage sind inhaltlich unverändert und können im Unterricht nebeneinander verwendet werden.

Druck: Mohn Media Mohndruck, Gütersloh

ISBN 978-3-06-063290-9

PEFC
PEFC/04-31-1033

PEFC zertifiziert
Dieses Produkt stammt aus nachhaltig bewirtschafteten Wäldern und kontrollierten Quellen.

www.pefc.de

Inhalt

Schritt für Schritt: Wort – Satz – Text

Sprache gebrauchen – Sprache untersuchen

Richtig schreiben

Wahlbereich

Vorhang auf – Lasst die Puppen tanzen

Verknüpfte Geschichten

Feste feiern – Traditionen wahren

Zeichenerklärung
Methoden und Arbeitstechniken
Entwicklung der Medienkompetenz

Operatoren im Überblick (Auswahl)

Operatoren sind ein wesentlicher Bestandteil jeder Aufgabenstellung.
Sie benennen die Handlungsschritte, die zur Lösung von Aufgaben notwendig sind.

Operator (Verb)	Was sollst du tun?
Begründe …	Belege eine Meinung mit Fakten und Beispielen.
Beschreibe …	Stelle etwas sachlich und so genau dar, dass man es sich vorstellen kann.
Entwirf …	Schreibe oder gestalte die erste Fassung von etwas.
Erkläre …	Stelle etwas mithilfe deines Wissens dar.
Erläutere …	Stelle etwas mithilfe deines Wissens und mit Beispielen anschaulich dar.
Fasse zusammen …	Formuliere etwas Wesentliches kurz und knapp.
Gib wieder …	Sage etwas mit eigenen Worten.
Markiere …	Hebe etwas hervor, zum Beispiel durch Unterstreichung.
Nenne…	Trage etwas zusammen und zähle es auf.
Ordne …	Bringe etwas in eine bestimmte Reihenfolge oder sortiere etwas nach Gruppen.
Ordne … zu.	Bringe etwas in Verbindung, das zusammengehört.
Prüfe …	Untersuche etwas und formuliere eine Einschätzung, ob es wahr oder gültig sein kann.
Stelle … dar/vor.	Formuliere etwas mit eigenen Worten so, dass andere es verstehen können.
Verfasse …	Schreibe einen zusammenhängenden Text.
Vergleiche …	Suche Gemeinsamkeiten und Unterschiede und nenne sie.

Was weißt du noch aus Klasse 5?

1 Lies den folgenden Text.

Warum wird an der Uhr gedreht?

1 Noch ein paar Mal flackerte das Flämmchen, dann war die Kerze abgebrannt. Und Benjamin Franklin saß im Dunkeln. Der amerikanische Wissenschaftler wollte weiterarbeiten. Aber wie, ohne Kerzen? Grimmig ging er an diesem Frühlingsabend des Jahres 1784 zu Bett. Als er am nächsten Morgen erwachte, schien die Sonne. Franklin kramte nach seiner Uhr: Sechs Uhr – und schon so hell? Welch eine Verschwendung! In der Frühe, wenn er noch schlief, gab es Licht genug. Abends dagegen wurde es viel zu rasch dunkel! Vielleicht sollte man einfach die Uhren vorstellen. »Würde man die Zeiger um eine Stunde weiterdrehen, wäre der Sonnenaufgang später – also um sieben. Abends ginge die Sonne dafür eine Stunde später unter. Es wäre abends länger hell – und ich könnte Kerzen sparen!«

2 Benjamin Franklin schrieb darüber einen Artikel für eine Zeitung, den aber niemand beachtete. Erst gut 130 Jahre später wurde wirklich an der Uhr gedreht: Im Jahr 1916 führten die Deutschen, Engländer, Iren und Franzosen die Sommerzeit ein. Die Idee war dieselbe wie bei Franklin: Wird es später dunkel, schalten die Menschen auch später das Licht ein! Experten hatten ausgerechnet, dass man so Strom und Gas sparen kann.

3 Auch wenn die Zeitumstellung seither mehrfach abgeschafft und wieder eingeführt wurde – seit 1980 stellen im März alle Bürger in der Europäischen Union gleichzeitig ihre Uhren um! Und noch in weiteren Ländern, die ebenfalls auf Sommerzeit umschalten, etwa in Russland, der Schweiz oder der Türkei.

4 Ob diese Aktion wirklich Energie spart, ist fraglich. Die Menschen schalten zwar abends später das Licht an, doch müssen sie morgens die Heizung aufdrehen, weil es im März und April in der Frühe noch kalt ist. In der Landwirtschaft werden die Kühe zu anderen Zeiten als sonst gemolken – und brauchen eine Weile, um sich daran zu gewöhnen.

5 Seit langem fordern Experten, die Zeitumstellung abzuschaffen. Im Jahr 2019 hat das EU-Parlament befürwortet, dass die jährliche Zeitumstellung beendet wird. Jedes Land der EU soll dann jeweils selbst entscheiden, ob es dauerhaft die Winterzeit oder die Sommerzeit einführen möchte.*

2 Ordne die folgenden Überschriften den Textabschnitten zu. Schreibe die Nummer des Abschnitts und den dazugehörigen Buchstaben auf.

A Viele Länder einigen sich auf Zeitumstellung
B Neue Regelung geplant
C Probleme mit der Zeitumstellung
D Benjamin Franklins Idee
E Sommerzeit wird das erste Mal eingeführt

3 Welche Länder führten als Erste die Zeitumstellung ein? Wähle die richtige Antwort aus.

1 Russland, Türkei, Deutschland, Irland
2 Deutschland, Frankreich, Irland, England
3 Deutschland, Irland, England, Schweiz
4 Frankreich, Türkei, Schweiz, Russland

4 Wähle eine Überschrift aus, die ebenfalls zum Text passt und begründe deine Entscheidung am Text.

1 Die geheime Zeitumstellung
2 Der Kampf zwischen Hell und Dunkel
3 Eine energiesparende Uhr
4 Eine Erklärung für die Zeitumstellung

5 Schreibe die Wörter aus der Wortschlange in dein Heft. Bestimme die Wortart.

6 Formuliere die Sätze so um, dass die angegebene Satzart entsteht.

1 Das Sonnenlicht fehlte den Menschen im Winter. (Fragesatz)
2 Stellt man die Uhr im Frühjahr eine Stunde vor? (Aussagesatz)
3 Du gibst mir eine rote Kerze. (Aufforderungssatz)
4 Gewöhnen sich Menschen und Tiere nach einer Weile an die Zeitumstellung? (Aussagesatz)

7 Bestimme in den Sätzen 1 und 3 der Aufgabe 6 die Satzglieder.

Gespräche führen – eine Meinung vertreten

Sich im Alltag verständigen

1 Sieh dir die Bilder genau an.

a Beschreibe, wie sich die Gesprächspartner vermutlich fühlen.

b Überlege, wie sich der Junge für das kaputte Rad entschuldigen kann.

c Denke darüber nach, wie das Mädchen reagieren könnte, das gerne Fußball spielen möchte.

d Formuliere mögliche Antworten.

2

a Lies Lisas Entschuldigung. Stelle Vermutungen an, ob Tobias sie annehmen wird.

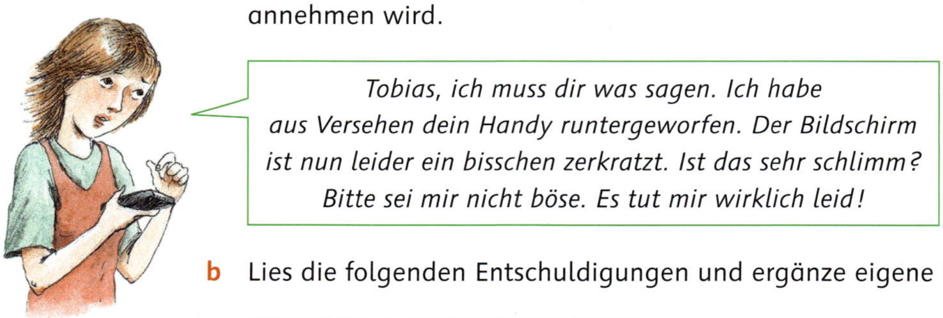

b Lies die folgenden Entschuldigungen und ergänze eigene Beispiele.

Es tut mir leid, dass …
Entschuldige bitte, dass ich …

c Entschuldige dich bei deiner Lernpartnerin / deinem Lernpartner
- für ein zerbrochenes Lineal,
- für eine verletzende Bemerkung.

In manchen Situationen muss man sich für etwas **entschuldigen.**
Dafür kann man bestimmte Wendungen nutzen, z. B.:
Entschuldige bitte, dass ich …
Es tut mir leid, dass … Bitte sei mir nicht böse!
Mir ist leider etwas Unangenehmes passiert: … Wie kann ich den Schaden ersetzen?
Die Entschuldigung sollte möglichst angenommen werden, z. B.:
Das war ja nicht mit Absicht.
Das ist nicht so schlimm.
Das ist schon in Ordnung.

3

a Lest das folgende Gespräch mit verteilten Rollen.

Anja Suchst du eigentlich immer noch jemanden, der deine zwei Wellensittiche am Wochenende versorgt?

Paul Ja! Ich will sie nicht das ganze Wochenende alleine lassen. Futter und Wasser könnte ich zwar hinstellen, aber jemand müsste den Käfig ja auch sauber machen und die Vögel fliegen lassen.

Anja Ich glaube, ich könnte dir helfen.

Paul Na, ich weiß nicht recht. Hast du dir das wirklich gut überlegt? Was werden deine Eltern sagen, wenn du mit dem Vogelkäfig anrückst? Meine Wellensittiche haben gerade die Mauser – das heißt, sie verlieren Federn. Du wirst viel aufräumen müssen.

Anja Ach, das stört mich nicht. Meinen Eltern müssen wir eben erklären, dass es ja nur um ein Wochenende geht und dass es Nachbarschaftshilfe ist. Die kommt bei Mutti immer gut an.

Paul Ja, wenn du das so siehst! Das hört sich ganz gut an. Hast du denn schon eine Idee, wo der Käfig stehen könnte?

Anja Ich glaube, Mutti würde nichts dagegen haben, wenn die Wellensittiche in mein Zimmer kommen. Da dürfen sie auch ein paar Runden fliegen, ohne dass es Stress gibt.

Paul Super! Komm, wir fragen unsere Eltern um Erlaubnis!

b Anja und Paul gehen in ihrem Gespräch aufeinander ein.
Suche die entsprechenden Textstellen heraus.

c Übertrage die Tabelle in dein Heft. Ordne die Textstellen richtig ein.

Zustimmung	Ablehnung	Vorschlag
Ja!	…	*Ich glaube, ich könnte dir helfen.*

3 b Ordne die Textstellen zu. Was sagt Anja? Was sagt Paul?
Ja! / Ich glaube, ich könnte dir helfen. / Ach, das stört mich nicht. / Ja, wenn du das so siehst! Das hört sich ganz gut an. / Super! Komm, wir fragen, ob unsere Eltern einverstanden sind.

Manchmal kann man weder zustimmen noch ablehnen. Dann muss man eine andere Lösung, einen **Kompromiss**, finden, bei dem alle von ihrer Meinung etwas abweichen und aufeinander zugehen.

4 Anton hat Ellen schon öfter abschreiben lassen, aber nur Übungen oder Hausaufgaben. Nun fürchtet sich Ellen vor der Mathearbeit.

a Wählt passende Wendungen aus und vervollständigt das folgende Gespräch. Achtet darauf, dass es zu einem Kompromiss kommt.

Ellen Lässt du mich morgen bei der Mathearbeit abschreiben?

Anton ___ (Du spinnst wohl! / Na klar! Ich trage auch gleich die Lösungen auf deinem Blatt ein! / Das ist keine gute Idee!)

Ellen Nun hab dich doch nicht so. ___ (Das ist doch bloß ein kleiner Freundschaftsdienst. / Ich lade dich dafür auch ins Kino ein. / Ich gebe dir 10 Euro, wenn du mich abgucken lässt.) Du weißt genau, dass ich in Mathe schon auf Vier stehe!

Anton ___ (Das ist doch kein Grund! / Was geht mich das an? / Das kann ich wirklich nicht für dich machen.)

Ellen ___ (Du bist gemein! / Kannst du nicht ein Auge zudrücken? / Du bist nicht mehr mein Freund, wenn du mich hängen lässt.) Du lässt mich doch auch die Hausaufgaben abschreiben!

Anton Ja, Ellen, und nun hast du einfach nicht genug geübt.

Ellen Da hast du recht! Aber morgen hilft mir diese Einsicht auch nicht weiter.

Anton ___ (Ich erkläre dir nachher noch einmal ganz genau die Rechenwege, damit morgen alles klappt. / In Zukunft lasse ich dich gar nicht mehr abschreiben. / In Zukunft musst du dir eben Spickzettel machen.)

b Spielt das Gespräch.

5 Jan und Carla wollen den Sonnabend zusammen verbringen. Jan möchte ins Hallenbad, Carla ins Kino. Versucht einen Kompromiss für sie zu finden. Wählt Aufgabe a oder b.

●●● **a** Überlegt euch ein Gespräch, in dem die beiden sich einigen. Spielt dieses Gespräch.

●●○ **b** Überlegt euch ein Gespräch, in dem die beiden sich einigen. Verwendet folgende Sätze und ergänzt sie. Spielt anschließend das Gespräch.

Jan: *„Ins Kino kann man ja immer, das Hallenbad hat aber am Sonnabend Spaß-Badetag."*
Carla: *„Ins Hallenbad kann man auch immer. Am Sonnabend kommt aber der neuste Film aus meiner Lieblingsfilm-Reihe, den will ich unbedingt sehen! Hast du nicht auch Lust darauf?"*
Jan: *„Doch irgendwie schon, aber es ist viel gesünder, zu schwimmen als im Kino zu sitzen."*
Carla: *„Das stimmt allerdings. …"*

6

a Fasse zusammen, welche gegensätzlichen Meinungen Ina und Tom im folgenden Gespräch vertreten.

Tom Sieh dir mal die Oma an! Die stellt sich in der Schlange einfach vorne an! – He, Sie da! Nicht vordrängeln!
Ina Ruhig! Hab dich doch nicht so. Sie ist alt, da wollen die Beine nicht mehr so recht.
Tom Dann soll die Alte doch am frühen Nachmittag einkaufen gehen, dann ist's hier auch nicht so rappelvoll!
Ina Nun mach aber mal einen Punkt! Willst du ihr vorschreiben, wann sie einkaufen darf und wann nicht? Hast du für mich etwa auch schon genaue Einkaufszeiten eingeplant? Oder für deine Mutti?
Tom Nee, also so hab ich das eigentlich nicht gemeint …

b Überlege, was an Toms Äußerungen stört.

c Suche die Textstellen heraus, mit denen Ina Toms Äußerungen zurückweist.

Wenn man eine Äußerung einer Gesprächspartnerin / eines Gesprächspartners **ablehnen** möchte, sollte man sachlich bleiben, z. B.:
Hast du dir das wirklich gut überlegt? Bist du wirklich dieser Meinung?
Das meinst du doch sicherlich nicht ernst! Das ist keine gute Idee!
Das ist doch kein Grund, sich zu streiten!

d Formuliere Inas Antworten anders. Nutze dazu den Merkkasten.

e An welcher Formulierung von Tom merkt man, dass es ihm leidtut?

Sich mit verschiedenen Meinungen auseinandersetzen

1 Sieh dir die beiden Illustrationen genau an.

a Überlege, welches der beiden dargestellten Probleme sich vermutlich leicht klären lässt. Begründe deine Meinung.

b Tauscht euch darüber aus, wie man die beiden Probleme am besten lösen könnte.

Manche Probleme lassen sich nur in einer **Diskussion** klären. Sie kann im kleinen Rahmen, zum Beispiel in der Familie oder im Freundeskreis, oder im größeren Rahmen, zum Beispiel in der Schule oder im Sportverein, stattfinden. Größere Diskussionen führt meist ein **Diskussionsleiter**, der sie eröffnet, ihren Verlauf lenkt und die Ergebnisse zusammenfasst.
Bei Diskussionen sollte man zuerst bedenken:
- Welches Problem soll gelöst werden?
- Welche einzelnen Fragen sind dazu zu klären?

2 Formuliere die beiden in Aufgabe 1 a dargestellten Probleme.
Ergänze dazu die folgenden Fragen.

Ist es ungerecht, dass ...?
Ist es sinnvoll, 100 Euro ...?

3 Tina hat sich auf ein Gespräch mit Oliver und ihren Eltern vorbereitet. Sie hat einige Fragen notiert, die in der Diskussion zu klären sind.

a Lest die Fragen und tauscht euch darüber aus, ob sie für das Gespräch hilfreich sind. Begründet eure Meinung.

1. Warum musste Oliver noch kein einziges Mal helfen?
2. Warum habe ich ihn nicht einfach um seine Hilfe gebeten?
3. Hatte Oliver andere Aufgaben?
4. Welche Aufgabe war schwieriger und zeitaufwändiger?
5. Ist Hausarbeit nur Mädchensache?

→ **S. 19:** Informationen sammeln

b Überlegt, welche Fragen in der Klassendiskussion zur Rettung der Sibirischen Tiger besprochen werden sollten. Schreibt einige auf.

Warum sterben die Sibirischen Tiger aus? ...

Vor einer Diskussion sollte man sich überlegen, welche Meinung man zu dem Thema hat und wie man diese **Meinung begründen** kann. Dazu kann man Sätze mit ***weil, da, denn*** verwenden.

4 Olli wünscht sich schon seit Langem einen eigenen Computer. Leider haben seine Eltern Bedenken.

a Olli überlegt sich, wie er die Eltern überzeugen könnte. Lies die Gründe, die ihm einfallen.

1 Wir bekommen von der Schule immer mehr Informationen per Mail. Die Lehrkräfte gehen davon aus, dass wir einen Computer haben.
2 Präsentationen für die Schule soll ich nun auch immer häufiger mit einem Computerprogramm erstellen.
3 Ich werde mich mit eigenem Geld an den Kosten beteiligen.

b Beurteile Ollis Begründungen. Sind sie überzeugend?

c Überlege dir weitere Gründe, mit denen Olli seine Eltern überzeugen könnte.

In einer Diskussion muss man sich **mit den Meinungen** der anderen **auseinandersetzen**. Dabei sollte man auf andere eingehen, z. B.:

Zustimmung:	*Du hast recht. Das gefällt mir. Da stimme ich dir zu. Ich bin ganz deiner Meinung.*
Ablehnung:	*Da bin ich anderer Meinung. Ich sehe das anders. Du hast nicht daran gedacht, dass …*
Entschuldigung:	*Entschuldige bitte! Es tut mir leid, dass …*
Kompromiss:	*Ich bin nicht ganz einverstanden. Das ist in Ordnung, wenn … Ich stimme zu, wenn …*

5 Übertrage die Tabelle in dein Heft.
Ordne die Sätze und Satzteile richtig ein.

Zustimmung	Ablehnung	Entschuldigung	Kompromiss
…	…	…	…

1 Tut mir leid! **2** Ich bin völlig deiner Meinung.
3 Ich wäre dafür, wenn … **4** Das überzeugt mich nicht, weil …
5 Ich bin dagegen, weil … **6** Entschuldigung, das wollte ich nicht.
7 Deine Idee finde ich gut. **8** Soll nicht wieder vorkommen!
9 Das ist in Ordnung, wenn …

6

a Ergänzt Ollis Antworten.
Nutzt seine Begründungen aus Aufgabe 4 a.

Vater Gegen einen Computer ist nichts einzuwenden, wenn er als Arbeitsgerät genutzt wird.
Olli ___.
Mutter Ich mache mir trotzdem Sorgen. Am Ende sitzt du doch stundenlang davor, um zu spielen. Das kann süchtig machen!
Olli ___.
Vater Im Prinzip hast du recht. Aber ein Computer ist nicht billig! Höchstens 200 Euro könnten wir dafür ausgeben.
Olli ___.
Mutter Ich schlage euch einen Kompromiss vor: Wir geben dir 200 Euro, du legst was dazu. Und vielleicht fragst du noch Oma?
Olli ___.

b Spielt das Gespräch mit verteilten Rollen.

7 Olli muss noch die Oma überzeugen, dass sie ihm Geld gibt. Er ruft sie an. Wählt a oder b.

→ S. 18: Diskussion (Aufgabe 2)

●●○ **a** Überlegt, wie das Gespräch verlaufen könnte, und spielt es nach.

●○○ **b** Überlegt, wie das Gespräch verlaufen könnte, und spielt es nach. Ihr könnt folgende Sätze nutzen. Bestimmt die richtige Reihenfolge.

„Ich habe mit Mama und Papa darüber gesprochen, dass ich einen Computer möchte."
„Hallo Oma, wie geht es dir?"
„Wir haben besprochen, dass ich unter bestimmten Voraussetzungen einen Computer bekomme."
„Es wäre toll, wenn du dich daran beteiligen würdest!"
„Sie machen sich Sorgen, dass ich zu viel am Computer bin."
...

●●● **8** Sucht euch eine der folgenden Situationen aus und stellt die Gespräche spielerisch dar. Überzeugt eure Gesprächspartnerin / euren Gesprächspartner von eurem Standpunkt.

1. Du willst am Wochenende mit einer Freundin / einem Freund im Garten zelten und bittest deine Mutter um Erlaubnis.
2. Du möchtest unbedingt ein Skateboard haben. Dein Vater ist nicht gerade begeistert.
3. Du wünschst dir zwei Wellensittiche zum Geburtstag. Deine Mutter befürchtet, die Vögel könnten zu viel Arbeit machen.

9 Bereitet eine Klassendiskussion zu folgendem Problem vor: Sollen wir 100 Euro für die Rettung der Sibirischen Tiger spenden?

Tipp
Nutzt auch eure Ergebnisse zu Aufgabe 3 b (S. 15).

a Bildet euch Meinungen zu dem Thema und sucht geeignete Begründungen. Notiert sie stichpunktartig.

b Wählt einen Diskussionsleiter und diskutiert das Problem. Einigt euch auf eine gemeinsame Meinung oder findet einen Kompromiss.

10 Wählt ein anderes Problem aus, über das ihr in der Klasse diskutieren wollt. Bereitet die Diskussion vor und führt sie durch.

Was habe ich gelernt?

11 Fasse zusammen, was du über **Gespräche und Diskussionen** gelernt hast. Fertige ein Merkblatt an.

Wichtige Gesprächsregeln:
1. Höre aufmerksam zu. Gehe auf das ein, was gesagt wurde.
...

Bei einer Diskussion mitschreiben

Das **Mitschreiben** dient dem schriftlichen Festhalten von Gehörtem.
Dabei kommt es darauf an, dass man:
- genau und konzentriert zuhört,
- Wesentliches von Unwesentlichem unterscheidet,
- Aussagen schnell und genau zusammenfasst.

Um schnell mitschreiben zu können, sollte man **Stichpunkte** formulieren.
Schreibe unvollständige Sätze auf, z. B. ohne Subjekt oder mit einem Verb im Infinitiv, z. B.:
zu teuer, Oma um Geld bitten.
Man kann auch **Abkürzungen** benutzen, z. B.: *u., ca., usw.*

1 Überlegt, was folgende Abkürzungen bedeuten, und sucht weitere.

bzw. – m. E. – ca. – u. a. – d. h. – usw. – z. B. – u. Ä.

Tipp
Bereite dich immer gut vor: Lege Stifte und Papier bereit. Schreibe das Thema auf und überlege, wie du deine Notizen übersichtlich gestalten kannst.

2 Deine Mitschülerinnen und Mitschüler spielen die Diskussion zwischen Olli und seiner Oma vor (S. 17, Aufgabe 7) und du willst die wichtigsten Meinungen und Begründungen mitschreiben.

a Übertrage die folgende Tabelle in dein Heft. Ergänze eine Überschrift.

Olli	Oma
...	...

b Höre genau zu. Schreibe alle wichtigen Aussagen stichpunktartig mit.

c Prüfe und korrigiere deine Stichpunkte.

Tipp
Konzentriere dich auf ein oder zwei Schülerinnen/Schüler.

3 Schreibe eine Diskussion in eurer Klasse mit.
Notiere, wer welche Meinung vertritt.
Halte auch das Ergebnis der Diskussion fest.

So kannst du mitschreiben
1. Schreibe lieber mehr mit als zu wenig. Streiche und ordne später.
2. Notiere möglichst Stichpunkte.
3. Verwende Abkürzungen.
4. Schreibe übersichtlich, lass einen breiten Rand für Ergänzungen und Bemerkungen.

Informationen sammeln

Sich in Zeitschriften informieren

1

a Überlegt, für welche Zwecke ihr im Alltag nach Informationen sucht.

b Welche Quellen nutzt ihr zur Informationssuche? Tauscht euch aus.

2 Für Kinder gibt es viele verschiedene Zeitschriften.

a Tragt zusammen, welche Kinderzeitschriften ihr kennt und gerne lest.

b Wie geht ihr beim Lesen dieser Zeitschriften vor? Tauscht euch aus.

3 Eine bekannte Kinderzeitschrift ist Dein SPIEGEL.

a Betrachte die Titelseite der Zeitschrift und sage, welche Inhalte du erwartest.

b Lies das Inhaltsverzeichnis. Überlege, welche Textinhalte du erwartest. Welches Thema interessiert dich besonders? Begründe, warum.

c Lies noch einmal das Inhaltsverzeichnis. Nenne die Seiten, auf denen du etwas über Kinder aus aller Welt erfahren könntest. Begründe deine Entscheidung.

Inhalt

Zeitschriften erscheinen **regelmäßig** (einmal pro Woche, einmal pro Monat usw.) und richten sich an bestimmte Leser, zum Beispiel an Kinder. Es gibt gedruckte Hefte und Online-Ausgaben. Bei einer Zeitschrift erkennt man meist schon am **Titelbild**, welche Leitthemen in der Ausgabe behandelt werden.
Das **Inhaltsverzeichnis** hilft dabei, sich einen schnellen Überblick über den Inhalt der Zeitschrift zu verschaffen und gezielt nach Informationen zu suchen.

4 Sieh dir die Titelbilder der folgenden Zeitschriften an. Überlege, in welchen von ihnen du Informationen über das Leben in anderen Ländern findest.

5 Neben den hier gezeigten gibt es weitere Zeitschriften, die viele interessante Themen und Fakten für Kinder bereithalten.

a Nimm deine Lieblingszeitschrift und beschreibe das Titelbild. Welche Inhalte erwartest du in diesem Heft?

b Lies und untersuche das Inhaltsverzeichnis. Bestätigt sich deine Vermutung, die du beim Betrachten des Titelbildes hattest?

c Was gefällt dir an deiner Lieblingszeitschrift besonders? Stelle die Besonderheit dieser Zeitschrift in der Klasse vor.

5c Nutze z. B. folgende Satzanfänge:
Es gibt interessante Artikel und …
Toll finde ich …
Besonders gefällt mir, dass …
In der Zeitschrift sind …

Im Lexikon Informationen suchen

> Ein **Lexikon** (Plural: Lexika) ist ein **alphabetisch** geordnetes Nachschlagewerk. Darin werden Begriffe und Namen aus allen Wissensgebieten erklärt. Es kann gedruckt oder online vorkommen. Auch **Wörterbücher** gehören zu den Lexika, da in ihnen die Bedeutung von Wörtern erklärt wird.

1 Beschreibe den Aufbau des folgenden Lexikonartikels.

Ländersteckbrief PERU

- **Fläche:** ca. 1.290.000 km²
- **Einwohnerzahl:** ca. 32 Mio. (2019)
- **Hauptstadt:** Lima

Landesnatur: Die Anden nehmen fast zwei Drittel von Peru ein. Sie gliedern sich im Süden in zwei z. T. vulkanische Ketten (Misti 5842 m, Nudo Coropuna 6613 m), die an der Grenze nach Bolivien ein trockenes Hochbecken, das *Altiplano* mit dem Titicacasee, einschließen, während im Norden drei Ketten ausgebildet sind. Nach Osten senkt sich das Land über die Hügellandschaft der *Montaña* zum Amazonastiefland *(Selva)*. – Das Gebirge *(Sierra)* trägt überwiegend Kältesteppen, das Küstenland *(Costa)* ist teilweise wüstenhaft. Die Montaña und Selva werden von tropischen Regenwäldern eingenommen.

2 Suche aus einem Lexikon Informationen über Peru heraus.

a Übertrage die folgende Tabelle in dein Heft und ergänze sie.

Information über Peru	Lexikon, Verlag, Erscheinungsjahr
– *Staat in Südamerika* – *27,9 Millionen Einwohner* – …	*Bertelsmann Jugendlexikon,* *Wissen Media Verlag,* *2008*
…	…

b Beschreibe, wie du bei der Suche im Lexikon zum Thema „Peru" vorgegangen bist.

c Sieh dir auf einer Weltkarte das Land Peru an.

d Formuliert *W*-Fragen zu Peru. Stellt und beantwortet sie euch gegenseitig. Nutzt dazu die Informationen aus dem Lexikon.

→ S. 40: Berichten

3 Sucht in verschiedenen Lexika Informationen zu Kinderrechten.

a Tragt die Informationen in einer Tabelle wie in Aufgabe 2 a zusammen.

b Tauscht euch darüber aus, welche Informationen ihr gefunden habt.

In Sachbüchern Informationen suchen

1 Sachtexte informieren die Leser über ein bestimmtes Thema.

a Stellt Vermutungen darüber an, was Sachbücher sein könnten.

b Nennt Sachbücher, die ihr kennt und gerne lest.

2 Du möchtest dich in einem Sachbuch über Kinderrechte informieren.

a Beschreibe, wie du bei der Suche vorgehen würdest.

b Tragt zusammen, welche Möglichkeiten es gibt, schnell zu erkennen, über welche Themen ein Sachbuch informiert.

> **Sachbücher** vermitteln in allgemein verständlicher Sprache Wissen für eine breite Leserschaft. Um Informationen zu einem bestimmten Thema zu finden, muss man geeignete Sachbücher suchen. **Inhaltsverzeichnis**, **Klappentext** und **Register** helfen, sich einen ersten Überblick über die im Buch behandelten Fragen zu verschaffen.

c Wähle ein Sachbuch aus und beschreibe seinen Aufbau.

d Tauscht euch in der Klasse über eure Ergebnisse aus.

3 Im Sachbuch „Die Kinder-Uni 2: Forscher erklären die Rätsel der Welt" können sich Kinder über wissenschaftliche Themen informieren.

a Stelle mithilfe des Klappentextes Vermutungen an, ob du in diesem Buch Informationen zum Thema „Kinderrechte" finden wirst.

Start frei für das zweite Semester an der Kinder-Uni!
Warum dürfen Erwachsene mehr als Kinder?
Warum sind die griechischen Statuen nackt?
Warum bin ich Ich?
Warum fallen die Sterne nicht vom Himmel?
Ein geistreiches und unterhaltsames Wissensbuch nicht nur für junge Leser.

b Lies das Inhaltsverzeichnis auf S. 23. In welchem Kapitel könntest du Informationen über Kinderrechte finden?

2c Du kannst z. B. so beginnen:
Das Buch heißt …
Es informiert über …
Das Sachbuch hat … Kapitel.
Die Kapitel heißen …

Inhalt

c Zu welchen weiteren Themen informiert das Buch?
Tausche dich mit deiner Nachbarin /deinem Nachbarn über das gesamte Inhaltsverzeichnis aus.

4 Sucht weitere Sachbücher für Kinder, in denen ihr Informationen über Kinderrechte finden könntet.

a Lest den Klappentext. Stellt Vermutungen an, ob die gesuchten Informationen hier zu finden sind.

b Seht euch das Inhaltsverzeichnis und das Register an. Prüft, ob ihr das Gesuchte findet.

> Wenn man einem Buch **Informationen** zum gesuchten Thema **entnommen** hat, muss man die genaue Quelle angeben.
> Eine **Quellenangabe** muss Folgendes enthalten:
> - Autorin/Autor: *Janßen, Ulrich und Steuernagel, Ulla:*
> - Titel: *Die Kinder-Uni 2: Forscher erklären die Rätsel der Welt.*
> - Ort, Verlag, Jahr: *München: Deutsche Verlagsanstalt, 2004,*
> - Seitenzahl, woher die Information stammt: *S. 54–58.*

c Wenn ihr in eurem Buch Material gefunden habt, stellt eine Quellenangabe nach dem folgenden Muster zusammen.

Autorin/Autor: Titel. Ort: Verlag, Jahr, Seitenzahl.

d Stellt euch eure Ergebnisse in der Klasse vor.

Was habe ich gelernt?

5 Was hast du in diesem Kapitel Neues gelernt?
Tausche dich mit deiner Lernpartnerin / deinem Lernpartner darüber aus.

Im Internet Informationen suchen

1 Ihr könnt auch im Internet Material über Kinderrechte suchen.

a Nennt Suchmaschinen, die ihr schon benutzt habt.

b Wählt eine Suchmaschine aus. Gebt die Adresse in das Adressfeld des Internetfensters ein.

Adressfeld

Suchfeld

c Überlegt euch Schlüsselwörter zum Thema „Kinderrechte", die ihr ins Suchfeld eingeben könnt.

Kinderrechte, Kinderschutz, ...

> Wenn man Informationen und Textstellen **aus dem Internet** entnimmt, muss man, wie bei Büchern auch, die **Quellenangabe** notieren. Sie sollte folgende Angaben enthalten:
> - Autorin/Autor (wenn möglich): *Eichholz, Reinald:*
> - Titel und Untertitel des Beitrags: *Die Rechte des Kindes.*
> - „Online im Internet" sowie die Internetadresse: *Online im Internet: http://kindersache.de/*
> - Abrufdatum, z. B.: *[02. 09. 2020]*

d Schreibt die Informationen zum Thema „Kinderrechte" auf und notiert dahinter die Quelle.

– *Jeder Mensch hat das Recht zu leben, auch jedes Kind.*
– *...*

Aus: Eichholz, Reinald: Die Rechte des Kindes. Online im Internet: http://kindersache.de/bereiche/kinderrechte/geschichte-der-kinderrechte [02. 09. 2020]

Du kannst auch ohne Suchmaschine im Internet nach Informationen zu interessanten Themen suchen. Dazu musst du geeignete Internetseiten kennen. Bekannte **Internetadressen für Kinder** sind z. B.:
logo! http://www.tivi.de
GEOlino http://www.geo.de/GEOlino
Wenn man eine bestimmte Internetseite häufiger und schnell aufsuchen möchte, kann man sie auch in seinem Internetbrowser als Lesezeichen bzw. Favorit speichern.

2

a Gib die Adresse von *logo!* in das Adressfeld ein. Beschreibe die geöffnete Internetseite.

b Suche im Nachrichtenlexikon oder über die Suchfunktion mindestens einen Text zum Thema „Kinderrechte".

c Schreibe die Informationen, die du gesammelt hast, in dein Heft. Notiere auch die Quellenangabe.

So kannst du Informationen suchen
1. Überlege dir Schlüsselwörter zum Thema.
2. Lies den Klappentext, das Inhaltsverzeichnis und das Register von Zeitschriften und Büchern.
3. Gib die Schlüsselwörter im Internet in eine Suchmaschine ein.
4. Blättere die gefundenen Seiten durch und überfliege den Text.
5. Überprüfe, ob er die gesuchte Information enthält.

Tipp
Sammelt Informationen zu möglichst vielen Kinderrechten.

3 Wähle dir ein Kinderrecht aus und informiere dich darüber, wie es mit der Umsetzung dieses Rechts in der Welt aussieht.

a Suche in allen möglichen Informationsquellen nach Informationen: in Lexika, Kinderzeitschriften, Sachbüchern. Suche in der Bibliothek und im Internet.

→ **S. 91:** Präsentieren
→ **S. 40:** Berichten

b Bereite einen kurzen Vortrag vor und halte ihn in der Klasse.

c Gestaltet mithilfe der gesammelten Informationen eine Wandzeitung zum Thema „Kinderrechte in der ganzen Welt".

Sachtexte erschließen

Einem Text Informationen entnehmen

Um einen Sachtext richtig und vollständig zu verstehen, kann man die **5-Gang-Lesetechnik** nutzen:

1. Den Text überfliegen:
- sich einen ersten Eindruck vom Inhalt verschaffen
- auf Überschriften, Einleitungen, Grafiken oder Bilder achten

2. Fragen an den Text stellen:
- überlegen, welche Fragen der Text beantworten kann

3. Den Text gründlich lesen:
- den Text in Abschnitte gliedern und Teilüberschriften formulieren
- unbekannte Wörter erschließen oder nachschlagen

4. Das Wichtigste zusammenfassen:
- abschnittsweise lesen, wichtige Informationen markieren oder notieren

5. Den Text noch einmal lesen:
- kontrollieren, ob alles Wichtige erfasst wurde

1 Um zu erfassen, worüber ein Text etwas aussagt, können dir vorhandene oder selbst gebildete Überschriften helfen.

a Lies die Überschrift des Textes auf S. 27 und leite Vermutungen zum Thema und zum Inhalt des Textes ab.

b Tauscht euch über eure Erwartungen zum Textinhalt aus.

c Stellt Vermutungen darüber an, warum die Überschrift des Textes unterschiedliche Erwartungen zum Textinhalt hervorruft.

d Suche dir die Art des überfliegenden Lesens aus, die dir am leichtesten fällt und die du verwenden möchtest:
- Diagonallesen oder
- Slalomlesen.

e Überfliege den Text und überprüfe, ob deine Erwartungen zutreffen.

1 a Nutze z. B. die folgenden Formulierungen.
Im Text geht es um …
Der Text handelt vielleicht von …
Es könnte um … gehen.

Die Feste feiern, wie sie fallen?

Bei uns in Deutschland ist der Geburtstag für jedes Kind eines der schönsten Ereignisse im ganzen – und vor allem in jedem – Jahr! Jeder freut sich über die vielen Geschenke und eine große Torte mit Kerzen. Mit ein bisschen Glück bekommt man noch nicht einmal Hausaufgaben auf! Oder vielleicht steht ja auch ein besonderer Geburtstag an, denn der 6., 12. und 13. sind etwas ganz Besonderes. Wichtige Ereignisse stehen an: Die Kinder dürfen dann in die Schule, mehr Kinofilme ansehen oder das erste Geld durch das Austragen von Zeitungen verdienen.

Aber nicht in allen Ländern der Welt werden Geburtstage jedes Jahr gefeiert, oder sie laufen ganz anders ab. In Japan zum Beispiel feiert man nicht jedes Jahr mit Geschenken und Kuchen. Die Menschen dort berechnen das Alter sogar ganz anders: Neugeborene sind direkt ein Jahr, wenn sie auf die Welt kommen, und werden dann am folgenden Neujahrsfest zwei Jahre, also völlig unabhängig von ihrem tatsächlichen Alter und ihrem wirklichen Geburtstag. Es kommt daher auch vor, dass ein Kind im Dezember „ein Jahr wird" und kurz darauf an Neujahr schon zwei Jahre. An jedem Neujahrstag feiert somit das ganze Land zusammen Geburtstag.

Also gibt es in Japan kein Fest für ein einzelnes Geburtstagskind? Genau. Dafür finden einmal im Jahr für Kinder eines bestimmten Alters spezielle Veranstaltungen statt. So zum Beispiel am 15. November das „7-5-3-Fest" (shichi-go-san). An diesem Tag ziehen alle siebenjährigen Mädchen, fünfjährigen Jungen und die dreijährigen Kinder beiderlei Geschlechts zu den heiligen Schreinen der Shinto-Gottheiten. An diesen religiösen Stätten danken sie dafür, dass sie gesund sind, und beten für die Zukunft. Das Fest kommt also aus einer religiösen Tradition. Die Mädchen ziehen dafür ihre schönsten Kimonos an. Für die Jungen war shichi-go-san früher der Tag, an dem sie das erste Mal eine Hose anziehen durften. Noch heute ist es Sitte, den Kindern rot-weiße Zuckerstangen namens Chitose-ame zu schenken.

Anders als in Japan feiern die Kinder in Mexiko jedes Jahr Geburtstag. Es gibt einen Brauch, der auf keinem Kinderfest in Mexiko fehlen darf: die Piñata, ein aus Ton und Pappmaschee gebautes Gefäß, dessen Bauch ganz viele Süßigkeiten enthält. Die Piñata wird an einem Baum angebracht, und die Kinder müssen mit verbundenen Augen und einem Stock in der Hand gegen sie schlagen, bis sie zerbricht und der Inhalt herausfällt.*

2 Du suchst Informationen, wie in anderen Ländern der Welt Geburtstag gefeiert wird.

a Überlege dir Fragen, die du vom Text beantwortet haben möchtest.

Welche unterschiedlichen Geburtstagsbräuche gibt es? …

b Stelle zu diesen Fragen Schlüsselwörter zusammen, nach denen du beim Lesen gezielt suchen kannst.

Geburtstag, Fest, Geschenke, …

3

a Der Text auf Seite 27 ist in vier Abschnitte unterteilt. Lies diese gründlich.

b Notiere unbekannte Begriffe. Schlage ihre Bedeutung nach, wenn du sie nicht aus dem Zusammenhang erschließen kannst.

Tipp
Orientiere dich bei der Suche nach Antworten an deinen Teilüberschriften.

c Formuliere für jeden Abschnitt eine passende Teilüberschrift.

d Beantworte folgende Fragen schriftlich.

1 Welche Geburtstage sind in Deutschland besonders und warum?
2 Was ist shichi-go-san und wie wird es gefeiert?
3 Welcher Brauch wird an Kindergeburtstagen in Mexiko gepflegt?

●●● **e** Überlege, worin sich Geburtstagsfeiern in Deutschland, Japan und Mexiko ähneln. Notiere deine Antwort in Stichpunkten.

4

Tipp
Wenn das Buch nicht dir gehört, lege eine Folie über den Text.

a Lies den Text noch einmal und markiere die wichtigsten Informationen.

b Fasse mit eigenen Worten zusammen, was das Wichtigste in jedem Abschnitt ist. Notiere Stichpunkte in deinem Heft.

5 Lies den Text noch einmal und überprüfe, ob du alle wichtigen Informationen erfasst hast.

→ **S. 26:** 5-Gang-Lesetechnik

6 Lies den folgenden Text mithilfe der 5-Gang-Lesetechnik.

a Lies die Überschrift und betrachte das Bild. Überfliege den Text und nenne das Thema, um das es geht.

3c Ordne z. B. folgende Teilüberschriften richtig zu.
Der schönste Kimono zum Fest / Kindergeburtstag in Deutschland / Mexikos süßer Brauch / In Japan wird anders gezählt

Menu à la carte

Kinder in der westlichen Welt lernen, vier grundlegende Geschmacksrichtungen zu unterscheiden: sauer, bitter, salzig und süß. Für chinesische Kinder kommt der beißend-scharfe Geschmack und für indische Kinder der feurig-scharfe hinzu. Die individuellen Vorlieben und Abneigungen sind also auch von dem jeweiligen Kulturkreis geprägt. Gewürze, die auf uns oft sehr intensiv wirken, sind aus der traditionellen Küche anderer Länder nicht wegzudenken.
So dürfen in den unterschiedlichsten Ländern, vom Balkan über Amerika bis nach Afrika, bei der Essenszubereitung Chili und Paprika, ob zerstoßen, gemahlen oder zerkaut, auf keinen Fall fehlen: Das Gewürz zieht sich wie ein roter Faden durch die verschiedensten geschmacklichen Erfahrungswelten der frühesten Kindheit. In Indien und Südostasien lässt sich übrigens am Grad der Schärfe ausmachen, aus welcher Gegend der Koch stammt.
In China lehrt man die Kinder, die einzelnen Regionen des Landes anhand der kulinarischen Vorlieben zu unterscheiden: Im Osten isst man mild und süß, im Westen scharf und würzig, im Norden salzig und gehaltvoll und im Süden frisch und leicht.
Jedes Land besitzt eine einzigartige Kunst, die Geschmacksnerven mit Gewürzen zu stimulieren.

b Überlege, was du zum Thema des Textes weißt und was du erfahren möchtest. Stelle Fragen an den Text.

c Lies den Text gründlich und kläre die Bedeutung unbekannter Wörter.

d Setze dich mit dem Inhalt des Textes auseinander. Wähle 1. oder 2.

●○○ 1. Entscheide, ob die folgenden Aussagen richtig oder falsch sind.

1 Alle Kinder weltweit lernen, zwischen nur vier Geschmacksrichtungen zu unterscheiden: sauer, bitter, salzig und süß.
2 Was einem Kind schmeckt, steht von Geburt an fest.
3 Was einem Kind schmeckt, hat mit der Kultur, in die es hineinwächst, zu tun.
4 In ganz China liebt man feurig-scharfe Gerichte.

●●○ 2. Beantworte folgende Fragen schriftlich.

1 Zwischen welchen Geschmacksrichtungen lernen die Kinder in China und Indien zu unterscheiden?
2 Wovon hängt es ab, was einem Kind schmeckt und was nicht?
3 Woran kann man erkennen, aus welcher Gegend in Indien und Südostasien ein Koch kommt?

●●● **e** Notiere das Wichtigste aus jedem Abschnitt in Stichpunkten in deinem Heft.

●●● **f** Lies den Text noch einmal. Überprüfe, ob du alle wichtigen Informationen erfasst hast.

> Durch **Randnotizen** kennzeichnet man Textstellen, die einem wichtig oder bemerkenswert erscheinen. Man kann dabei einzelne Wörter oder Wortgruppen an den Rand des Textes notieren oder die Informationen in eigenen Worten zusammenfassen. Das erleichtert das **Auffinden von** wichtigen **Textstellen**.

7 Der folgende Text wurde bereits mit Randnotizen und Markierungen versehen.

a Überfliege den Text und verschaffe dir einen Überblick über den Inhalt.

Für eine Inuit-Mutter ist es wahrlich eine Herausforderung, mit ihrem Kind an die frische Luft zu gehen, ohne dass es friert. Doch die Mütter dort fertigen bereits seit Tausenden von Jahren Kleidung aus Fell, in die sie ihre Kinder von Kopf bis Fuß einpacken: ob kleine Anzüge aus der Haut eines Seehundfötus oder aus weichem, Wasser undurchlässigem Leder des Karibus für die Neugeborenen oder dicke Mäntel und Stiefel für die älteren Kinder, die im Freien spielen möchten. Die Fertigung von Kleidung beruht bei den Inuit auf zwei Prinzipien: Isolierung und Erhaltung von Wärme. Sie haben bereits dreihundert Jahre früher als wir verstanden, dass die Luft bestens isoliert, und begonnen, ihre Kleidung wie eine Doppelscheibe zu entwerfen, aus zwei Lagen mit einer wärmenden Luftschicht dazwischen. Als Material dient das Fell des Karibus, einer wilden Rentierart, die nicht nur ein Sommer- und Winterfell liefert, sondern auch Fleisch, Knochen und Werkzeug sowie Nähfäden, die aus den getrockneten Sehnen hergestellt

wichtig!

Luftschicht zwischen zwei Kleidungsschichten = Doppelscheibe → Isolation durch Luft

Karibu = Rentierart (Fell, Fleisch, Werkzeug, Nähfäden)

werden. Auch Bärenfelle finden Verwendung, aber sie wiegen mehr und die Jagd der Tiere ist gefährlicher. Das Winterfell der Karibus wird für die Oberbekleidung verarbeitet; die Strichrichtung des Fells muss nach unten zeigen, damit der Schnee abgleiten kann. Das kurzhaarige Sommerfell dient für die Bekleidung, die auf der Haut getragen wird. Das Fell liegt auf der Haut, die Strichrichtung zeigt nach oben, damit der Schweiß abgeleitet wird. Die Borte aus Fuchs- oder Wolfspelz, mit der die Kapuze eingefasst ist, soll das Gesicht vor Schneeflocken schützen und Schweiß kristallisieren, damit das Gesicht nicht einfriert. Um die dichte Vermummung im Falle eines dringenden Bedürfnisses problemlos öffnen zu können, arbeiten die Schneiderinnen ein raffiniertes Reißverschlusssystem ein.

Karibufell
Winterfell – Oberbekleidung
Sommerfell – Kleidung auf der Haut

Kapuze
- aus Fuchs- oder Wolfspelz
- schützt Gesicht vor Schneeflocken
- lässt Schweiß kristallisieren

b Formuliere eine Textüberschrift und notiere sie in deinem Heft.

8 Untersuche den Text aus Aufgabe 7a jetzt genauer.

a Sieh dir die Markierungen, Randnotizen und Anmerkungen genau an. Prüfe, wie sie dir helfen, den Text besser zu verstehen.

b Tauscht euch über die Möglichkeiten aus, Wichtiges im Text oder am Rand kenntlich zu machen.

c Fasse die wichtigsten Informationen des Textes abschnittsweise zusammen. Wähle 1. oder 2.

●●○ 1. Fasse die wichtigsten Informationen abschnittweise zusammen und notiere sie unter der Überschrift im Heft.

●○○ 2. Fasse die wichtigsten Informationen abschnittweise zusammen. Notiere die folgenden Punkte unter der Überschrift, bringe sie zuerst in die richtige Reihenfolge.

- *Schluss (Reißverschlusssystem)*
- *sehr alte Tradition der Kleidungsherstellung*
- *Karibu: Sommerfell für Kleidung direkt auf der Haut; Winterfell für Oberbekleidung;*
- *Kapuze schützt vor Schnee und Schweiß wird aufgesogen*
- *zwei Prinzipien: Isolierung und Erhaltung von Wärme (Isolierung durch Luftschicht; Wärme durch Fell aus Karibu oder Bär)*
- *Einleitung (Inuitkind schwer warm zu halten)*

d Lies den Text noch einmal und überprüfe, ob du alle wichtigen Informationen erfasst hast.

> Oft muss man aus Sachtexten **Informationen herausschreiben**, um sie in anderen Zusammenhängen verwenden zu können.
> Achte dabei auf:
> - **Lesbarkeit:** sauber und nicht zu klein schreiben,
> - **Übersichtlichkeit:** z. B. Unterstreichungen vornehmen, verschiedene Farben nutzen, Wörter einrücken, Abkürzungen und Zeichen bzw. Pfeile verwenden, Wichtiges groß oder fett schreiben,
> - **Kürze:** Formulierung genau überlegen, nicht zu viel aufschreiben.

9

a Verschaffe dir durch Überfliegen des Textes einen Überblick über den Textinhalt. Nenne das Thema, um das es geht.

In Deutschland wird Fußball hauptsächlich mit zwei echten Toren auf richtigen Sportplätzen gespielt, auf Rasen oder manchmal auch auf Schotter. Meist kicken die Spieler im Verein: In Deutschland trainieren über sechs Millionen Menschen in Klubs. Dabei ist eigentlich weder ein Verein noch ein Sportplatz nötig, um das Runde ins Eckige zu befördern. Es kann auch eine Straße sein. Diese Spieler, die sich dort ihr fußballerisches Können beigebracht haben, werden „Straßenfußballer“ genannt. Es gibt sie in vielen südamerikanischen Ländern, wie Brasilien und Argentinien, oder in afrikanischen, wie

Nigeria und Kamerun. Dort sind Kinder und Jugendliche lange Zeit Straßenfußballer, bevor sie in einem Klub spielen. Anders als beim Vereinstraining können die jungen Kicker das Spiel ohne Anleitung von Erwachsenen frei erlernen und ihre Regeln selbst aufstellen. Regeln, wie beispielsweise „Letzter Mann hält" oder „Nur einmal berühren".

In den armen Straßenvierteln, beispielsweise den südamerikanischen Slums, schießen die Sportler mit leeren Cola-Dosen, weil sie kein Geld für einen echten Fußball haben. Oder sie treten barfuß auf staubigen Plätzen gegen alles, was sich irgendwie als Ballersatz eignet – aus Plastik, Leder oder verknoteten Lumpen geformte Knäuel. Äste, Mülltüten oder Waschpulvertonnen markieren die Tore. So kann man doch kein guter Fußballspieler werden? Falsch! Dort, wo die Kinder ihre eigenen Regeln aufstellen und keine vorgegebene Taktik befolgen, können sie jede Menge Tricks üben. Wer hat die besten Kniffe drauf? Wer ist der beste Knipser? Übersteiger, Hackentrick, Lupfer und Fallrückzieher sind bald kein Problem mehr – siehe Maradona, Ronaldo, Ronaldinho und Marcelinho. Leidenschaftlich wie kaum ein Vereinsspieler wollen die Straßenfußballer in den Slums um jeden Preis gewinnen und sehen den Ball nicht bloß als Spielgerät: Für sie ist es das Leder, das die Welt bedeutet – denn sie träumen davon, wie ihre großen Vorbilder als Fußballprofi den Weg aus der Armut zu finden.

Brasilianischer Samba-Fußball und afrikanische Spielfreude haben gerade auf solchen Straßen ihren Ursprung. Es muss also nicht unbedingt der Verein sein […]: Schnapp dir ein paar Freunde und einen Ball – Tore könnt ihr euch notfalls auch selbst basteln – und los geht's!
Ein Tipp für Mädchen: Der deutsche Frauenfußball ist zurzeit sehr erfolgreich!*

b Schreibe eine passende Überschrift zum Text in dein Heft.

c Lies den Text noch einmal gründlich. Markiere wichtige Textstellen, und mache dir Randnotizen.

Tipp
Wenn das Buch nicht dir gehört, lege zum Arbeiten eine Folie über den Text.

d Notiere zu jedem Abschnitt eine Teilüberschrift in Form einer Frage.

1. Wie wird in Deutschland hauptsächlich Fußball gespielt?
2. …

e Notiere zu den Teilüberschriften Antworten in Form von Stichpunkten.

f Lies den Text noch einmal und überprüfe, ob du alle wichtigen Informationen erfasst hast.

Schwierige Textstellen entschlüsseln

1

a Lies den folgenden Satz mehrmals laut.

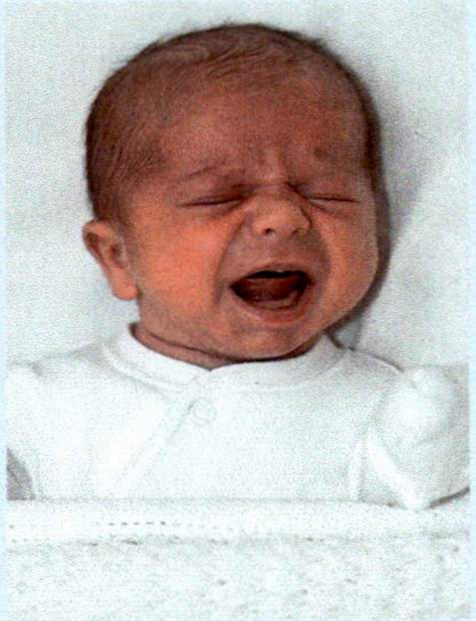

Kathleen Wermke und ihre Mitarbeiter vom Würzburger Zentrum für vorsprachliche Entwicklung und Entwicklungsstörung haben nach der Untersuchung von zwanzig Stunden Babyschreien die bisherige Annahme widerlegt, dass Babygebrüll instinktiv sei und allein durch den Atemdruck strukturiert werde.

b Schlage die dir unbekannten Wörter im Wörterbuch nach, wenn du sie nicht aus dem Satzzusammenhang erschließen kannst.

c Löse den Satz in mehrere einfache Sätze auf. Gehe dabei so vor:

- Überlege, welche Aussagen zusammengehören.
- Trenne diese Sinneinheiten mit einem Schrägstrich voneinander ab.
- Bilde aus den Sinneinheiten jeweils einen vollständigen Satz.

Kathleen Wermke und ihre Mitarbeiter arbeiten am Würzburger Zentrum für vorsprachliche Entwicklung und Entwicklungsstörung. Sie haben ...

2 Löse den folgenden Satz in vier einfache Sätze auf. Schreibe diese in dein Heft.

Bereits in den ersten Lebenstagen tönen französische Säuglinge, die eine ansteigende „Schreimelodie" haben, anders als deutsche Babys, welche meist laut und hoch beginnen, bevor der Ton abfällt.

Bereits in den ersten Lebenstagen ...

So kannst du schwierige Textstellen entschlüsseln

1. Lies den Text mehrmals, auch laut.
2. Markiere die Textstellen, die du nicht verstehst. Lies sie mehrmals.
3. Schlage Wörter, die du nicht aus dem Textzusammenhang erschließen kannst, im Wörterbuch nach.
4. Zerlege längere Sätze in mehrere einfache Sätze.

Tabellen oder Grafiken erschließen

In Sachtexten sind häufig grafische Schaubilder, zum Beispiel **Tabellen** oder **Grafiken,** enthalten. Sie informieren die Leser in anschaulicher Form über Zahlen, Vorgänge und Entwicklungen.

1

a Lies den folgenden Text.

Und, was machst du so nach der Schule?

Rausgehen, Computer spielen oder lieber Fernsehen? Etwas mit Freunden oder der Familie unternehmen? Medienpädagogen interessieren sich dafür, wie ihr eure Freizeit am liebsten gestaltet, und führen dazu regelmäßige Untersuchungen durch. Die folgende Tabelle zeigt die beliebtesten Freizeitaktivitäten von Kindern und Jugendlichen im Alter von 6 bis 13 Jahren.

Spalte

Zeile

Liebste Freizeitaktivität 2018	Mädchen	Jungen
Freunde treffen	60	52
Draußen spielen	39	48
Fernsehen	27*	27
Sport treiben	18	35
Digitale Spiele	12	29
Familie/Eltern	18	13
Drinnen spielen	13	12
Handy/Smartphone benutzen	19	12
Mit Tier beschäftigen	15	6
Internet nutzen	10*	10
Malen/Zeichnen/Basteln	13	3
Computer (offline)	5	5
Buch lesen	6	3
Jugendgruppe	6	6
Musik hören	5	4

Quelle: KIM 2018, Angaben in Prozent, Nennungen ab 5 Prozent,
* egal über welchen Verbreitungsweg, 1 231 Befragte

b Erfasse den Inhalt der Tabelle. Beantworte folgende Fragen.

1 Was wird in der Tabelle dargestellt?
2 Welche Daten werden aufgeführt? Lies dazu die Überschriften der Spalten.
3 Welche Information wird in den Zeilen der Tabelle dargestellt?

c Setze dich mit dem Inhalt der Tabelle auseinander. Wähle 1. oder 2.

●○○ 1. Richtig oder falsch? Entscheide mithilfe der Tabelle.

1 Jungen und Mädchen treffen sich am liebsten mit ihren Freunden.
2 Mädchen beschäftigen sich häufiger mit Tieren als Jungen.
3 Jungen und Mädchen nutzen gleich gerne den Computer.

●●○ 2. Beantworte mithilfe der Tabelle die folgenden Fragen.

1 Welche Freizeitaktivitäten sind bei Jungen deutlich beliebter als bei Mädchen?
2 Was macht Mädchen deutlich mehr Spaß als Jungen?
3 Womit beschäftigen sich Jungen und Mädchen etwa gleich gerne?

d Tauscht euch über eure Ergebnisse aus.

e Denke dir für deine Mitschülerinnen und Mitschüler weitere Fragen zur Tabelle aus.

2

a Sieh dir das folgende Diagramm an.

Sportliche Aktivität von Jungen und Mädchen im Alter von 11 bis 13 Jahren

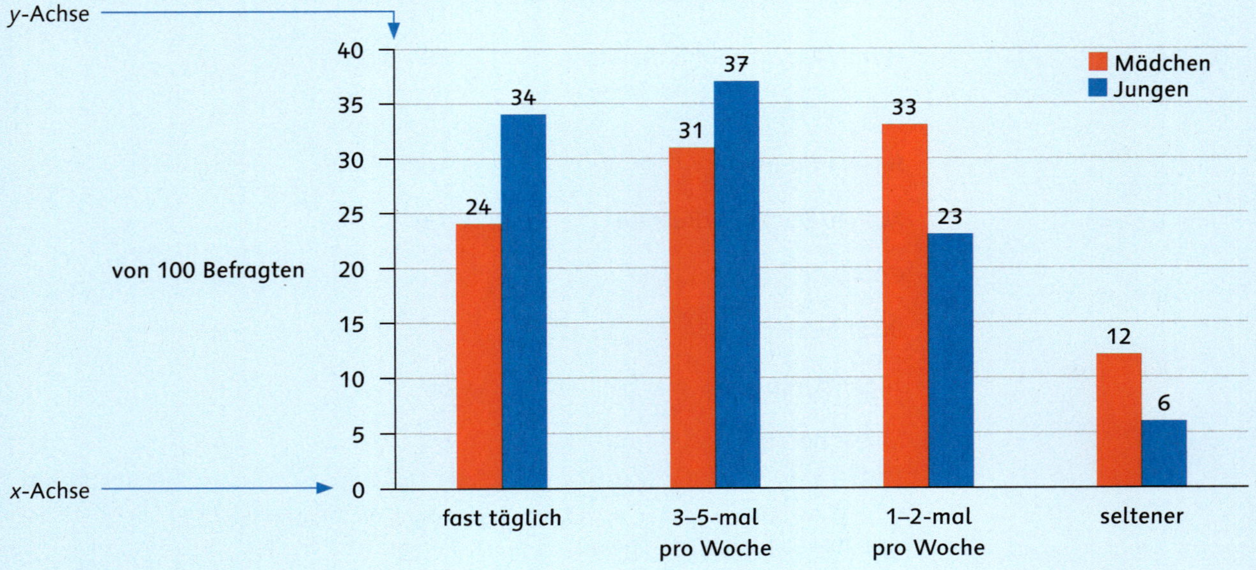

b Erfasse den Inhalt des Diagramms. Beantworte folgende Fragen.

1 Was ist im Diagramm dargestellt?
2 Welche Größen kannst du der x-Achse des Diagramms entnehmen?
3 Welche Größen kannst du der y-Achse des Diagramms entnehmen?

c Beantworte mithilfe des Diagramms die folgenden Fragen.

1 Treiben Mädchen oder Jungen häufiger Sport?
2 Gibt es mehr Mädchen oder mehr Jungen, die seltener als ein- bis zweimal in der Woche Sport treiben?
3 Wie viele Jungen von 100 Befragten treiben fast täglich Sport?
4 Worauf bezieht sich der höchste Wert im Diagramm?

So kannst du Informationen aus Tabellen und Grafiken entnehmen
1. Lies die Überschrift. Welches Thema wird behandelt?
2. Lies die Bezeichnungen der Achsen des Diagramms bzw. der Spalten und Zeilen der Tabelle. Was wird jeweils angegeben?
3. Entnimm den Darstellungen die konkreten Werte.
4. Vergleiche die Werte miteinander.
5. Ziehe Schlussfolgerungen aus dem Vergleich.

3 Sieh dir die folgende Grafik an. Welche Informationen kannst du ihr entnehmen? Schreibe eine Zusammenfassung in dein Heft.

Welche Sportarten Kinder betreiben

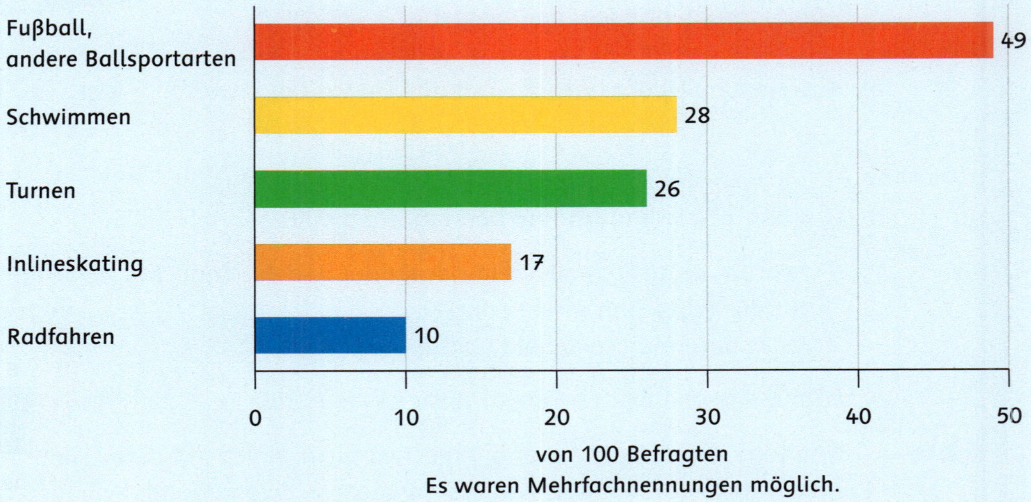

1

a Überfliege den folgenden Text und erfasse das Thema.

Einmal Milliardär sein – wer wünscht sich das nicht? So verwegen ist der Wunsch gar nicht, denn tatsächlich verfügen deutsche Kinder und Jugendliche über viel Geld. Zusammen besitzen sie über 6,4 Milliarden Euro! 3,8 Milliarden davon liegen auf Sparkonten. 2,6 Milliarden aber bringt ihr für Kino, Klamotten, Naschen usw. wieder unters Volk.

Ihr investiert euer Geld, das heißt, ihr gebt es für etwas aus, und das ist auch in Ordnung. Denn so wird die Wirtschaft am Laufen gehalten. Wenn alle nur sparen, ist das sogar schlecht für die Volkswirtschaft.

Doch ihr müsst auch gut überlegen, wie ihr euer Geld ausgebt. Wer wenig Taschengeld hat, kennt dieses Problem nur zu gut. Ein Taschengeldplan hilft, dass das Portmonee nicht schon Mitte des Monats wieder leer ist.

Richtig Geld auszugeben, ist fast so schwierig wie Geld zu verdienen. Denn eure vielen Milliarden geben euch auch Macht. Deshalb überlegt gut: Wen und was wollt ihr damit unterstützen?

Zum Beispiel sind Bioprodukte oder fair gehandelte Waren zwar teurer als Billigwaren, aber [...] besser für Umwelt und Gesellschaft.

Wer dagegen nur nach der Devise „Je billiger, desto besser" kauft, darf sich nicht wundern, wenn seine Waren unter unwürdigen Bedingungen in Dritte-Welt-Ländern hergestellt wurden – und das kleine Geschäft um die Ecke, in dem einen die Verkäufer wirklich noch beraten, verschwindet.

Es lohnt sich also zu überlegen, wofür und warum ihr euer Geld ausgebt.*

b Notiere eine Überschrift, die auf das Thema des Textes hinweist.

2

a Lies den Text gründlich und beantworte die Fragen schriftlich.

1 Warum ist das Taschengeld der Kinder und Jugendlichen für die Wirtschaft interessant?

2 Wie sollte man sein Geld richtig ausgeben?

b Formuliere den letzten Satz als Bitte der Autorin.

●●● **c** Überlege, warum die Autorin ihren Text nicht gleich mit dem zweiten Abschnitt begonnen hat. Notiere mindestens einen Grund.

3

a Lies den Text Abschnitt für Abschnitt und überlege, was das Wichtige in jedem Abschnitt ist. Notiere es in Stichpunkten.

b Lies den Text noch einmal und überprüfe, ob du alle wichtigen Informationen erfasst hast.

4 Wie viel Geld besitzen deutsche Kinder?

a Suche den Abschnitt, der die Antwort auf diese Frage enthält.

b Lies diesen Abschnitt gründlich. Antworte in ein bis zwei Sätzen.

5

a Welche Größen beinhalten die beiden Achsen des Diagramms?

Werden schon Kinder durch Werbung dazu verleitet, Dinge zu kaufen, die sie nicht brauchen?

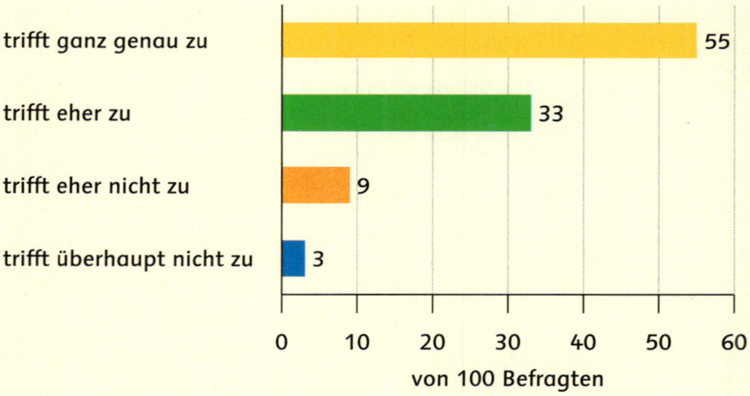

b Entscheide mithilfe des Diagramms, ob die folgenden Aussagen richtig oder falsch sind.

1. Die Mehrheit der Befragten meint, dass die Werbung Kinder nicht dazu verleitet, Dinge zu kaufen, die sie nicht brauchen.
2. 33 von 100 Befragten meinen, die Aussage trifft ganz genau zu.
3. Nur 3 von 100 Befragten glauben, dass die Werbung einen geringen Einfluss darauf hat, was Kinder kaufen.

Berichten

1 Vielleicht hat deine Klasse auch schon eine Lesenacht durchgeführt.

a Lies die beiden folgenden Texte.

A Endlich! Am Freitag war es so weit. Wir, die Schülerinnen und Schüler der Klasse 6a, blieben über Nacht in der Schule. Mit Isomatte, Schlafsack, Taschenlampe und Unmengen von Chips und Trinkerei stürmten wir ins Klassenzimmer, um einen guten Platz zu ergattern. Nach dreißig Minuten hatte sich endlich jeder bequem zurechtgelegt. Unsere Lehrerin las aus einem Buch vor und erklärte uns, warum es ihr so gefällt. Dann waren wir an der Reihe. Jeder hatte sein Lieblingsbuch mit, das war Pflicht. Wir bekamen fünf Minuten Zeit, um unser Buch vorzustellen. Es war schon interessant, was da jeder so mitgebracht hatte. Dann durften wir in unseren Büchern allein weiterlesen. Manchmal lachte plötzlich jemand oder sagte: „Oh, wie gruselig!" Gegen 24:00 Uhr machte unsere Klassenlehrerin das Licht aus, da doch schon einige müde waren. Die „Starken" durften aber mit Taschenlampe ihre Bücher durchschmökern. Lisa, Benedikt und Nico lasen bis 1:30 Uhr. Dann holte auch sie die Müdigkeit ein.

B Am Freitag fand für die Klasse 6a eine Lesenacht statt. Die Schülerinnen und Schüler sowie ihre Klassenlehrerin trafen sich, bestückt mit Isomatte, Schlafsack, Taschenlampe, Essen, Trinken und einem Buch, um 18:30 Uhr in ihrem Klassenzimmer. Die Schüler stellten kurz ihr Buch vor und lasen ab 20:00 Uhr still für sich weiter. Gegen 24:00 Uhr wurde das Licht ausgemacht, aber eine Schülerin und zwei Schüler schafften es, bis 1:30 Uhr aufzubleiben. Die Meinung war einheitlich: Eine Lesenacht gibt es wieder.

b Bestimme, welcher Text eine Erzählung und welcher ein Bericht ist.

c Tragt zusammen, woran man einen Bericht erkennt.

Ein **Bericht** informiert knapp und sachlich über Ereignisse. Er beantwortet meist die wichtigsten ***W*-Fragen**. Die Auswahl der Informationen und die Gestaltung eines Berichts hängen davon ab, worüber, in welcher Situation, für welchen Zweck und für wen man berichtet.

Über das Leben von Kindern berichten

1 In eurer Klasse soll eine Wandzeitung über „Kinder in aller Welt" entstehen. Du sollst dafür einen Bericht verfassen.

a Lies den folgenden Text.

Peru: Leben auf dem See

Bei jedem ihrer Schritte sinken Marias Füße ein bisschen in den Boden ein. Auf den Uros-Inseln im Titicacasee, dem größten See in Südamerika, läuft man wirklich so weich wie auf einem Waldboden.

Denn jede der rund vierzig Inseln im Nordwesten Perus besteht aus einer dicken Matte Schilf! Marias Vorfahren haben solche schwimmenden Teppiche schon vor 500 Jahren geflochten, um sich vor Feinden zu schützen. Ständig werden die Matten ausgebessert und erneuert. Maria lebt hier seit ihrer Geburt. Die Zwölfjährige verlässt die Insel nur, um zur Schule zu gehen. Jeden Morgen setzt sie mit fünf anderen Kindern in einem kleinen Schilfboot zum Ufer über. Nach dem Unterricht kehrt sie zur Insel zurück und hilft ihrer Mutter bei der Arbeit. Marias Eltern leben von den Touristen, die ihre Insel besuchen. Sie verkaufen ihnen „Artesanias" – zu Deutsch: Kunsthandwerk. Nachmittag für Nachmittag verzieren Maria und ihre Mutter Decken und Wandteppiche. Die Motive, die sie sticken, zeigen das traditionelle Leben ihres Volkes.

Einen Hauch von Fortschritt und Modernität genießt das Mädchen am Abend mit ihrem Bruder. Dann läuft in der Ecke der Schilfhütte ein winziger Fernsehapparat, der mit Batterien betrieben wird. Einen Anschluss an das Stromnetz gibt es auf der Insel nämlich nicht.

b Stelle eine Liste mit *W*-Fragen für einen Bericht zusammen.

Wer? Wo? Was? …

c Beantworte die *W*-Fragen mithilfe des Textes stichpunktartig.

Wer? Maria
Wo? Uros-Inseln im Titicacasee (Nordwesten Perus) …

d Schreibe den Bericht über das Leben von Maria mithilfe deiner Notizen. Lass einen breiten Rand für spätere Überarbeitungen.

→ S. 47: Eine Schreibkonferenz durchführen

e Überarbeite deinen Entwurf. Nutze dazu die Arbeitsschritte und Tipps im Merkkasten.

Einen Bericht überarbeiten

1. Die Schreibaufgabe überdenken	
• Warum und für wen soll berichtet werden?	Lege vor dem Überarbeiten eine Pause ein.
2. Den Inhalt überarbeiten	
• Sind alle wichtigen *W*-Fragen beantwortet? • Was müsste ergänzt, was könnte gestrichen werden? • Sind alle Aussagen verständlich? • Passt die Überschrift? • Sind die Aussagen gut geordnet?	Überlege, welche Fragen die Leser deines Berichts haben könnten. Formuliere Teilüberschriften und ordne die Aussagen zu.
3. Die Wortwahl überprüfen	
• An welchen Stellen könnte anders formuliert werden? • Welche Wortwiederholungen sind vermeidbar? • Sind alle Begriffe (Namen, Bezeichnungen, Fachbegriffe) richtig verwendet? • Welche Zeitform ist sinnvoll?	Bilde Wortfelder. Probiere aus, welche Wörter/Wendungen am besten in deinen Text passen. 
4. Den Satzbau kontrollieren	
• Sind alle Sätze vollständig? • Sind die Sätze gut miteinander verbunden? • Wurden abwechslungsreiche Satzanfänge verwendet?	Oft lässt sich die Satzverbindung durch Umstellung der Satzglieder verbessern.
5. Die Rechtschreibung korrigieren	
• Welche Wörter muss ich nachschlagen? • Sind alle Satzschlusszeichen und Kommas richtig gesetzt? • Wurde auf Groß- und Kleinschreibung geachtet?	Lies deinen Text Wort für Wort und Satz für Satz. 

Tipp
Schriftliche Berichte werden meist im Präteritum verfasst.

2 Schreibe für die Klassenwandzeitung einen weiteren Bericht über das Leben von Kindern in Ecuador.

a Lies den folgenden Text.

Gefährliche Arbeit auf Müllkippen

Rund ein Fünftel aller arbeitenden Kinder in Ecuador schuftet unter extrem harten und gefährlichen Bedingungen. Für tausende Familien ist das Sammeln und Sortieren von Müll die einzige Einnahmequelle.Häufig arbeiten die Eltern schon seit Jahren als Müllsammler, die Kinder müssen früh mithelfen. Zur Schule gehen die Kinder – wenn überhaupt – nur wenige Jahre. Bei der Arbeit auf den Müllkippen droht ständig Gefahr: Die Lastwagenfahrer nehmen keinerlei Rücksicht auf Kinder. Im Abfall lauern zudem Glas- und Metallsplitter, chemische Giftstoffe oder nicht getrennt entsorgter Abfall aus Krankenhäusern.

Durch verschmutztes Wasser oder Schädlinge kommt es häufig zu Haut- und Augeninfektionen oder Darmkrankheiten. Das Bewusstsein für Kinderrechts-verletzungen ist gering: Viele Plantagenbesitzer oder Müll-Aufkäufer ignorieren, dass Kinder unter 15 Jahren nicht arbeiten dürfen. Verstöße werden bisher kaum geahndet.*

b Beantworte mithilfe des Textes stichpunktartig die *W*-Fragen.

Wer? Wo? *Kinder in Ecuador*
Was? *arbeiten auf Müllkippen …*
…

c Schreibe anhand deiner Notizen einen Entwurf des Berichts. Lass einen breiten Rand für spätere Überarbeitungen.

d Überarbeite deinen Entwurf mithilfe der Arbeitsschritte auf S. 42. Ihr könnt auch eine Schreibkonferenz (vgl. S. 47) durchführen.

2b Du kannst weitere Fragen stellen, z. B.:
Warum (müssen sie arbeiten)?
Wie (ist die Arbeit)?
Welche Folgen (hat die Arbeit für die Kinder)?

3 Weltweit müssen Kinder arbeiten, um ihre Familie zu versorgen.

a Sieh dir das folgende Diagramm an und ordne die entnommenen Informationen. Notiere Stichpunkte.

→ **S. 35:** Tabellen oder Grafiken erschließen

Kinderarbeit

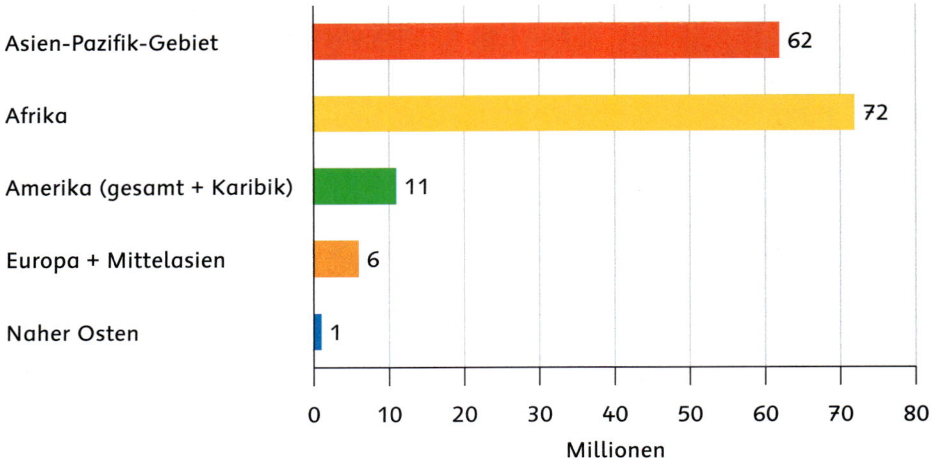

b Gib die Informationen des Schaubildes in einem Text wieder. Wähle 1. oder 2.

●●○ 1. Formuliere die Informationen in zusammenhängenden Sätzen.

●○○ 2. Formuliere die Informationen in zusammenhängenden Sätzen. Ergänze die folgenden Satzanfänge.

Das Schaubild stellt das Thema „...
Im Asien-Pazifik-Gebiet arbeiten 62 Millionen ...
72 Millionen Kinder müssen in ...
In Amerika sind es ...
Bei uns in Europa und Mittelasien arbeiten ...
Eine Million Kinder verbringen ihre Zeit im Nahen Osten mit ...

4 Schreibe für die Wandzeitung einen Bericht zum Thema „Kinder in aller Welt“. Nutze dazu die Ergebnisse der Aufgaben 1 bis 3.

So kannst du einen Bericht schreiben

1. Denke über die Schreibaufgabe nach (Wem berichtest du worüber? Zu welchem Zweck?).
2. Ordne die Fakten, die du berichten möchtest, in der richtigen Reihenfolge. Nutze dazu zum Beispiel die *W*-Fragen.
3. Schreibe einen Entwurf. Lass einen breiten Rand zum Korrigieren.
4. Überarbeite den Entwurf.
5. Schreibe die Endfassung.

Über ein Ereignis berichten

1 In welcher Zeitform hast du deine Berichte über Kinder in aller Welt verfasst? Begründe, warum du diese Zeitform verwendet hast.

Tipp
Informiere dich genauer über Kinderrechte.

→ **S. 19:** Informationen sammeln

2 Untersuche, in welcher Zeitform der folgende Bericht verfasst ist. Begründe, warum diese Zeitform gewählt wurde.

Konferenz der Kinder

Letzte Woche fand an unserer Schule eine Kinderkonferenz statt. Zuerst wurden internationale Kinderrechte vorgestellt und diskutiert. Anschließend einigte man sich auf Möglichkeiten ihrer Umsetzung an der Schule. Zum Schluss wurde ein Arbeitsplan besprochen und der nächste Konferenztermin beschlossen.

3 Untersuche, welche Zeitformen im folgenden Bericht vorkommen. Begründe, warum diese Zeitformen gewählt wurden. Übertrage die Tabelle in dein Heft und ergänze sie.

Internationale Kinderrechte

Vor einigen Jahren wurden internationale Kinderrechte verfasst. Zwar hat man sie in den reichen Industriestaaten oft diskutiert, nicht alle wurden jedoch verwirklicht. Auch hier werden manche Kinder ungerecht behandelt oder vernachlässigt, wie man jüngsten Meldungen entnehmen konnte. In vielen ärmeren Ländern sind die Kinderrechte aber überhaupt nicht bekannt. Das Leben der Kinder hat sich dort nur in einigen Regionen verbessert.

... wurden ... verfasst.	*Präteritum*	*abgeschlossene Handlung*
... hat man ... diskutiert ...	*Perfekt*	*abgeschlossene Handlung*
... wurden ... verwirklicht.	*Präteritum*	...
...	...	...

Welche Zeitform in Berichten verwendet wird, hängt von ihrem Inhalt und ihrem Zweck ab. **Schriftliche Berichte** über vergangene Ereignisse werden meist im **Präteritum** verfasst.

Tipp
Untersuche die Verbformen.

4

a Diese Sätze wurden mündlich vorgetragen. Bestimme die Zeitform.

1 Gestern hat an unserer Schule eine Kinderkonferenz stattgefunden.
2 Die meisten Schülerinnen und Schüler haben daran teilgenommen.
3 Yildiz und Tanja haben über Schulen in ihrer Heimat berichtet.

b Schreibe die Sätze für einen schriftlichen Bericht im Präteritum auf.

→ **S. 151:** Aktiv- und Passivformen der Verben

Berichte, in denen es unwichtig ist, wer handelt, werden in **unpersönlicher Ausdrucksweise** verfasst, z. B.:
- *Ein Zeitplan wurde beschlossen*. (Verbform im Passiv)
- *Man hat einen Zeitplan beschlossen.* (*man*-Form)

5

a In den Berichten der Aufgaben 2 und 3 wurden Mittel der unpersönlichen Ausdrucksweise verwendet. Schreibe sie heraus.

Tipp
Nutze Verbformen im Passiv und die *man*-Form.

b Formuliere die folgenden Sätze in unpersönliche Ausdrucksweise um.

1 Sie besprachen Maßnahmen zur Durchsetzung von Kinderrechten.
2 Sie überlegten, wie sie Kindern helfen könnten.
3 Sie beschlossen, Expertengruppen zu bilden.

1. Es wurden Maßnahmen zur ...

6 Berichte für die Schülerzeitung. Wähle a oder b.

●●● a Berichte über ein Ereignis an eurer Schule, zum Beispiel über eine Sportveranstaltung oder einen Klassenausflug.

●●○ b Nutze dazu die folgenden ungeordneten Stichpunkte. Achte besonders auf das Präteritum und überlege, an welchen Stellen du unpersönlich formulieren solltest.

Internationaler Kindertag an unserer Schule
- *Spiele, Sport, Kuchenbasar, internationale Snacks*
- *Höhepunkte: internationales Bühnenprogramm, Völkerball gegen Lehrerinnen/Lehrer*
- *Teilnehmer, Gäste*
- *1. Juni, Schulhof, Turnhalle geschmückt*
- *von Schülerinnen/Schülern organisiert*

Was habe ich gelernt?

7 Was hast du über das **Berichten** gelernt? Beantworte die Fragen.

1 In welchen Situationen und zu welchen Zwecken wird berichtet?
2 Was muss man beim Berichten beachten?
3 Wie kann man beim Überarbeiten eines Berichts vorgehen?
4 Was ist dir in diesem Kapitel leicht- oder schwergefallen?

Eine Schreibkonferenz durchführen

In einer **Schreibkonferenz** werden Texte gemeinsam überarbeitet. Dabei überlegt und berät man in Gruppen, welche Stärken und Schwächen ein Text hat und welche Verbesserungsvorschläge unterbreitet werden können.

1 Besprecht, welche Vorteile es hat, Texte gemeinsam zu überarbeiten. Überlegt auch, welche Schwierigkeiten dabei auftreten können.

2 Begründet, warum man folgende Regeln einhalten sollte.

Regeln für eine Schreibkonferenz
- Kein Text wird lächerlich gemacht.
- Zuerst werden immer die Stärken genannt.
- Kritik wird immer mit Verbesserungsvorschlägen verbunden.
- Jede/Jeder entscheidet selbst, was sie/er ändern möchte.

3 Der Erfolg eurer Schreibkonferenz hängt davon ab, wie gut ihr die Gruppenarbeit organisiert. Wiederholt, was man dabei beachten sollte. Gestaltet ein Plakat mit den wichtigsten Regeln.

4 Seht euch die folgenden Karteikarten an. Tauscht euch darüber aus, warum sie für eine Schreibkonferenz hilfreich sein können.

Wortwahl
- Wurden genaue Bezeichnungen (Nomen, Adjektive, Verben) gefunden?
- Welche Wortwiederholungen könnte man vermeiden?

Inhalt
- Was könnte man ergänzen oder streichen?
- Passt die Überschrift?

Sätze
- Sind die Sätze vollständig?
- Welche Satzanfänge sollte man ändern?
- Welche Satzglieder könnte man umstellen?

Rechtschreibung/Zeichensetzung
- Welche Fehler sind zu korrigieren?
- Welche Wörter sollten nachgeschlagen werden?
- Sind alle Satzschlusszeichen und Kommas richtig gesetzt?

Schreibaufgabe
- Warum und für wen ist der Text geschrieben?
- Wurde die richtige Form gewählt?

5 Probiert eine Schreibkonferenz aus.

→ S. 42: Einen Bericht überarbeiten

a Wiederholt zuerst, was man beim Überarbeiten von Berichten beachten sollte.

Tipp
Beachtet die unten stehenden Arbeitsschritte.

b Notiert Hinweise und Verbesserungsvorschläge für Ella, die folgenden Entwurf für einen Bericht in der Schulzeitung geschrieben hat.

Diskussion über den neuen Schulhof

Letzten Dienstag hat eine Diskussion über unseren Schulhof stattgefunden. Ich sollte teilnehmen und unsere Meinung sagen. Zuerst hat aber unser Schuldirektor seine Meinung gesagt. Danach waren einige Eltern dran, die ich nicht kenne. Danach hat noch jemand von der Baufirma geredet. Dann war ich endlich dran. Ich habe gesagt, was unsere Klasse von dem Vorschlag hält. Außer mir sind auch noch andere Klassensprecher zu Wort gekommen. Alle waren der gleichen Meinung. Am Schluss wurde abgestimmt.

So könnt ihr eine Schreibkonferenz durchführen

1. Bildet Gruppen und richtet eure Arbeitsplätze ein.
2. Schreibt wichtige Arbeitsschritte zum Überarbeiten von Texten auf Karteikarten.
3. Besprecht, in welcher Reihenfolge ihr vorgehen wollt. Ordnet eure Karteikarten entsprechend. Beginnt immer mit dem Nachdenken über die Schreibaufgabe.
4. Einigt euch, welcher Textentwurf zuerst überarbeitet werden soll. (Ihr könnt auch losen.)
5. Lest die Texte mehrfach laut vor und macht euch beim Zuhören Notizen. Konzentriert euch am besten immer auf eine der Karteikarten.
6. Vergleicht eure Notizen und formuliert Hinweise und Vorschläge für die Schreiberin / den Schreiber.
7. Am Schluss überarbeitet jede/jeder den eigenen Text und entscheidet selbst, welche Vorschläge sie/er aufnehmen möchte.

Tipp
Ihr könnt auch anonym (unerkannt) bleiben. Schreibt eure Texte mit dem Computer, legt sie in einen Karton und zieht dann Text für Text.

6 Wählt jetzt eigene Textentwürfe aus, die ihr gemeinsam überarbeiten wollt. Ihr könnt zum Beispiel schon verfasste Erzählungen, Beschreibungen oder Berichte überarbeiten.

Nazif Telek

Sesamring-Verkäufer

Einige Kinder sind Schuhputzer
von morgens bis abends.
Einige sind Sesamring-Verkäufer
auf den Straßen.
Einige sind Schneiderhelfer
in Schweiß gebadet bei der Arbeit.
Einige sind Teppichweber,
auch wenn sie krank sind.
Einige sind verkauft worden
für die Lust einiger Leute.
Welche sind Obstpflücker
in heißen Obstfeldern.
Einige sind im Krieg,
können gar nicht spielen.
Einige sind gestorben,
denn sie hatten nichts zu essen.
Einige haben von allem zu viel.

1. Welche Gefühle ruft dieses Gedicht in euch hervor? Tauscht euch darüber aus.

2. Notiere, wie das Leben von Kindern in diesem Gedicht beschrieben wird.

3. Überlege, was Nazif Telek mit seinem Gedicht aussagen möchte. Achte besonders auf die letzte Verszeile.

4. Schreibe ein Parallelgedicht zu „Sesamring-Verkäufer“. Überlege dir zunächst, was du über die Kinder in deiner Umgebung weißt.

Gerhard Schöne

Lass uns eine Welt erträumen

Lass uns eine Welt erträumen, die den Krieg nicht kennt,
wo man Menschen aller Länder seine Freunde nennt.
Wo man alles Brot der Erde teilt mit jedem Kind,
wo die letzten Diktatoren Zirkusreiter sind.

Lass uns eine Welt erträumen, wo man singt und lacht,
wo die Traurigkeit der andern selbst uns traurig macht.
Wo man trotz der fremden Sprache sich so gut versteht,
dass man alle schweren Wege miteinander geht.

Lass uns eine Welt erträumen, wo man unentwegt
Pflanzen, Tiere, Luft und Wasser wie einen Garten pflegt.
Wo man um die ganze Erde Liebesbriefe schreibt
und dann lass uns jetzt beginnen, dass es kein Traum bleibt.

1. Beschreibe die Welt, von der Liedermacher Gerhard Schöne träumt.

2. Wie sieht die Welt aus, die du dir erträumst?
Zeichne sie oder notiere, wie sie aussehen würde.

3. Besorgt euch in der Bibliothek die CD von Gerhard Schöne „Kinder-Lieder-Galerie“ als Exemplar oder online und singt das Lied gemeinsam.

Gina Ruck-Pauquèt

Freunde

„Wohin willst du?", fragte der Vater. Benjamin hielt die Türklinke fest. „Raus", sagte er. „Wohin raus?", fragte der Vater. „Na so", sagte Benjamin. „Und mit wem?", fragte der Vater. „Och …", sagte Benjamin. „Um es klar auszusprechen", sagte der Vater, „ich will nicht, dass du mit diesem Josef rumziehst!" „Warum?", fragte Benjamin. „Weil er nicht gut für dich ist", sagte der Vater. Benjamin sah den Vater an. „Du weißt doch selber, dass dieser Josef ein … na, sagen wir, ein geistig zurückgebliebenes Kind ist", sagte der Vater. „Der Josef ist aber in Ordnung", sagte Benjamin. „Möglich", sagte der Vater. „Aber was kannst du schon von ihm lernen?" „Ich will doch nichts von ihm lernen", sagte Benjamin. „Man sollte von jedem, mit dem man umgeht, etwas lernen können", sagte der Vater. Benjamin ließ die Türklinke los. „Ich lerne von ihm, Schiffchen aus Papier zu falten", sagte er. „Das konntest du mit vier Jahren schon", sagte der Vater. „Ich hatte es aber wieder vergessen", sagte Benjamin. „Und sonst?", fragte der Vater. „Was macht ihr sonst?" „Wir laufen rum", sagte Benjamin. „Sehen uns alles an und so." „Kannst du das nicht auch mit einem anderen Kind zusammen tun?" „Doch", sagte Benjamin. „Aber der Josef sieht mehr", sagte er dann. „Was?", fragte der Vater. „Was sieht der Josef?" „So Zeugs", sagte Benjamin. „Blätter und so. Steine. Ganz tolle. Und er weiß, wo Katzen sind. Und die kommen, wenn er ruft." „Hm", sagte der Vater. „Pass mal auf", sagte er. „Es ist im Leben wichtig, dass man sich immer nach oben orientiert." „Was heißt das", fragte Benjamin, „sich nach oben orientieren?" „Das heißt, dass man sich Freunde suchen soll, zu denen man aufblicken kann. Freunde, von denen man etwas lernen kann. Weil sie vielleicht ein bisschen klüger sind als man selber." Benjamin blieb lange still. „Aber", sagte er endlich, „wenn du meinst, dass der Josef dümmer ist als ich, dann ist es doch gut für den Josef, dass er mich hat, nicht wahr?"

1. Welchen ersten Gedanken hattest du nach dem Lesen oder Hören des Textes? Schreibe ihn auf.

2. Lest den Text noch einmal. Wie beurteilt ihr Benjamins letzten Satz? Tauscht euch darüber aus.

3. Schreibe auf, was dir an deinen Freunden wichtig ist.

Nach dem Tod seiner Mutter ändert sich für Juma alles: Mit der Stiefmutter versteht er sich nicht, der Vater wird zum Trinker. Juma läuft schließlich von zu Hause weg und sucht in der Hafenstadt Daressalam sein Glück. Doch das Leben als Straßenkind ist nicht leicht.

Nasrin Siege

Juma. Ein Straßenkind aus Tansania

Ich habe neue Freunde gefunden. Nyota und Muhamedi, die wir schon in den ersten Tagen getroffen haben, sind unzertrennlich – so wie Akbar und ich. Nyota ist kleiner als Muhamedi und sieht ganz pfiffig aus. Einmal habe ich beobachtet, wie er einen Mann anbettelte. Während er ihn ablenkte, hat Muhamedi versucht, dem Mann das Portmonee aus der Hosentasche zu ziehen. Der hat das aber gemerkt und Muhamedis Hand gepackt. Da hat Nyota ihn, so stark er konnte, ans Schienbein getreten und der Mann ließ Muhamedi sofort los. Wie der Blitz sind die zwei dann losgesaust. So schnell konnte ich nicht einmal gucken.

„Wenn du willst, kannst du mit uns kommen", sagten sie heute Morgen. Aber ich bin lieber allein. Eines Tages werden sie bestimmt beim Klauen erwischt und dann möchte ich nicht dabei sein, denn ich weiß, was ihnen dann blüht. Sie werden von den Leuten an Ort und Stelle verprügelt und können nur hoffen, dass die Polizei eingreift und sie mitnimmt.

Ein paarmal habe ich gesehen, wie Polizisten Diebe festgenommen und abgeführt haben. Und die sind auch nicht gerade zimperlich mit ihnen umgegangen. Wenn mehrere Gefangene zur Polizeistation, zum Gericht oder ins Gefängnis abgeführt werden, knoten die mit Gewehren bewaffneten Polizisten die Diebe an ihren Hemden zusammen. So kann keiner weglaufen. Viele Leute bleiben dann stehen, und manche lachen sie aus und verspotten sie.

Ich jedenfalls will von keinem Menschen verprügelt und niemals so durch die Stadt getrieben werden!

Während Moussa jeden Tag vor dem Gefängnis auf seinen Bruder wartet, bewacht Akbar seit zwei Tagen parkende Autos in der Samora Avenue. […]

Mein Bauch ist ein tiefes Loch. „Njaa inauma" – „der Hunger tut weh", bettle ich die Passanten an. Zurzeit habe ich kein Glück.

Zwei größere Jungen haben mich vertrieben, als ich wie Akbar Autos bewachen wollte, und niemand bleibt stehen und gibt mir was.

Müde setze ich mich an den Straßenrand.

Wie es wohl ist, wenn man reich ist? Auf alle Fälle hat man nie Hunger. Hier in Dar[1] gibt es viele reiche Leute. Die meisten leben außerhalb der Innenstadt in prächtigen Häusern mit großen Gärten

[1] *Abkürzung für* Daressalam

und hohen Mauern drum herum, und sie haben Autos. Damit fahren sie bestimmt jede Woche ins Kino, und weil sie Eintrittskarten kaufen, können sie den Film auch hören. Ihre Kinder haben bestimmt alle möglichen Spielsachen und Fahrräder und gehen in die Schule, weil sie das Schulgeld und die Schuluniform bezahlen können.

Der Hunger treibt mich hoch und ich laufe weiter. [...]

Auf dem Markt sehe ich Doto, der mit seinem Jutesack über der Schulter auf mich zukommt.

„Hast wohl Hunger?", fragt er mich. Er öffnet den Sack, greift hinein und zieht eine halbe Karotte hervor.

„Hier, iss! Schmeckt gut und hilft!"

„Danke", sage ich und beiße in die Karotte.

Doto nickt mir zu, hängt sich seinen Jutesack wieder um und will weitergehen.

„Warte auf mich", sage ich hastig und laufe neben ihm her, obwohl mir Moussa erzählt hat, dass Doto am liebsten allein unterwegs ist. „Ich komme mit."

„Wenn du willst", sagt Doto zögernd und setzt seinen Weg fort. Immer wieder bleibt er an den verschiedenen Marktständen stehen und fast überall bekommt er etwas zugesteckt, mal eine angefaulte Gurke, woanders drei Kartoffeln und eine Zwiebel, dann wieder ein paar weiche Bananen.

„Die Leute kaufen das nicht mehr, ist ihnen zu schlecht. Und das ist mein Glück!"

Ich bleibe noch eine Weile bei Doto. Als er sich zu einem alten Mann an dessen Stand setzt und sich unterhält, winke ich ihm zu und verschwinde. [...]*

1 Notiere, was du über den Alltag der Straßenkinder erfährst.

2 Achte beim Weiterlesen darauf, wie die Kinder mit ihrem Hunger und ihrer Angst umgehen.

Am Hafen treffe ich Nyota und Muhamedi.

„Hast du Geld?", fragt Nyota, und als ich ihm meine leeren Hände zeige, zieht er strahlend einen Tausender hervor.

„Komm, ich lad dich ein", sagt er.

„Wo hast du den her?"

„Hab gearbeitet", behauptet er und beide kichern. An einem Stand kauft er uns zwei Fleischspieße, drei Portionen gebratene Kartoffeln und eine Cola.

„Was hast du gearbeitet?", frage ich.

„Hab was verkauft", sagt er mampfend.

„Und was?"

„Geht dich nichts an“, sagt Muhamedi lässig.

Dann laufen wir zum Strand, ziehen uns aus und rennen ins Wasser. Es tut so gut, nicht hungrig zu sein, Freunde zu haben und im Meer zu baden. Als wir dann faul im Sand liegen, erzählt Nyota, dass er einen Autoscheinwerfer gestohlen und verkauft hat. Muhamedi liegt halb zusammengekrümmt im Sand und riecht ab und zu an einer blauen Plastikdose. Er hat die Augen geschlossen und lächelt.

„Ich schnüffel nicht“, meint Nyota. „Davon wirst du nur blöd im Kopf.“

„Lügner!“, schreit Muhamedi. „Glaub ihm kein Wort! Er schnüffelt auch, und er raucht Bhangi[2]!“

Nyota stürzt sich auf ihn und laut schimpfend prügeln sie aufeinander ein.

„Hört auf!“, sage ich und versuche dazwischenzugehen, aber es dauert eine Weile, bis sie einander loslassen.

Wir waschen unsere Kleider im Meer und wollen so lange am Strand bleiben, bis sie trocken sind. Muhamedi ist inzwischen eingeschlafen.

„Ich bin nicht aus Dar. Ich komme aus Dodoma“, erzählt Nyota. „Das ist mehr als vierhundert Kilometer entfernt von hier und fast in der Mitte von Tansania.

Meine Mutter hat noch zwei kleine Kinder. Sie wohnt auf der Pugu Road und bettelt die Autofahrer an. Ich besuche sie manchmal und bringe ihr Geld oder Essen.“

„Meine Mutter ist tot“, sage ich. „Und auch mein kleiner Bruder …“

„Mach dir nichts draus“, tröstet Nyota mich. „Sterben muss jeder. Vielleicht sterbe ich ja morgen oder nachher. Das weiß nur Gott.“

„Wenn du weiter so klaust, lebst du bestimmt nicht lange.“

„Man muss sich nur nicht erwischen lassen, das ist alles!“

Ich erzähle ihm von Msafiri[3].

„Na und? Wenn sie mich totprügeln, dann bin ich eben tot! Alle Menschen sterben, also auch ich. Tot sein ist tot sein. Es ist egal, wie du stirbst!“

Später ziehen wir unsere fast trockenen Sachen an und schlendern durch die Straßen.

„Ich hab Hunger“, sagt Nyota.

„Hier, nimm!“, sagt Muhamedi und hält ihm die blaue Klebstoffdose unter die Nase.

2 *Suaheli* Marihuana, eine pflanzliche Droge

3 obdachloser Junge, der beim Stehlen erwischt und verprügelt wurde

Nyota atmet tief ein. „Das hilft gegen den Hunger", erklärt er mir dann. „Solltest du auch probieren."

„Ich denk, du schnüffelst nicht!"

„Ach ja? Hab ich das gesagt?" Nyota lacht.

Zwei Mädchen betteln eine Ausländerin an, die ihr Auto vor einem Café parkt. Sie lächelt sie freundlich an und schüttelt den Kopf. Dann sieht sie uns und fragt, ob wir ihr Auto bewachen könnten.

„No problem, yes, Madam, no problem!", sagt Nyota strahlend und die Frau läuft eilig auf die andere Straßenseite, gefolgt von den Mädchen, die sie immer noch anbetteln.

„Toyota", sagt Nyota, während er und Muhamedi den Wagen von allen Seiten fachmännisch betrachten. „Sehen gut aus, die Scheinwerfer."

Sie lachen, als sie mein erschrockenes Gesicht bemerken.

„Keine Sorge", beruhigt mich Nyota, „wir klauen sie schon nicht. Wir passen auf, dass niemand anders sie klaut." Als die Frau zurückkommt, gibt sie jedem von uns hundert Shilling.

Wir bewachen hier noch andere Autos. Am Abend habe ich so insgesamt neunhundert Shilling verdient. Das war also doch kein Pechtag heute!

Später nehme ich Nyota und Muhamedi mit zum Nyumba mbovu[4], wo ich Akbar und Moussa treffe. Heute ist einiges los hier. Ich sehe viele neue Gesichter und mehr Mädchen als zuvor. Moussa ist müde und traurig. Er hat Hunger und wir geben ihm etwas zu essen. Als es dunkel wird, machen wir ein Feuer, und Muhamedi holt wieder seinen Klebstoff hervor.

„Probiert doch mal", sagt Nyota zu Akbar. „Das ist gut! Du vergisst deine Sorgen, nichts stört dich, du vergisst sogar, dass du eben noch Hunger gehabt hast!"

Als Moussa nach der Dose greifen will, tritt Akbar gegen seine Hand und Moussa schreit auf.

„Dieses Mistzeug!", schreit Akbar wütend. „Weißt du denn nicht, dass du dabei dein Gehirn verlierst? Und dann vergisst du alles! Wenn du Saidi[5] vergessen willst, dann nimm das Zeug! Aber lass mich dann in Ruhe!"

Moussa guckt ihn mit großen Augen an, und als Nyota ihm die Dose erneut hinhält, schüttelt er den Kopf.

Schweigend beobachten wir, wie Nyota und Muhamedi abwechselnd schnüffeln. Bald scheinen sie uns vergessen zu haben. [...]

Das Gewitter hat uns im Schlaf überrascht, und nun kauern wir unter einem Mauervorsprung und warten darauf, dass es endlich aufhört. Bald ist das Nyumba mbovu innen nur noch eine einzige Schlammbrühe. Als wir uns gegen Morgen auf den Weg zur Arbeit machen, sind wir nass bis auf die Haut.*

[4] Abrisshaus, in dem Juma die Nächte mit anderen obdachlosen Kindern und Jugendlichen verbringt

[5] Moussas großer Bruder, der im Untersuchungsgefängnis für Kinder sitzt

3 So wie Nyota und Muhamedi schnüffeln viele Straßenkinder oder nehmen Drogen. Suche Textstellen, an denen deutlich wird, warum sie das tun.

4

a Schreibe zu jedem der sechs Straßenjungen auf, was du über seine Situation erfährst.

b Trage deine Ergebnisse geordnet in eine Tabelle ein: Familiensituation, Freunde, Beschaffen von Geld oder Lebensmitteln, Drogen, Kriminalität.

	Juma (Ich-Erzähler)	**Nyota**	**Muhamedi**	**Akbar**	**Moussa**	**Doto**
Familien-situation	*Mutter und kleiner Bruder tot …*	*Mutter ist …*			*Bruder …*	
Freunde	*Akbar, …*					
Beschaffen von Geld/ Lebensmitteln	*bettelt, …*					
Drogen						
Kriminalität						

c Suche aus dem Text heraus, welche Gegenstände für die Kinder wichtig sind, und zeichne sie zu den Namen.

5 Sucht aus dem Text Beispiele für den Zusammenhalt der Jungen heraus. Wie helfen sie sich gegenseitig?

→ S. 19: Informationen sammeln

MK **6** Informiert euch genauer über das Land Tansania, in dem Juma und die anderen Kinder leben. Sucht im Internet, in Sachbüchern, Zeitschriften oder in Lexika nach Informationen. Gestaltet anschließend ein Plakat, auf dem ihr die Informationen über Tansania anschaulich präsentiert.

Straßenkinder

Für Kinder, die auf der Straße leben, sorgen keine Eltern. Sie haben kein bequemes Bett an einem sicheren Ort. Sie leben zumeist in Bahnhöfen und leer stehenden Gebäuden, auf Bürgersteigen, an Bushaltestellen und in U-Bahn-Schächten. Sie versuchen, Geld und Lebensmittel zu erbetteln oder mit Gelegenheitsjobs Geld zu verdienen. Manche werden kriminell und stehlen, andere müssen mit Prostitution Geld verdienen. Aufgrund ihrer ungesunden Lebensweise sind Straßenkinder häufig von Krankheiten bedroht. Außerdem sind sie oftmals Opfer von Gewalt. Von der Polizei werden sie nicht selten gejagt, geschlagen und eingesperrt. Um den Hunger und die Angst zu vergessen, nehmen viele Straßenkinder Drogen. Sie schnüffeln zum Beispiel Klebstoff, um sich zu betäuben.

Weltweit gibt es über 100 Millionen Straßenkinder. Diese Kinder und Jugendlichen unter 18 Jahren haben entweder keine Eltern mehr oder sind von zu Hause fortgelaufen. Meist sind sie obdachlos und müssen um ihr Überleben kämpfen. In den großen Metropolen finden sich die Straßenkinder oft in Gruppen zusammen. Diese Gruppen helfen, die fehlende Familie zu ersetzen. Sie dienen aber auch als Schutz vor Gefahren von außen. In vielen Städten gibt es inzwischen aber auch Einrichtungen von Hilfsorganisationen, die Straßenkindern eine Unterkunft anbieten und ihnen eine Ausbildung ermöglichen. Allerdings ist es nicht einfach, das Vertrauen dieser Kinder zu gewinnen. Denn Erwachsene haben ihnen schon viel Leid zugefügt. Straßenkinder gibt es zwar vor allem in armen Ländern, aber auch in Deutschland leben schätzungsweise 7.000 Minderjährige zeitweilig auf der Straße, über die Hälfte davon in Berlin.

1 Trage zusammen, was du über das Leben der Straßenkinder erfährst.

2 Vergleicht, was davon auf Juma (Text S. 50) zutrifft.

3 Suche im Internet weitere Informationen zu den Lebensbedingungen von Straßenkindern.

Seit Jakobs Vater seine Arbeit verloren hat, gibt es in der Familie Probleme. Schließlich läuft Jakob von zu Hause weg. Am Berliner Bahnhof Zoo lernt er Hugo kennen. Dieser alte Obdachlose wird für kurze Zeit so etwas wie ein Freund.

Benno Pludra

Jakob heimatlos

Vom Café aus, vor den breiten, teilweise schon geöffneten Türen, hat man runde Tische über den halben Gehsteig verteilt, Stühle aus Rattanrohr dazu, auf denen erste Gäste sitzen. Kaffeeduft weht, Löffelchen klimpern und die blauen Schürzchen von drei Serviererinnen sind emsig unterwegs.

„Guck nicht so hin", sagt der alte Hugo zu Jakob. „Sonst denken die noch, du willst ein Kringelchen haben, geschenkt", aber Jakob, am U-Bahn-Gitter aufrecht neben dem alten Hugo, hat nur Spaß daran gehabt, wie die Serviererinnen liefen und liefen, ein Lächeln übrig für jeden Gast.

Mareike, denkt Jakob, könnte das auch, freundlich zu jedem, der es verdient. Aber weiß man das hier, wer Freundlichkeit verdient? Der Kerl dort hinten bestimmt schon nicht: Dreitagebart und tätowierte Arme, sein Blick in die Runde ist finster.

Der alte Hugo bemerkt schon wieder, wohin denn Jakob so ausdauernd guckt, und sagt: „Den lass mal zufrieden, den Herrn."

„Herrn?", sagt Jakob.

„Setz dich mal, setz dich hin."

Aber Jakob setzt sich nicht hin. Zu neugierig ist er auf alles, was da an ihm vorübertreibt: Leute und Leute, eine bunte Herde ohne Ende. Gemächlich die meisten, auf Bummeltour oder so, an ihnen links oder rechts vorbei die Unruhegeister, Mädchen jetzt mit grünen, gelben, roten Haaren, hochgetürmt wie Hühnerfedern – kaum gesehen, schon entschwunden – nur ihr Gegacker noch sekundenlang vor seinen Ohren.

In Hellersdorf draußen hat Jakob das auch schon gesehn, und Sabine, die kleinere Schwester, hat gesagt, dass sie ihre Haare später zweifarbig machen wird, Violett vielleicht mit Grün, und Mareike, fünf Jahre älter, hat ihr einen Vogel gezeigt.

Mareike, denkt Jakob, Sabine. Was werden sie sagen jeden Abend? – Jakob wieder nicht da? Ob er noch kommt? Was ist ihm eingefallen, weiß das einer? – Verschwunden einfach und weg.

Ohne Spur.

Mareike, denkt Jakob, Sabine, und kämen sie jetzt mal beide hier an ihm vorbei, in dieser bunten Herde, dann könnte wohl sein, er ginge mit. Tschüss zu Hugo und mit Mareike und Sabine mit.

Aber das sind Wunschgedanken, die Jakob keinem sagen würde. Er steht alleine hier, niemand kommt vorbei. [...] Er könnte aber ruhig ein Stück mal selber gehen, denn es gibt nichts zu tun für ihn den ganzen Tag, hier am U-Bahn-Gitter bei Kranzler. Bisschen aufpassen kann er, hat Hugo gesagt. Nicht mit Stielaugen aber, sondern mehr wie nebenbei, auf Kerle achten, die vielleicht mit der alten Seemannsmütze abhauen wollen, gegen Mittag ungefähr, wenn das abgetragene Innenfutter von silbrigen Münzen bedeckt sein wird.

„Gibt's das?“, hat Jakob gefragt. „Abhauen einfach mit deinem Geld?“

„Was glaubst du wohl“, hat der alte Hugo gesagt. „Nicht mal Respekt vor meinen Jahren.“

Also aufpassen bisschen, mehr bleibt für Jakob nicht zu tun. Die Leute bemustern und einschätzen lernen, was sie an Hartgeld in der Tasche tragen und ob sie bereit sein könnten, etwas herzugeben, dem alten Hugo locker in die Mütze zu werfen. Manche blicken freundlich auf ihn nieder, geben aber nichts. Andere gucken steif geradeaus oder zur Seite, als säße dort niemand, aber dauernd wieder bleiben auch Leute stehn, jüngere, ältere, mehr Frauen als Männer, und fingern Geld hervor, werfen es in die Mütze, und vom alten Hugo folgt dann jedes Mal eine leise Geste, gräflich beinah, mit der er sich bedankt.*

1 Wie stellst du dir den „alten Hugo“ vor? Beschreibe die Bilder, die du im Kopf hast.

2 Lies den Text noch einmal und untersuche, was man über Hugo erfährt. Hat sich deine Vorstellung dadurch verändert?

3 Trage zusammen, was du über Jakob und seine Familie erfährst.

4 Überlegt euch einen Dialog zwischen Mareike und Sabine. Was könnten sie über Jakobs Verschwinden denken?

5 Vergleiche die Lebensbedingungen von Jakob und Juma (S. 52–56).

Helden und Idole in den Medien untersuchen

1

→ **S. 259:** Einen Cluster entwerfen

a Woran denkst du, wenn du das Wort „Held“ liest? Sammle deine Ideen in einem Cluster.

b Erkläre mit eigenen Worten, was das Wort „Held“ bedeutet.

2

a Lies die folgende Erklärung für das Wort „Held“ aus einem Lexikon. Übertrage sie in dein Heft und markiere die Schlüsselwörter.

Held (der)/**Heldin** (die), *allg.:* jemand, der sich mit Unerschrockenheit und Mut einer schweren Aufgabe stellt oder eine ungewöhnliche, bewunderungswürdige Tat vollbringt

b Vergleiche deine eigene Erklärung mit dem Lexikoneintrag. Welche Gemeinsamkeiten und Unterschiede gibt es?

c Tauscht euch darüber aus, ob es auch heute noch Helden gibt.

→ **S. 35:** Tabellen oder Grafiken erschließen

3 Laut einer Untersuchung hat jedes zweite Kind im Alter von 6 bis 13 Jahren ein Vorbild oder Idol.

a Sieh dir die folgende Grafik an. Welche Informationen kannst du ihr entnehmen? Notiere Stichpunkte in dein Heft.

Vorbilder und Idole 2018

Gibt es eine Person/Gruppe, für die du besonders schwärmst?

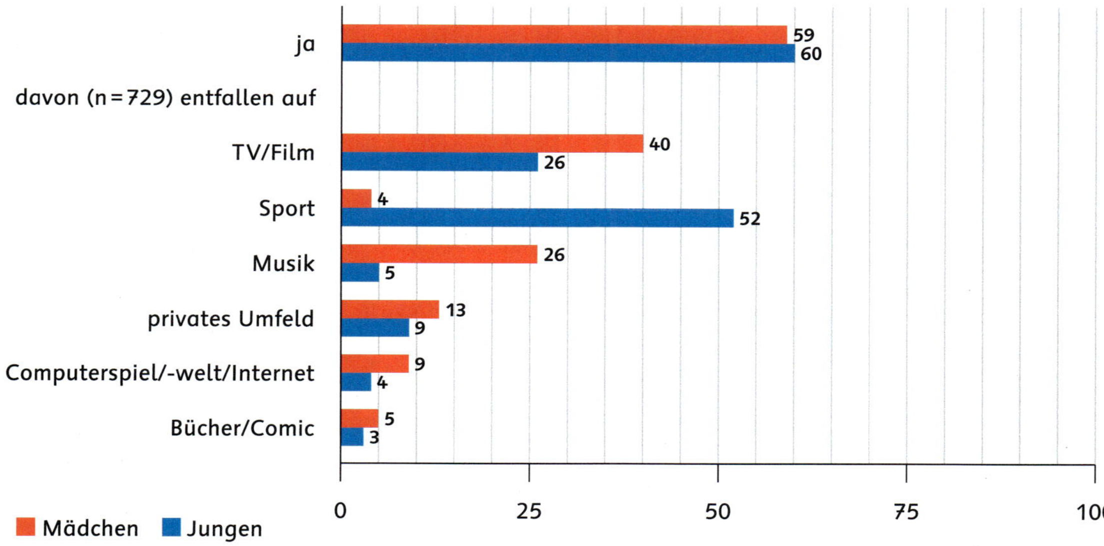

Quelle: KIM 2018, Angaben in Prozent, Nennungen ab 5 Prozent, Basis: alle Kinder, n = 1.231

b Welche Informationen habt ihr erwartet? Was hat euch überrascht? Tauscht euch aus.

c Hast du selbst ein Vorbild oder Idol? Überlege, was diese Person auszeichnet und warum du ihr nacheiferst.

d Gestalte einen Personensteckbrief zu deinem Vorbild oder Idol.

4 Weltweit engagieren sich seit Jahrzehnten Kinder und Jugendliche unter 18 Jahren als UNICEF-Juniorbotschafter für die Rechte von Kindern.

a Lies den folgenden Text.

Eine UNICEF-Juniorbotschafterin berichtet

Nana Yaa Nyantakyi (damals 12): „Angefangen hat es damit, dass ich die Bilder von dem Tsunami in Asien im Fernsehen sah. Da wollte ich helfen. Ich habe mir überlegt: Schleifen symbolisieren Solidarität und Zusammengehörigkeitsgefühl, und die Farbe Weiß steht bei den Hindus für Trauer, aber auch für Hoffnung. Wie wär's, wenn du weiße Schleifen herstellen und verkaufen würdest?
Zunächst habe ich diese Schleifen selbst gemacht und verkauft. Und dann habe ich Sponsoren gefunden. Mittlerweile haben sich auch andere Kinder von der Idee anstecken lassen, und heute könnte ich gar nicht mehr sagen, wie viele Schleifen es im Lauf der Zeit geworden sind. Sehr viele. Und alle Einnahmen gehen an UNICEF.
Es ist einfach schön, zu erfahren, dass Menschen geholfen wird, die alles verloren haben, dass es ihnen wieder besser geht und dass man selbst dazu beigetragen hat."*

b Beantworte folgende Fragen schriftlich.

1 Warum hat sich Nana dafür entschieden, sich ehrenamtlich zu engagieren?
2 Welche ehrenamtlichen Arbeiten kennst du noch?
3 Sind Menschen, die anderen helfen, in deinen Augen Helden? Begründe deine Antwort.

c Denke darüber nach, welches Ehrenamt du jetzt oder zu einem späteren Zeitpunkt gern übernehmen würdest. Schreibe es auf und erkläre, warum du es gerne machen möchtest.

5 Eure Klasse möchte ein Projekt zum Thema „Helden und Idole in den Medien" durchführen. Verständigt euch zunächst, wie ihr dabei vorgehen und zusammenarbeiten wollt. Sammelt gemeinsam Vorschläge, Ideen und Fragen zum Thema.

a Übertragt den Cluster auf ein Plakat. Ergänzt eigene Ideen.

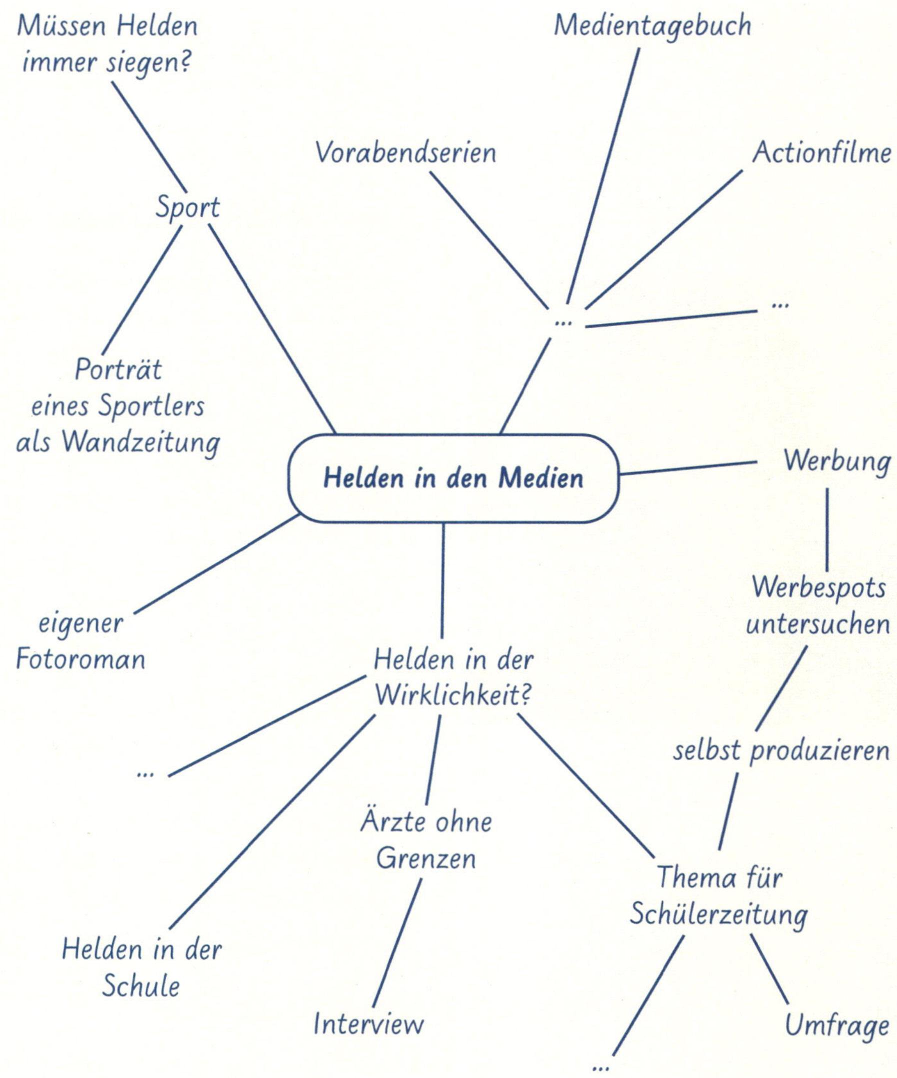

b Entscheidet, welche der Aktivitäten ihr tatsächlich durchführen möchtet. Auf den folgenden Seiten findet ihr Vorschläge, wie ihr bei der Erarbeitung der einzelnen Themen vorgehen könnt.

c Bildet Gruppen, die die Teilprojekte durchführen.

d Überlegt, wie die einzelnen Gruppen ihre Ergebnisse präsentieren sollen, zum Beispiel als Wandzeitung oder Kurzvortrag.

6 Gestaltet einen Fotoroman, in dem die Geschichte eines modernen Helden oder einer modernen Heldin erzählt wird.

a Sammelt zunächst Ideen für die Handlung eures Fotoromans. Notiert euch dafür die Antwort auf folgende Fragen in Stichpunkten.

1 Was könnte diesen modernen Helden bzw. die Heldin auszeichnen?
2 In welcher Situation soll er oder sie sich als Held bzw. Heldin zeigen?

b Einigt euch auf eine Geschichte, die ihr erzählen wollt.

c Entscheidet, welche Szenen eurer Geschichte ihr auf Fotos darstellen wollt und wie die Kameraperspektive bei diesen Bildern sein muss.

d Klärt gemeinsam folgende Fragen.

1 Wo nehmen wir die Fotos auf? Ist es dort hell genug?
2 Wie verteilen wir die Rollen?
3 Welche Kostüme und Requisiten brauchen wir?

e Gestaltet mithilfe eurer Ergebnisse einen Fotoroman.

MK **7** In Werbespots treten häufig Helden und Idole auf.

a Tauscht euch darüber aus, weshalb das so ist.

b Untersucht die Darstellung von Helden und Idolen in der Werbung genauer. Wählt passende Werbespots aus und entwerft einen Beobachtungsbogen.

	1. Szene	*2. Szene*
Kameraperspektive *Musik/Geräusche* *Aussage* …	…	

c Seht euch die Werbespots mehrfach an. Füllt für jeden einen Beobachtungsbogen aus.

d Beurteilt abschließend, ob es sich bei den dargestellten Personen tatsächlich um moderne Heldinnen und Helden handelt.

8 Um herauszufinden, welche Rolle die verschiedenen Medien in eurem Alltag spielen, könnt ihr ein Medientagebuch anlegen.

a Schreibt einen Tag lang ganz genau auf, wann euch welche Medien an welchen Orten begegnen.

Zeit	*Ort*	*Medium*
6:45 Uhr	*im Bett*	*Radiowecker*
7:05–7:15 Uhr	*Frühstückstisch*	*Comic*
…		

b Haltet eine Woche lang in einer Tabelle fest, welche Sendungen ihr im Fernsehen gesehen habt.

Tag	*Titel*	*Art der Sendung*	*Uhrzeit*	*Mit wem?*
Mo.	*Soko Wismar*	*Vorabendserie*	*18:00–19:00*	*alleine*
Mo.	*Länderspiel (1. Halbzeit)*	*Sport*	*20:45–21:30*	*Familie*
Di.	…			

c Wertet abschließend eure Tabellen aus. Errechnet die Durchschnittszeit, die ihr täglich vor dem Fernseher verbringt.

d Entwickelt Fragen zu eurem Fernsehverhalten, die ihr mit der Klasse diskutieren wollt.

1. *Wie werden Heldinnen und Helden in unseren Lieblingssendungen dargestellt?*
2. *Was haben wir mit ihnen gemeinsam?*
3. *Welchen Einfluss nehmen die Medien darauf, was wir unter einer Heldin oder einem Helden verstehen?*

…

e Diskutiert die Fragen in der Klasse.

Was habe ich gelernt?

9 Überprüfe, was du in diesem Kapitel zum Thema **Helden und Idole** gelernt hast. Ergänze dazu die folgenden Sätze.

1 Ein Held oder eine Heldin ist für mich …
2 An der Gruppenarbeit hat mir gefallen / nicht gefallen …
3 Das möchte ich bei der nächsten Projektarbeit anders machen: …

Beschreiben

Eine Person beschreiben

1 Tragt zusammen, in welchen Situationen ihr schon einmal jemanden beschreiben musstet. Was war jeweils wichtig bei der Beschreibung?

2 Leonie war im Kino. Der Hauptdarsteller des Films hat sie begeistert. An seinen Namen kann sie sich allerdings nicht erinnern.

a Lies, was Leonie ihrer Freundin erzählt.

Der Hauptdarsteller hat echt wahnsinnig gut ausgesehen. Auch die Klamotten, die er im Film getragen hat, waren cool. Er hatte eher so klassische Sachen an, ich glaube Anzüge oder Mäntel. Und diese Augen! Die waren echt krass. In denen hätte ich mich total verlieren können. Ich könnte jetzt gar nicht mehr sagen, welche Farbe die hatten. Einen süßen Haarschnitt hatte er auch und eine tolle Figur! Er wirkt ziemlich groß und hat braune Haare, nicht lang, und ist ziemlich blass.

b Lily hat den Film auch gesehen und kann den Hauptdarsteller beschreiben.

Der Hauptdarsteller ist ungefähr zwanzig Jahre alt, ziemlich groß und schlank. Sein hellbraunes, etwas längeres Haar, das er aus der Stirn gekämmt trägt, wirkt immer ein wenig zerzaust, so als wäre er eben erst aufgewacht. Er hat ein eckiges Gesicht und hohe Wangenknochen. Seine Haut ist auffällig blass und wirkt beinahe so, als könnte man hindurchsehen. Im Film trägt er unterschiedliche farbige Kontaktlinsen, sodass seine mandelförmigen Augen in einigen Einstellungen gelblich braun leuchten, in anderen tiefschwarz wirken. Seine Augenbrauen sind buschig und etwas dunkler als sein Haar. Er hat eine gerade Nase und schmale Lippen. Seinen Kleidungsstil würde ich als klassisch beschreiben: dunkles Jackett, Stoffhose und Hemd, in gedeckten Farben wie dunkelbraun, grau oder dunkellila. Darüber trägt er häufig einen grauen, halblangen Mantel.

c Überlege, welche Personenbeschreibung besser geeignet ist, sich den Schauspieler bildlich vorzustellen. Begründe deine Meinung.

3 Ein Steckbrief kann dir bei der Personenbeschreibung helfen.

a Übertrage die folgende Tabelle in dein Heft. Suche aus Aufgabe 2b die für eine Beschreibung wichtigen Angaben heraus und trage sie in die rechte Spalte ein.

Merkmal	Beschreibung
Alter	*ca. 20 Jahre*
...	*groß und schlank*

b Ergänze in der linken Spalte das beschriebene Merkmal.

Beim **Beschreiben einer Person** informiert man andere über die **äußeren Merkmale** eines Menschen, sodass die Person wiedererkannt werden kann. Umfang und Inhalt einer Personenbeschreibung hängen vom Adressaten und vom Zweck der Beschreibung ab.
Folgende Angaben sollten enthalten sein:
- **Gesamterscheinung:** Geschlecht, Alter, Größe, Figur
- **Einzelheiten:** Gesicht, Augen, Nase, Mund, Haare, Arme, Beine, Kleidung, Schmuck, ...
- **besondere Merkmale:** Narben, Leberfleck, ...

Eine Personenbeschreibung darf niemanden lächerlich machen oder beleidigen.

4 Übertrage die folgende Liste in dein Heft und ergänze sie.

Figur:	breitschultrig, groß, schmächtig, ...
Gesicht:	bleich, eckig, länglich, pausbäckig, ...
Augen:	braun, mandelförmig, groß, Kulleraugen, ...
Augenbrauen:	buschig, schmal, zusammengewachsen, ...
Nase:	lang, krumm, Stupsnase, ...
Lippen:	breit, dünn, ...
Zähne:	schief, strahlend weiß, sichtbare Plomben, ...
Haare:	blond, kurz, lockig, ...
Ohren:	abstehend, groß, spitz, ...
Kinn:	breit, vorspringend, mit Grübchen, ...

5 Bei einer Umfrage wurden Kinder und Jugendliche gefragt, wer ihr Vorbild oder Idol ist. Die Personen auf den Fotos wurden häufig genannt.

a Suche dir aus, welche der Personen du beschreiben möchtest.

Joshua Kimmich

Justin Bieber

Bianca „Bibi" Claßen

b Fertige zunächst einen Steckbrief an. Nutze den Merkkasten auf S. 68 und deine Aufzeichnungen zu Aufgabe 3 und 4.

Bianca „Bibi" Claßen
Geschlecht: ...
Alter: ...
...

c Formuliere deine Personenbeschreibung in zusammenhängenden Sätzen.

„Bibi" Claßen ist eine bekannte Influencerin, die ...

→ **S. 47:** Schreibkonferenz

d Lest euch gegenseitig eure Personenbeschreibung vor und gebt euch Hinweise zur Verbesserung der Beschreibung.

e Was würden Kinder und Jugendliche auf die Frage „Wer ist dein Vorbild oder Idol?" wohl heute antworten? Tauscht euch aus.

●●● **6** Du hast die Aufgabe, zum Thema „Helden und Idole" eine weitere Person zu beschreiben. Suche dir in einem Buch oder im Internet ein passendes Foto und beschreibe die Person.

Einen Vorgang beschreiben

1 Im Alltag stoßt ihr auf verschiedene Anleitungen zum Handeln.

a Tragt zusammen, in welchen Situationen ihr schon jemandem eine Handlungsanleitung gegeben habt. Was war dabei zu beachten?

b Überlegt, was ihr beachten müsst, wenn ihr jemandem beschreibt, wie man einen Kuchen bäckt.

2 Die italienische Schauspiellegende Sophia Loren verrät in einem Kochbuch, wie sie ihre Lieblings-Pastasoße zubereitet.

a Das folgende Rezept ist durcheinandergeraten. Lies es.

Sophia Loren

Tomaten, Basilikum, Zucker, Salz und Pfeffer nach Geschmack in das Öl geben, 6 EL Olivenöl, 4 Knoblauchzehen (gehackt), Pasta al dente kochen, abtropfen lassen und in der Soße wenden, 750 g geschälte, zerdrückte reife Tomaten, frische Basilikumblätter, Olivenöl in einen Topf geben und auf starke Hitze schalten, Salz, Pfeffer, mit Käse bestreuen, 675 g Spaghetti, Parmesan, Knoblauch hinzufügen, hellbraun braten, herausnehmen und wegwerfen, Soße unter gelegentlichem Rühren bei schwacher Hitze etwa 30 Min. köcheln lassen, 1 TL Zucker*

b Schreibe die Zutaten heraus.

Zutaten: 6 EL Olivenöl, ...

c Schreibe die Handlungsanleitung in der richtigen Reihenfolge auf.

Zubereitung: 1. Olivenöl in einen Topf geben und auf starke Hitze schalten ...

d Formuliere das Rezept neu und schreibe es komplett in dein Heft.

Vorgangsbeschreibungen, wie Rezepte, Spiel- oder Bastelanleitungen, beginnen mit einer **Materialliste**, danach folgt die **Handlungsanleitung**. Die Handlung wird so beschrieben, dass man sie nachvollziehen kann. Deshalb ist es wichtig, die einzelnen Teilhandlungen in der richtigen **Reihenfolge** zu beschreiben.

3 Einen alten Stuhl kann man toll aufmöbeln: Streiche ihn zum Beispiel in den Farben deiner Lieblings-Fußballmannschaft und klebe ein Starfoto auf.

a Lies die folgende Handlungsanleitung.

Du benötigst:

- einen alten Stuhl
- seidenglänzende Latexfarbe
- farbiges Papier
- einen 4 cm breiten Pinsel
- einen Holzklotz
- Weißleim
- mittelfeines Schleifpapier
- ein großes Bild zur Dekoration

Zuerst reinigst du den Stuhl mit Wasser und Seife. Anschließend schleifst du den Stuhl ab. Wickle dazu das Schleifpapier um einen Holzklotz. So kannst du es besser festhalten. Frage deine Eltern, wenn du Hilfe benötigst. Dann streichst du die erste Farbschicht auf und lässt sie trocknen. Beim Auftragen der zweiten Farbschicht solltest du sehr sorgfältig sein. Nimm wenig Farbe, trage sie gleichmäßig auf und lass sie trocknen. Dann schneidest du das Papier in 4–5 cm breite Streifen. Klebe die Streifen mit Weißleim auf und drücke sie glatt. Zum Schluss kannst du ein Bild an die Stuhllehne leimen.*

b Schreibe alle Teilhandlungen in Form von Stichpunkten auf.

1. Stuhl mit Wasser und Seife reinigen
2. ...

4 Um Vorgänge und Handlungen möglichst genau zu benennen, verwendet man treffende Verben. Untersuche den Text in Aufgabe 3 a.

a Suche alle Verben heraus und überprüfe, ob sie die Vorgänge und Handlungen genau genug benennen.

→ **S. 144:** Finite und infinite Verbformen

b Bestimme Person und Zahl der finiten Verbformen. Wähle 1. oder 2.

●●● 1. Bestimme Person und Zahl der finiten Verbformen. Nenne auch die infiniten Verbformen.

●●○ 2. Übertrage die Tabelle in dein Heft und ergänze sie.

Finite Verbform	Person	Zahl	Infinite Verbformen
(du) benötigst	*2. Person*	*Einzahl (Singular)*	...
(du) reinigst	*2. Person*	*Einzahl (Singular)*	...
(du) schleifst	*2. Person*	*Einzahl (Singular)*	...
wickle (Imperativ)	*2. Person*	*Einzahl (Singular)*	...
(du) kannst	*2. Person*	*Einzahl (Singular)*	...
...	...	...	*festhalten*

c Wähle ein passendes Verb aus und setze es ein.

1 Zuerst musst du das Material (besorgen, holen, zurechtlegen).
2 Deinen Arbeitsplatz solltest du immer (pflegen, aufräumen, ordnen).
3 Du kannst den Stuhl in mehreren Farben (ausmalen, anmalen).
4 Zum Bemalen solltest du Handschuhe (überwerfen, anziehen).

5 Die Sätze einer Handlungsanleitung müssen sinnvoll miteinander verknüpft werden, sodass die Reihenfolge der Teilhandlungen deutlich wird.

Tipp
Sammle zuerst weitere Wörter, mit denen du die Sätze verknüpfen kannst, z. B.: *danach, …*

a Beurteile die Verknüpfung der folgenden Sätze.

Zuerst reinigt ihr den Stuhl mit Wasser und Seife. Dann schleift ihr den Stuhl ab. Dann streicht ihr die erste Farbschicht auf. Dann lasst ihr die Farbe trocknen. Dann tragt ihr vorsichtig die zweite Farbschicht auf. Dann lasst ihr die zweite Farbschicht trocknen.

b Überarbeite die Sätze, indem du unterschiedliche Wörter zur Satzverknüpfung verwendest. Schreibe in dein Heft.

c Probiere aus, ob sich die Satzverknüpfung durch Umstellung der Satzglieder verbessern lässt.

Zuerst reinigt ihr den Stuhl mit Wasser und Seife.
Dann schleift ihr den Stuhl ab. Die erste Farbschicht …

●●● d Untersuche die Satzverknüpfungen im Text von Aufgabe 3 a (S. 69). Welche Verknüpfung würdest du ändern? Begründe deine Meinung.

Vorgangsbeschreibungen und **Handlungsanleitungen** werden meist im Präsens verfasst.
Man kann sich entscheiden, wie man eine Beschreibung formuliert:
- **persönlich,** z. B.:
  Zuerst reinigst du den Stuhl mit Wasser und Seife.
  Anschließend schleift ihr den Stuhl ab.
- **unpersönlich,** z. B.:
  Dann streicht man die erste Farbschicht auf. (*man*-Form)
  Dann wird die erste Farbschicht aufgestrichen. (Verbform im Passiv)

→ **S. 151:** Aktiv- und Passivformen der Verben

6 Untersuche, wie die Handlungsanleitung in Aufgabe 3 a (S. 69) formuliert ist. Schreibe sie um.

Zuerst reinigt man den Stuhl …

7 Beschreibe, wie du einen Bilderrahmen für dein Lieblingsbild mit einer Collage gestalten kannst.

a Ordne die Stichpunkte in der richtigen Reihenfolge. Beginne mit der Materialliste.

Bleistift – Sportstars, Bilder der Lieblingsband oder Filmmotive sauber ausschneiden – ein großes Stück Pappe – Klebestift – die Streifen auf den Rahmen kleben und die Enden zur Rückseite umschlagen – Schere – Schnur auf der Rückseite als Aufhängung befestigen – verschiedene Zeitschriften – Lineal – ca. 8 cm breiten Rahmen auf der Pappe vorzeichnen – Cutter – den Rahmen mit Cutter und Lineal ausschneiden – bunte Bilder aus Zeitschriften in Streifen reißen – die ausgeschnittenen Motive obendrauf kleben – reißfeste Schnur*

b Formuliere die Vorgangsbeschreibung und schreibe sie in dein Heft. Entscheide dich für die persönliche oder die unpersönliche Form.

→ **S. 47:** Eine Schreibkonferenz durchführen

c Überarbeite deine Vorgangsbeschreibung. Achte besonders auf die Zeitform und auf abwechslungsreiche Satzverknüpfungen.

●●● **8** Verfasse jetzt eine Handlungsanleitung. Wähle ein Spiel, das dir gut gefällt, und beschreibe es. Überlege, was du bei einer Spielanleitung alles bedenken musst.

Name des Spiels, Anzahl der Spieler/-innen, ...

Was habe ich gelernt?

9 Überprüfe, was du über das **Beschreiben** gelernt hast. Beantworte dazu die folgenden Fragen.

1 Warum beschreibt man zum Beispiel Personen oder Vorgänge?
2 Welche der Beschreibungen sind dir leichtgefallen?
3 Was ist dir in diesem Kapitel schwergefallen?
4 Wie kann man eine Personenbeschreibung gliedern?
5 Worauf musst du bei einer Vorgangsbeschreibung/ Handlungsanleitung achten?

Mit Götter- und Heldensagen umgehen

1

a Tragt zusammen, was ihr bereits über Sagen wisst. Welche Sagen kennt ihr?

b Die Geschichte von Odysseus ist eine der ältesten Sagen der Welt. Der blinde griechische Dichter Homer soll sie im 8. Jahrhundert v. Chr. verfasst haben. Lies die Sage in der Fassung von Dimitar Inkiow.

Das trojanische Pferd

Um die Stadt Troja wurde ein Krieg geführt. Odysseus' Leute versuchten zehn Jahre lang erfolglos, Troja zu erobern.

„Oh, großer König", sagte Odysseus, nachdem sie alle gut gegessen und getrunken hatten. „Wir kämpfen und kämpfen, aber Troja fällt nicht. Ich will endlich siegen, wenn ich schon so lange gekämpft habe!"
„Das wollen wir auch, Odysseus, wir auch!", riefen viele. „Aber leider geht es nicht!"
„Nicht mit roher Gewalt. Aber wir können Troja mit List erobern." Alle spitzten die Ohren:
„Was schlägst du vor?"
„Wir sollten ein Pferd aus Holz bauen. Ein sehr, sehr großes Pferd. Die besten unserer Krieger verstecken sich dann im Bauch des Pferdes. Wir erklären in einem Schreiben feierlich den Krieg für beendet und bieten den Trojanern das Pferd als Geschenk und Entschuldigung an."
„Und was, meinst du, wird weiter geschehen?"
„Was wohl? Ich hoffe, sie werden das Geschenk annehmen und das Pferd in die Stadt bringen. Und dann fällt Troja wie ein überreifer Apfel in unsere Hand. Jetzt brauchen wir strengste Geheimhaltung, schönes festes Holz, Geduld und Fleiß. Das Pferd muss wunderschön werden. Denn ich bin mir sicher – falls wir Troja damit besiegen, wird das Trojanische Pferd in die Geschichte eingehen. Auch nach tausend Jahren wird man darüber sprechen."
Die Griechen machten sich an die Arbeit. Holz wurde herangeschafft, Künstler und Handwerker geholt. Das Pferd wurde auf einer Holzplattform mit vier Rädern gebaut. Eine Geheimtür, die sich nur von innen öffnen ließ, führte in seinen Bauch.

Es war eine dunkle, geheimnisvolle Nacht – auch die Götter schliefen, als Odysseus sich zusammen mit dreißig seiner Krieger im Bauch des Pferdes versteckte.
Am nächsten Tag berichteten Kundschafter König Priamos von Troja: „Die griechische Flotte segelt aufs offene Meer hinaus. Kein Grieche ist in der Nähe der Stadt zu sehen. Nur ein großes Holzpferd steht da. Wir haben neben dem Pferd ein versiegeltes Schreiben gefunden. Hier ist es."
König Priamos öffnete es und las: „An König Priamos. Wir geben auf, weil die Götter auf eurer Seite stehen. Der Krieg ist zu Ende. Als Zeichen der Versöhnung, damit ihr nicht an Rache denkt, schenken wir euch das hölzerne Pferd. Wir haben es euch zu Ehren das *Trojanische Pferd* genannt."
König Priamos begab sich vor das Tor Trojas und betrachtete lange das hölzerne Pferd. Er befahl, es in die Stadt zu bringen und auf dem Marktplatz aufzustellen. Rundherum sollte ein Fest stattfinden. So geschah es. Alle Trojaner kamen, um zu feiern. Ziegen, Lämmer, Gänse und Hühner wurden gebraten. Viele Fässer Wein wurden geöffnet und getrunken. Die leckeren Düfte kamen auch bis in den Bauch des Pferdes, wo die griechischen Krieger mucksmäuschenstill, verschwitzt und hungrig, eng gedrängt einer neben dem anderen lagen. Das Wasser lief ihnen im Munde zusammen. Aber keiner gab auch nur einen Mucks von sich.
Mitten in der Nacht, als die Trojaner betrunken in tiefen Schlaf gefallen waren, schlichen die Griechen aus ihrem Versteck heraus. Odysseus öffnete die Stadttore. Das griechische Heer war in der Zwischenzeit zurückgekehrt. Die Krieger strömten in die Stadt und eroberten Troja.*

c Beschreibe kurz, welchen Eindruck der Text auf dich gemacht hat.

d Begründe, warum dieser Text eine Heldensage ist.
Nutze den Merkkasten.

Heldensagen sind ursprünglich **mündlich überlieferte Erzählungen**, die vom Anfang der Welt, von Göttern, Helden und deren Taten handeln. Oft geht es in ihnen um Sieg und Niederlage, um Kampf und Bewährung und um abenteuerliche Reisen. Die Helden stehen häufig in Kontakt mit den Göttern, haben magische Helfer oder übernatürliche Kräfte. Trotzdem enthalten viele Heldensagen einen **wahren historischen Kern**.

Eine Sage nacherzählen

1 Erzähle die Heldensage auf den Seiten 72–73 nach.

a Wiederhole zuerst, was man beim Nacherzählen einer Geschichte beachten sollte.

> Vor dem **Nacherzählen** einer Geschichte muss man den Text genau lesen oder gut zuhören. Man teilt den Text in Abschnitte ein und notiert jeweils Stichpunkte zum Ablauf der Handlung.
> Dabei muss man auf die zeitliche Reihenfolge, auf den Ort der Handlung und auf die handelnden Personen und ihre Gedanken und Gefühle achten.
> Man erzählt die Geschichte anschließend **mit eigenen Worten** nach, kann wichtige Textstellen oder Figurenrede aber auch wörtlich übernehmen.

b Beurteile, ob sich der folgende Stichpunktzettel zum Nacherzählen der Geschichte eignet. Überarbeite ihn, wenn er nicht deinen Vorstellungen entspricht.

- *Griechen: können Troja nicht im Kampf besiegen*
- *Odysseus' Idee: scheinbar Frieden erklären, riesengroßes Holzpferd als „Versöhnungsgeschenk" bauen, in dem sich eigentlich Krieger verstecken*
- *Griechen bauen Pferd, Flotte zieht ab*
- *König Priamos: fällt auf List herein, lässt Pferd in Stadt, Trojaner feiern*
- *nachts: griechische Krieger steigen aus Versteck, Odysseus öffnet Tor für Heer, Griechen erobern Troja*

c Erzähle die Sage mithilfe des Stichpunktzettels nach.

2 Erzähle die Sage aus der Sicht einer anderen Figur (Odysseus, König Priamos, griechischer oder trojanischer Krieger) nach.

a Tauscht euch darüber aus, wie sich der Stichpunktzettel und die Nacherzählung verändern werden.

> Man kann eine Geschichte **aus einer anderen Perspektive**, das heißt aus der Sicht einer anderen Figur, **erzählen**.
> Das kann eine **Ich-Erzählerin** / ein **Ich-Erzähler** sein.
> Ein **Ich-Erzähler** ist am Geschehen selbst beteiligt, erzählt aus eigener Sicht und gibt eigene Gedanken und Gefühle wieder, z. B.:
> *Schon lange versuchen wir, die Trojaner im Krieg zu besiegen. Aber wir …*
> Andererseits gibt es die **Sie-/Er-Perspektive**. Dabei ist die **Erzählerin** / der **Erzähler** nicht selbst beteiligt, sondern beobachtet von außen, z. B.:
> *Schon lange versuchten die Griechen, Troja im Kampf zu besiegen. Aber sie …*

b Wähle eine Figur aus, aus deren Sicht du erzählen möchtest, und schreibe den Stichpunktzettel aus Aufgabe 1 b neu.

c Schreibe die Erzählung aus der Sicht dieser Figur in dein Heft. Lass einen breiten Rand für spätere Überarbeitungen.

d Überarbeite deinen Textentwurf. Achte besonders auf abwechslungsreiche Satzanfänge.

e Schreibe die überarbeitete Fassung in dein Heft.

●●● **3** Wähle eine der Sagen auf den Seiten 78–83 aus und erzähle sie aus einer anderen Perspektive nach.

a Erzähle die Sage mündlich mithilfe von Stichpunkten nach.

b Verfasse eine schriftliche Nacherzählung. Schreibe in dein Heft.

2c Setze z. B. die folgenden Einleitungen fort.
Wir hatten zehn Jahre lang versucht, Troja zu erobern. Ich wollte endlich siegen.
Da … (Odysseus)
Wir hatten Troja zehn Jahre lang gegen die Griechen verteidigt und waren sehr müde vom Kämpfen.
Da … (König Priamos)

2d Nutze z. B. folgende Formulierungen am Satzanfang.
Dann …
Danach …
Daraufhin …
Schließlich …

Eine Sage gestaltend vorlesen

Tipp
Wenn das Buch nicht dir gehört, lege zum Arbeiten eine Folie über den Text oder nutze eine Kopie.

1 Bereite die Sage auf den Seiten 72–73 für einen Lesevortrag vor.

a Lies die Sage zuerst mehrmals nur für dich: laut, halblaut oder leise.

b Trage Lesehilfen ein, die deinen Lesevortrag unterstützen sollen.

So kannst du deinen Vortrag mit Lesehilfen vorbereiten

1. Teile den Text in Abschnitte ein.
2. Unterstreiche die Wörter und Wortgruppen, die du betonen willst.
3. Setze einen Schrägstrich für eine kurze Pause, /
   zwei Schrägstriche für eine lange Pause. //
4. Zeichne die Satzmelodie ein:
   Stimme senken ↘ Stimme heben ↗
5. Gestalte die wörtliche Rede abwechslungsreich, aber auch typisch für die einzelnen Sprecher.
6. Bringe die Grundstimmung der Sage durch deinen Tonfall zum Ausdruck: aufregend, spannend, fröhlich, laut, leise usw.
7. Beachte dein Sprechtempo.

c Übe das Vorlesen des Textabschnitts. Achte auf die Lesehilfen.

„Oh, großer König“, / sagte Odysseus, / nachdem sie alle gut gegessen und getrunken hatten. // „Wir kämpfen und kämpfen, / aber Troja fällt nicht. /
Ich will endlich siegen, wenn ich schon so lange gekämpft habe!“ „Das wollen wir auch, Odysseus, wir auch!“,/ riefen viele. „Aber leider geht es nicht!“

d Tragt die gesamte Sage vor.
Verteilt die Abschnitte untereinander.
Gebt euch Hinweise, was noch verbessert werden könnte.

Was habe ich gelernt?

2 Überprüfe, was du über **Götter- und Heldensagen** gelernt hast.

a Präsentiere deine Lieblingssage.
Du kannst sie vorlesen oder mithilfe von Stichpunkten nacherzählen.

b Erkläre, warum du diese Sage gewählt hast und welche Merkmale einer Götter- und Heldensage auf sie zutreffen.

Helden und ihre Handlungsmotive verstehen

Viele Sagen erzählen von Heldinnen und Helden und ihren Taten. Manche Sagen werden schon seit Jahrtausenden erzählt, denn die Helden von früher faszinieren uns noch immer. Nutze die folgenden fünf Fragen, um Helden und ihre Motive (die Gründe für ihr Handeln) bewerten zu können.

1 Wähle einen Helden dieses Kapitels aus und verfasse einen Steckbrief für ihn.

Odysseus

1 Welche Eigenschaften hat der Held? (schlau, mutig, draufgängerisch, nachdenklich)	*klug, listig, aber auch mutig*
2 Welche Aufgabe muss er lösen? (Kampf mit einem Drachen, Befreiung einer Prinzessin, Begegnung mit realen Gefahren)	*Sieg im Trojanischen Krieg*
3 Wie erfährt der Held von der Aufgabe? (Auftrag von einem anderen, zufällig, er stellt sich die Aufgabe selbst)	*jahrelanger erfolgloser Krieg*
4 Wie löst er die Aufgabe? (Einsatz von Kraft, List, Hilfe von Göttern)	*durch List, nicht durch Gewalt*
5 Warum vollbringt der Held seine Tat? (Ruhm vergrößern, Menschen helfen)	*Sieg für die Griechen Ende des Krieges*

2 Vergleicht eure Helden und den Grund ihres Handelns miteinander.

3 Tauscht euch darüber aus, was ihr von einem Helden oder einer Heldin erwartet.

Der griechische Halbgott Herakles und sein Bruder Iolaos haben sich auf Reisen begeben, um Abenteuer zu erleben. Dabei gelangen sie auch in den Kaukasus.

1 Prometheus wird vom Göttervater Zeus bestraft. Finde beim Lesen heraus, wofür er bestraft wird und welche Strafe er verbüßt.

Hannes Hüttner

Herakles befreit Prometheus

Als sie an einem Morgen Wasser im bronzenen Kessel wärmten, schwebte hoch in der Luft ein Adler vorüber, ein so riesiges Tier, dass es einer Wolke glich und die Sonne verdunkelte. Der Vogel verschwand hinter einem Felsen. Gleich darauf hörten sie aus der Höhe einen Schrei, der ihnen allen Mut benahm und den Atem stocken ließ. Dem grausen Laut folgte wenig später ein Stöhnen, das unmenschliche Qual verriet. Umständlich, als wollten sie eine Entscheidung hinauszögern, standen sie auf und suchten zusammen, was ihr Reisebündel ausmachte. Und als Herakles noch immer zögerte, schritt Iolaos als Erster bergan. Der Bruder holte ihn ein und legte ihm den Arm auf die Schulter. Sie verstanden sich ohne Worte.
Das Stöhnen, das nach immer längeren Pausen erscholl, wies ihnen den Weg. Über Geröllhänge und mit wildem Rhododendron bedeckte Matten kletterten sie höher. Dann gerieten sie in rissigen Fels und mussten abbröckelnde Gletscherzungen queren. Endlich, nach einem Tag und einer Nacht, gelangten sie an eine Felswand, die mehrere hundert Meter emporragte. Ganz oben an dieser Wand hing im roten Glanz der Sonne eine menschliche Gestalt. Ihre Hände und Füße waren an den Fels geschmiedet.
„Ich habe es gefürchtet und gehofft, es möge nicht zutreffen", sagte Iolaos. „Das ist Prometheus!"
Herakles wusste, was dem Bruder durch den Sinn ging. Zeus selbst hatte über Prometheus einen grässlichen Fluch gesprochen: Ein Adler riss ihm Tag für Tag die Leber aus dem Leib. Die Wunde verheilte im Laufe von vierundzwanzig Stunden – dann kam der rächende Vogel erneut. Qual ohne Ende. Dies sollte die Strafe dafür sein, dass Prometheus den Menschen das Feuer gegeben hatte.
Niemand durfte Prometheus helfen; der Zorn des obersten Gottes würde den treffen, der sich gegen den Spruch verging. Auf ewig sollte Prometheus an den Kaukasus geschmiedet bleiben.

Sie starrten noch auf die Gestalt, die aus der großen Entfernung winzig erschien, als ein Schatten über sie fiel. Der Adler schwebte heran, so wie er es seit Jahrhunderten getan hatte. [...]
Prometheus sah dem schwarzen Ungetüm mit aufgerissenen Augen entgegen. Hier kam seine tägliche Qual – wieder würde ihm die Leber aus dem Leib gerissen werden, wieder würde sie nachwachsen, ein Leben ohne Hoffnung, Tag um Tag, Jahrhundert um Jahrhundert. Und nur diese Genugtuung: Die Menschen besitzen das Feuer ebenso wie Zeus. Aber auch Zweifel mischten sich drein: Machten sie wohl den rechten Gebrauch davon?
Herakles wusste, dass er sich nicht gegen den himmlischen Vater auflehnen durfte, aber er handelte ohne langes Besinnen: Außer sich vor Zorn zog er den Pfeil aus dem Köcher, legte ihn vor die Sehne und ließ ihn sausen. Prometheus sah nicht den Pfeil. Er sah nur, dass Federn stoben und die Schwingen des Riesenvogels zusammenschlugen; dann stürzte das Tier steil in die Tiefe und wurde zerschmettert. Iolaos stand wie gelähmt. Gleich musste ein Blitz herniederfahren und sie beide verbrennen. Er wartete mit eingezogenem Kopf. Es geschah nichts.
Auch Herakles hatte gezögert. „Los!“, sagte er jetzt. Er verschwand im Geklüft. Iolaos verharrte zweifelnd eine Weile, dann stieg er hinterdrein. Hatten sie es begonnen, so mussten sie es wohl auch zu Ende bringen. Der Gedanke, Herakles im Stich zu lassen, damit er, Iolaos, vor Zeus schuldlos bleibe, kam ihm nicht. Doch ängstete er sich und wusste nicht, ob sie die Sonne des nächsten Tages schauen würden.
Erst als sie schweißüberströmt oben anlangten, die Tat zu vollbringen, damit sie ihren Sinn bekäme, dachte Iolaos nicht mehr an sie beide, sondern an den Gefesselten da, der im Stein hing.
Unaussprechliche Qual hatte dessen Gesicht zerfurcht.

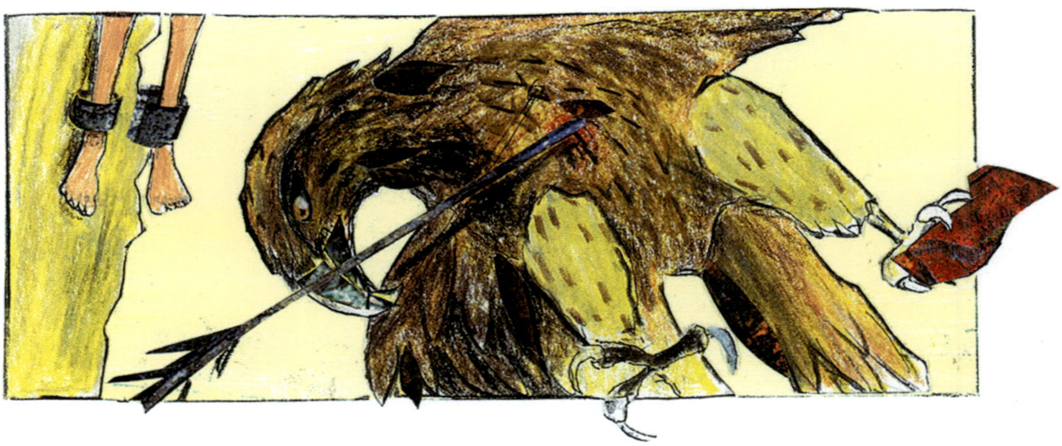

Als Herakles mit seinem Schwert die in den Fels getriebenen eisernen Fesseln zu sprengen versuchte, schlug Prometheus die Augen auf. […]

„Wer bist du?", fragte er.

„Ich bin Herakles", sagte der Grieche. „Und das ist Iolaos!"

„Du frevelst, Herakles!", sagte Prometheus.

„Wie du siehst!", sprach der Zeussohn. […] Mühselig schlug er Prometheus aus dem Fels. Er mochte dabei nicht reden, denn noch immer hockte tief im Innern die Angst. Reden brächte sie vielleicht zu Tage.

Prometheus sah diese beiden an, zwei aus dem Menschengeschlecht, das er einst geschaffen hatte; jetzt befreiten sie ihn. Er schloss die Augen und dachte: Nichts war umsonst. Wie es auch ausgeht. Dann öffnete er sie wieder. Ein Seil schlang sich um seine Brust und sicherte ihn vorm Absturz; nur ein Arm noch war gefesselt. Da sah er Iolaos ein Stück der eisernen Fessel zu einem Ring hämmern und an diesem Ring ein Stück des felsigen Gesteins. Den seltsamen Reif schob Iolaos dem Titanen auf den vierten Finger der rechten Hand, gerade als Herakles die letzte Kette zerschlagen hatte. Prometheus blickte den Griechen fragend an. Der schämte sich seiner List und war doch stolz auf den Einfall. „Der Ring ist eine Fessel", erklärte er, „der Stein daran ein Stück vom Kaukasus. Noch immer bist du an das Gebirge geschmiedet. Wir haben Zeus' Urteil nicht verletzt!"

Prometheus betrachtete den schlauen jungen Mann und begann zu lachen. Das Gelächter kam stoßweise, das Zwerchfell schmerzte: Er hatte viele tausend Jahre nicht mehr gelacht. Dann wurde er ernst. „Ich danke euch, dass ihr euer Leben für mich gewagt habt!"

„Es gibt zwei Dinge, die ich schwer ertragen kann, Prometheus", erwiderte Herakles, „wenn jemand über mich lacht und wenn ein Mensch sich quält." […]*

2 Wie gefällt dir die Geschichte?
Tauscht euch in der Klasse darüber aus.

3 Beantwortet folgende beide Fragen:

1 Wie befreit Herakles Prometheus?
2 Worin besteht die List des Iolaos?

4 Vergleicht die Helden Herakles, Iolaos und Prometheus miteinander. Erstellt für jeden einen Steckbrief. Auf Seite 77 findet ihr ein Beispiel.

Gretel und Wolfgang Hecht

Die Heldentaten des jungen Siegfried

Siegfried

In Xanten am Niederrhein herrschten vor Zeiten König Siegmund und Königin Siegelind. Sie hatten einen Sohn, Siegfried geheißen. Überall im Lande erzählte man von dem starken und schönen Königssohn aus Xanten, denn schon in jungen Jahren vollbrachte er manche Heldentaten.

Eines Tages kam Siegfried zu einem Schmied, der Mime hieß und tief im Walde seine Werkstatt hatte.

Eine Weile sah er zu, wie Meister Mime und seine Gesellen am Amboss standen und mit ihren schweren Hämmern auf das glühende Eisen schlugen, dass die Funken stoben, und dann sprach er zu Mime: „Ich möchte auch das Schmiedehandwerk erlernen. Wollt Ihr es mich lehren, will ich gern bei Euch bleiben."

Als Mime sah, dass Siegfried stark und groß gewachsen war, stimmte er zu und nahm ihn auf unter seine Schmiedeknechte.

Am nächsten Morgen brachte er seinen neuen Lehrburschen mit in die Werkstatt, um zu sehen, wie er sich bei der Arbeit anstellte. Er holte eine große Eisenstange und legte sie ins Feuer. Dann gab er Siegfried den schwersten Schmiedehammer in die Hand, nahm das glühende Eisen aus dem Feuer, legte es auf den Amboss und hieß Siegfried draufschlagen.

Da schwang Siegfried den Hammer, und gleich sein erster Schlag war so gewaltig, dass er den Amboss tief in die Erde trieb und das Eisen samt der Zange, die Mime in beiden Händen hielt, wie morsches Holz zerbrachen.

Die Schmiedegesellen machten große Augen und Mime sprach: „Noch nie sah ich einen Menschen so gewaltig zuschlagen. Zum Schmiedehandwerk wirst du nie taugen."

Siegfried jedoch bat, es noch einmal mit ihm zu versuchen, sodass Mime schließlich nachgab und Siegfried behielt. Bald aber bereute er, dass er Siegfried nicht doch weggeschickt hatte, denn der fing mit allen Schmiedegesellen Streit an und keiner wollte mehr mit ihm arbeiten.

Sie beschwerten sich bei Mime und drohten, die Schmiede zu verlassen, wenn Siegfried noch länger bliebe. Da beschloss Mime, Siegfried umzubringen, und er dachte bei sich: „Ich will Siegfried zum Kohlenbrennen in den Wald schicken und ihm einen Weg zeigen, der zum Drachenpfuhl führt, wo der Lindwurm haust. Dann wird er bestimmt niemals wieder hierher zurückkehren."
Siegfried ahnte nichts Böses, als Mime ihm den Auftrag gab, in den Wald zu gehen und Kohlen zu brennen. Er zog los und kam bald zu dem Weg, den Mime ihm beschrieben hatte. Da begann er, Bäume umzuhauen, trug sie auf einen großen Haufen und zündete ein Feuer an, um Holzkohle zu brennen. Als er sich jedoch auf einen Baumstumpf gesetzt hatte, um von der Arbeit auszuruhen, wälzte sich der Lindwurm heran, ein riesiges Ungeheuer mit einem Rachen, so groß, dass es einen Menschen mit Haut und Haar verschlingen konnte. Siegfried sah das Ungetüm, das schon gierig nach ihm schnappte, sprang auf, riss einen Baum aus dem Feuer und schlug mit aller Kraft auf den Drachen los. Schlag auf Schlag versetzte er ihm, bis das Untier tot war und das Blut in einem dicken Strahl herausschoss. Siegfried steckte den Finger in das dampfende Drachenblut, und siehe da, der Finger war von einer festen Hornhaut überzogen, dass kein Schwert ihn ritzen konnte. Da warf Siegfried rasch seine Kleider ab und bestrich sich von oben bis unten mit dem Drachenblut, sodass seine Haut hörnern wurde bis auf eine kleine Stelle am Rücken zwischen den Schultern, wo ein Lindenblatt hingefallen war. Dann legte er seine Kleider wieder an und machte sich auf den Weg nach Hause zur väterlichen Burg.

1 Was erfährst du bis hierher über Siegfried? Notiere in Stichpunkten. Lass in deinem Heft noch etwas Platz frei.

2 Erkläre, was das Bad im Drachenblut für Siegfried bedeutet. Nenne eine Textstelle dazu mit Zeilenangaben.

Lange aber hielt es ihn dort nicht, immer wieder zog er hinaus, um Abenteuer zu suchen. Einmal ritt er durch einen dunklen Wald und kam an einen Berg. Da sah er, wie Männer einen riesigen Schatz aus dem Berge holten. Noch nie hatte er so viel Gold und Edelsteine gesehen, wohl hundert Wagen hätten nicht ausgereicht, die Fülle zu tragen. Es war der Hort der Nibelungen, den die Könige Nibelung und Schilbung unter sich aufteilen wollten.
Als Siegfried näher geritten kam, erkannten ihn die Könige. Sie grüßten ihn freundlich und baten ihn, den Hort unter ihnen zu teilen, denn sie könnten sich nicht einigen. Zum Lohn wollten sie ihm das Schwert Balmung schenken. Für solchen Preis war

Alberich

Siegfried gern bereit, den Wunsch der Könige zu erfüllen. Man reichte ihm das Schwert, und Siegfried begann, alles Gold aufzuteilen. Aber er konnte es den beiden Königen nicht recht machen, jeder glaubte, bei der Teilung zu kurz gekommen zu sein. Gemeinsam mit ihren Recken fielen sie über Siegfried her. Doch sie waren ihm nicht gewachsen, er erschlug sie alle mit dem Schwerte Balmung. Das sah Alberich, der zauberkundige Zwerg. Um den Tod der Könige zu rächen, hängte er seine Tarnkappe um, die ihn unsichtbar machte und ihm zugleich die Stärke von zwölf Männern gab, und griff Siegfried an. Der wehrte sich aus Leibeskräften und mühte sich lange vergeblich, den Unsichtbaren zu packen. Endlich aber gelang es ihm doch, Alberich die Tarnkappe abzureißen und ihn zu überwinden.

So hatte Siegfried alle, die gegen ihn zu kämpfen gewagt hatten, erschlagen oder besiegt, und nun war er der Herr über das Nibelungenland und den Nibelungenhort. Er befahl, den Schatz wieder in den Berg zurückzubringen, und nachdem Alberich Treue geschworen hatte, setzte Siegfried ihn zum Hüter über den Hort.

3 Was erfährst du in diesem Textabschnitt Neues über Siegfried? Ergänze deine Notizen zu Aufgabe 1.

4 Überlegt euch ein Gespräch zwischen Siegfried und den Königen Nibelung und Schilbung, in dem es um die gerechte Aufteilung des Schatzes geht (Z. 75–84). Spielt die Szene anschließend nach.

→ **S. 253:** Einen Jugendbuchauszug zu einem szenischen Text umschreiben

5 Tauscht euch darüber aus, was Siegfried zu einem Helden macht. Begründet eure Einschätzung.

●●● 6 Schreibe auf, was Siegfried einem Freund über seine Abenteuer erzählen könnte.

●●● 7 Suche in Bibliotheken oder Buchhandlungen weitere Götter- und Heldensagen und stelle sie der Klasse vor.

Diese Geschichte spielt vor ungefähr 80 Jahren in einem Ort an der kroatischen Adriaküste. Sie handelt von Kindern, die kein Zuhause haben und ums Überleben kämpfen müssen. Der zwölfjährige Branko ist vom Gendarmen Begovic in eine Zelle gesperrt worden, weil er auf dem Markt heimlich einen heruntergefallenen Fisch aufgehoben hat. Ein geheimnisvolles Mädchen versucht, Branko zu befreien.

1 Lies den Abschnitt, in dem Zora Branko befreit.

Kurt Held

Die rote Zora und ihre Bande

Da hörte er das Kratzen am Fenster wieder. Aber es war nicht das Mädchen, das auftauchte, sondern eine Stange. Jemand schob sie durch das Kreuz herein, bis sie zwischen Kreuz und Decke festsaß. Eine Minute später saß auch das Mädchen auf dem Fenstersims. „Da bin ich wieder", sagte sie, zeigte ihre Zähne und lachte. „Ich habe eine Stange mitgebracht. Pass auf. Ich schiebe sie zu dir hinein." Sie hob sie etwas, und die Stange senkte sich nach unten. „Geh auf die Seite", zischte sie noch. Branko sprang eilig an die Wand, da stieß sie bereits unten auf. „Nun musst du sie an das Fenster stellen", unterwies ihn das Mädchen weiter. „Ich halte sie, und dann kletterst du an ihr herauf." Branko packte das dicke Holz fest zwischen Arme und Beine und zog sich daran in die Höhe. „Pass auf!" Sie reichte ihm eine Hand. Ihre Finger schlossen sich um die seinen. Noch einen Ruck, und er war oben. Sie saßen nun dicht nebeneinander. Branko sah, dass das Mädchen einen schmalen Mund, kleine Ohren und helle, gelbe Augen hatte. Wie Bernstein glänzten sie, und die Sommersprossen saßen tatsächlich überall, sogar auf der spitzen, kühnen Nase. „Wer bist du eigentlich?", fragte er. „Das erzähle ich dir später", antwortete das Mädchen. „Jetzt musst du erst noch durch das Gitter kommen." […] Es war kalt und saß fest. Er versuchte, daran zu rütteln. „Ich glaube, das bringen wir nicht heraus." Sie lachte. „Schafskopf", tadelte sie ihn. „Das glaube ich auch. Du musst durchkriechen." „Meinst du, dass ich durchkomme?" Er steckte seinen Kopf in das oberste Viereck.

„Du musst es wenigstens versuchen, und wenn es nicht geht, musst du eben so lange darin bleiben, bis dich Begovic wieder hinauslässt."

Branko schob den Kopf weiter vor, aber er blieb mit den Schultern stecken. „Ich bin zu dick", seufzte er und wollte sich schon wieder nach unten fallen lassen.

„Nimm den Kopf wieder hinein", kommandierte sie, „und versuch es zuerst mit der linken Hand. So", sie half ihm. „Nun den Kopf nach. Dann die Schulter." Sie versuchte, ihn herauszuziehen.

„Ich bin wirklich zu dick."

„Du bist ja schon halb draußen. Komm, probier es noch einmal."

Er schob und stieß sich weiter und wollte schon wieder sagen, es gehe nicht, da hörte er, wie es von allen Kirchen zwölf schlug und gleichzeitig auch, dass jemand den Gang entlangkam.

„Oh", jammerte er, „ich glaube, Begovic kommt", und stemmte und presste sich noch fester.

„Lass ihn nur kommen", tröstete ihn das Mädchen. „Jetzt musst du nur noch etwas den Bauch einziehen, und bis er die Tür aufgesperrt hat, bist du draußen."

Er hing tatsächlich schon halb aus dem Fenster, aber er hatte keinen Halt mehr.

„Lass dich einfach fallen", sagte sie. „Ich halte dich." [...]

Branko sprang. In diesem Augenblick hatte Begovic die Tür geöffnet und trat in die Zelle.

„Hier", sagte er und wollte Branko das Essen reichen. Da sah er den Pfahl und den leeren Raum.

„Verdammt", jammerte er, „der Kerl ist ausgerissen, und gleich kommt der Bürgermeister, um sich ihn anzusehen."

Da blickte er nach oben.

Branko war verschwunden, aber Zora saß noch auf dem Fenster. Sie streckte ihm die Zunge heraus.

„Auf Wiedersehen, Begovic!", rief sie.

Begovic ließ entsetzt die Schüssel mit dem Essen fallen, riss die Augen auf und starrte zu dem Mädchen hinauf.

„Bin ich betrunken?", stotterte er. „Ich habe doch einen Jungen eingesperrt, und jetzt reißt ein Mädchen aus."

Das Mädchen schüttelte die Haare. „Ich bin auch ein Mädchen", lachte sie, „und damit du weißt, wer ich bin: Ich bin die rote Zora." [...]

Im Versteck der Bande hat Branko Gelegenheit, mehr über seine Retterin zu erfahren.

Zora hatte die Augen geschlossen, und er konnte sie unverwandt ansehen. Es lag etwas Weiches und Mädchenhaftes in ihrem Gesicht, während sie bisher ernst und knabenhaft, ja manchmal sogar hart und böse ausgesehen hatte. Das rote Haar war durch die Hände verdeckt, und die Sommersprossen waren im Schatten der Ranken kaum sichtbar. Sie sah jetzt nicht nur mädchenhaft, sondern geradezu schön aus. Warum hatte sie ihn wohl aus dem Gefängnis befreit und war dann mit ihm fast über alle Zäune und Mauern von Senj geklettert, um ihn zu retten?

Branko wurde traurig, während er darüber nachsann. Er sah wieder die Gesichter der Senjer Buben, die ihn beschimpft und einen Spitzbuben genannt hatten.

Alle hatten ihn verraten und verlassen, sogar seine Freunde, nur weil er einen Fisch aufgehoben hat, und ausgerechnet dieses fremde Mädchen, die alle die rote Zora nannten, hatte ihn gerettet.

Zora spürte, dass Branko sie ansah.

Plötzlich sagte sie, ihre Augen waren noch halb geschlossen:

„Was starrst du mich so an?“

Branko sagte, was er dachte. „Warum hast du mich eigentlich gerettet?“, fragte er.

„Ich weiß es nicht.“

„Ich möchte es aber wissen.“

„Ich kann es dir nicht sagen.“

„Du hast mich doch vorher gar nicht gekannt?“

„Ich habe gesehen, dass du hungrig warst, und ich weiß, wie es ist, wenn man Hunger und nichts zu essen hat. [...]“

„Mir will einfach nicht in den Kopf, dass du das alles für mich getan hast“, antwortete Branko.

„Ach“, spottete sie, „man soll überhaupt nicht so lange über etwas nachdenken. Ich tue einfach immer, was ich muss.“*

2 Welchen ersten Eindruck hast du von dieser Geschichte? Beschreibe deine Gedanken.

3 Wie wird Branko befreit? Notiere die einzelnen Schritte.

4 Schreibt einen Steckbrief für Zora (vgl. S. 77). Entscheidet dann, ob sie als Heldin bezeichnet werden kann.

5 Finde mehr über das Buch „Die rote Zora“ und dessen Verfilmungen heraus.

Mit Medien umgehen – Von der Idee zum Buch

1 Die Welt der Bücher ist auch eine Welt der Rekorde.

a Lies den folgenden Text.

Wusstest du schon, dass
- das älteste erhaltene Druckwerk eine Schriftrolle aus Korea ist, die vor 2700 Jahren gedruckt wurde? Die Schriftzeichen wurden in einen Holzblock geschnitzt, von welchem dann mehrere Abzüge hergestellt wurden.
- das kleinste Buch der Welt 0,75 Millimeter groß ist? Das ist in etwa die Größe eines Streichholzkopfes. Nur mit einer Lupe kann man die poetischen Sprüche entziffern. Ein Exemplar kann man für 235 Euro mit Lupe im Druckereimuseum in Tokio kaufen.
- das größte Lehrbuch der Welt 1,90 Meter hoch und 0,90 Meter breit ist? Sein Titel ist „Anatomischer Atlas des menschlichen Körpers in natürlicher Größe, Lage und Verbindung der Theile: in 84 Tafeln und erklärendem Texte", erschienen in den Jahren 1830 bis 1832.
- die bisher längste Ausleihe eines Buches aus der Bibliothek 145 Jahre betrug? Der Amerikaner Richard Dodd brachte es der Universitätsbibliothek in Cincinnati zurück, nachdem er es in seiner Erbschaft entdeckt hatte. Sein Urgroßvater hatte das Buch ausgeliehen. Die Bibliothek verzichtete auf die Gebühr von 23 000 Dollar.*

b Sammelt weitere spektakuläre und interessante Rekorde rund ums Buch. Nutzt dazu das Internet oder Lexika bzw. Bücher aus der Bibliothek. Sucht Antworten auf folgende Fragen.

1. Welche ist die meistverkaufte Kinderbuchreihe der Welt?
2. Welches ist das aus öffentlichen Bibliotheken meistgestohlene Buch der Welt?
3. Wie schwer ist das größte lieferbare Buch?
4. Wie heißt das wertvollste Buch?
5. Was war der kürzeste Zeitraum, in dem ein Buch entstanden ist?

c Präsentiert eure Ergebnisse auf einem Plakat.

Wie eine Autorin bzw. ein Autor arbeitet

1 Jährlich erscheinen tausende Kinder- und Jugendbücher im deutschsprachigen Raum, geschrieben von Autorinnen und Autoren. Aber wie schreibt man eigentlich ein Buch?

a Tauscht euch darüber aus, was ihr über den Beruf einer Autorin bzw. eines Autors schon wisst. Wie stellt ihr euch den Arbeitsalltag vor?

b Was würdest du gerne über den Beruf einer Autorin bzw. eines Autors erfahren? Notiere dazu Fragen.

Wie kommt eine Autorin bzw. ein Autor auf Ideen?

...

2

a Lies den folgenden Auszug aus einem Interview mit dem Kinder- und Jugendbuchautor Andreas Steinhöfel.

Andreas Steinhöfel wurde 1962 in Battenberg geboren und studierte in Marburg. Heute lebt und arbeitet er in Berlin. Er schreibt Kinder- und Jugendromane, arbeitet als Übersetzer und verfasst Drehbücher für das Fernsehen. Für sein Werk wurden ihm zahlreiche Auszeichnungen und Preise verliehen, unter anderem 2009 der „Deutsche Jugendliteraturpreis" für den Roman „Rico, Oskar und die Tieferschatten".

Es ist wirklich schwierig, Sie zu erreichen. Es scheint, Sie sind ein viel beschäftigter Mann. An wie vielen Projekten arbeiten Sie momentan?
Ich arbeite immer parallel. Es ist immer ein Buch in der Mache, höchstens zwei und Fernsehsachen und Übersetzungen schiebe ich dann dazwischen. Ich schreibe gern einen halben Tag und übersetze dann die andere Hälfte des Tages. Und momentan liegt gerade eine harte Phase hinter mir. Es gab eine Übersetzung, dann eine vierteilige Dokumentation fürs Fernsehen über Klassik für Kinder, dann zweimal „Löwenzahn", dann einen Spielfilm für Weihnachten, dann wurde „Rico, Oskar und die Tieferschatten" fertiggestellt, dann habe ich den Roman als Hörbuch eingelesen und dazwischen waren noch sechs Wochen Lesereisen. Momentan bin ich froh, dass mal Pause ist.
Liegen in der Dieffenbachstraße, da wo Sie wohnen und Ihr aktueller Kinderroman spielt, die Geschichten praktisch auf der Straße?
Die Geschichten in der Dieffenbachstraße sind nicht anders als die Geschichten in der Urbanstraße oder Kurfürstenstraße. Die meisten Schriftsteller laufen durch die Gegend und gucken einfach ein bisschen genauer hin. Du siehst jemanden und überlegst, was könnte der für eine Geschichte haben? Hier um die Ecke

ist ein Spielplatz. Da ist es ganz nett, auf der Bank zu sitzen und allein anhand der Temperamente der Kinder zu spekulieren, das wird vielleicht mal so eins und das so eins.
Man merkt Ihren Büchern an, dass Sie ganz genau wissen, wie Kinder reden.
Ich kann mich ganz gut in kindliches Denken und Fühlen hineinversetzen und das ergibt dann auch die Sprache. Das hat wenig mit Kindern zuhören zu tun. Für mich soll eine Geschichte lebensecht rüberkommen, aber ich will sie nicht vom Leben abkupfern.
Sie haben mit dem Schreiben für Kinder begonnen, das ist überliefert, weil Sie sich geärgert haben?
Ich habe mich über ein Kinderbuch geärgert, das so gut gemeint war. Ein Buch, wo die Kinder etwas lernen sollten, oder noch schlimmer, sie sollten nicht nur etwas lernen, sie sollten sehen, wenn man einfach nur ein bisschen mutiger ist, dann kann man bestimmte Sachen halt machen. Womit keinem Kind geholfen ist, das von sich aus nicht mutig ist. Im Gegenteil, das liest das Buch und ist noch gefrusteter. Und da hat mich die Wut gepackt, denn das ist es doch nicht, worum es in einem Buch für Kinder gehen sollte. Es Ist ein Buch, in dem Erwachsene gerne hätten, was Kinder machen. Und aus dem Impuls heraus, habe ich dann das erste Buch „Dirk und ich" geschrieben.
*Herzlichen Dank für das Interview.**

Tipp
Ab S. 98 kannst du einen Auszug aus dem Roman „Rico, Oskar und die Tieferschatten" von Andreas Steinhöfel lesen.

b Was erfährst du über das Schreiben von Büchern? Wähle 1. oder 2.

●●● 1. Welche deiner Fragen aus Aufgabe 1 b (S. 88) kannst du anhand des Interviews beantworten? Notiere die Antworten. Lasse noch Platz auf dem Papier bei den unbeantworteten Fragen.

●●○ 2. Beantworte mithilfe des Interview-Textes die folgenden Fragen.

1 Welchen Tätigkeiten geht Andreas Steinhöfel zusätzlich zum Verfassen von Kinder- und Jugendbüchern nach?
2 Woher nimmt er seine Ideen zum Schreiben?
3 Warum hat Andreas Steinhöfel begonnen, für Kinder zu schreiben?

→ **S. 19:** Informationen sammeln

c Vielleicht sind einige deiner Fragen aus Aufgabe 1 b offengeblieben. Informiere dich im Internet oder in Sachbüchern noch weiter über die Arbeit einer Autorin bzw. eines Autors.

d Tauscht euch in der Klasse darüber aus, welche Informationen ihr gefunden habt.

Wie ein Buch entsteht

1 An einem Buch arbeiten Menschen mit unterschiedlichen Berufen mit.

a Stelle Vermutungen darüber an, wie ein Buch entsteht.

b Lies den folgenden Text und überprüfe deine Vermutungen.

Wie Bücher entstehen

Am Anfang denkt sich der Autor Figuren und eine Handlung aus, um sie zu einer Geschichte zusammenzufügen. Er verfasst das so genannte Manuskript, was aus dem Lateinischen kommt und so viel bedeutet wie „das von Hand Geschriebene". Heute werden Manuskripte allerdings mit dem Computer geschrieben.

Wenn das Manuskript fertig ist, muss der Autor einen Verlag finden, der es als Buch veröffentlicht. Der zuständige Lektor im Verlag prüft, ob das Manuskript zum Verlagsprogramm passt und ob sich das Buch gut verkaufen wird. Manchmal schlägt er dem Autor Verbesserungen vor. Oft werden Illustrationen extra von einem Illustrator angefertigt. Ein Gestaltungsbüro entwickelt das Layout und die Umschlaggestaltung und bespricht mit dem Verlagshersteller im Verlag, wie Text, Illustrationen oder Fotos angeordnet und der Umschlag gestaltet werden. Eine Reprofirma wandelt die Bilder in digitale Daten um. Bei einem Herstellungsbüro werden die Daten in den Satz gegeben, d.h., alle Text- und Bildelemente werden zusammengefügt. Der Verlagshersteller ist der Projektmanager und kümmert sich auch um die zeitliche Planung, wie den Erscheinungstermin, Kosten und die Papiersorte. In der Druckerei werden die Textseiten auf große Papierbogen gedruckt. In der Buchbinderei werden die gedruckten Bogen gefalzt, beschnitten, zusammengeleimt oder -geheftet und mit dem Umschlag versehen.

c Erkläre anhand des Textes mit eigenen Worten, wie ein Buch entsteht.

●●● **d** Informiere dich im Lexikon oder Internet über die folgenden Tätigkeiten eines Verlages: Vertrieb, Werbung und Presseabteilung. Bereite einen kurzen Vortrag vor und halte ihn vor der Klasse.

→ **S. 19:** Informationen sammeln

Was habe ich gelernt?

2 Was hast du in diesem Kapitel über **Bücher** gelernt? Tausche dich mit deiner Lernpartnerin / deinem Lernpartner darüber aus.

1c Wähle aus folgenden Satzanfängen aus.
Zu Beginn / Zunächst / Dann / Darauf / Später / Außerdem / Zuletzt

Präsentieren: Ein Buch vorstellen

1 Cornelia Funke hat das Buch „Tintenherz" geschrieben.

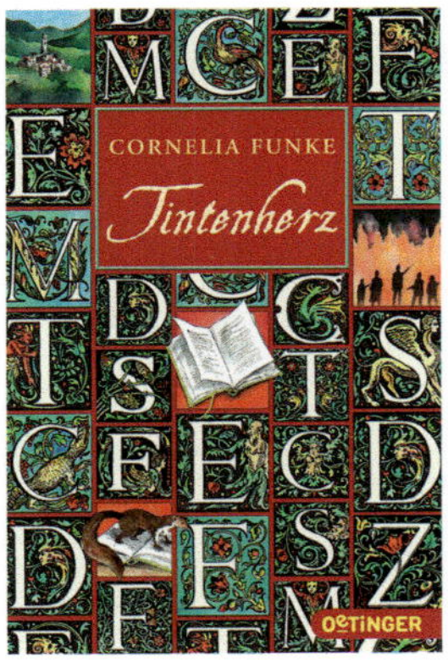

a Lies den folgenden Ausschnitt aus dem ersten Kapitel.

Es fiel Regen in jener Nacht, ein feiner, wispernder Regen. [...]

In jener Nacht [...] lag eins von Meggies Lieblingsbüchern unter ihrem Kissen, und als der Regen sie nicht schlafen ließ, setzte sie sich auf, rieb sich die Müdigkeit aus den Augen und zog das Buch unter dem Kissen hervor. Die Seiten raschelten verheißungsvoll, als sie es aufschlug. Meggie fand, dass dieses erste Flüstern bei jedem Buch etwas anders klang, je nachdem, ob sie schon wusste, was es ihr erzählen würde, oder nicht. [...]

In Mos Zimmer brannte noch Licht. Er war oft bis tief in die Nacht wach und las. Die Bücherleidenschaft hatte Meggie von ihm geerbt. Wenn sie sich nach einem schlimmen Traum zu ihm flüchtete, ließ sie nichts besser einschlafen als Mos ruhiger Atem neben sich und das Umblättern der Seiten. Nichts verscheuchte böse Träume schneller als das Rascheln von bedrucktem Papier. [...]

Überall in ihrem Haus stapelten sich Bücher. Sie standen nicht nur in Regalen wie bei anderen Leuten, nein, bei ihnen stapelten sie sich unter den Tischen, auf Stühlen, in den Zimmerecken. Es gab sie in der Küche und auf dem Klo, auf dem Fernseher und im Kleiderschrank, kleine Stapel, hohe Stapel, dicke, dünne, alte, neue ... Bücher. Sie empfingen Meggie mit einladend aufgeschlagenen Seiten auf dem Frühstückstisch, trieben grauen Tagen die Langeweile aus – und manchmal stolperte man über sie.*

b Nenne die Gründe, warum Meggie Bücher liebt.

c Welche Bedeutung hat das Lesen für dich?
Was interessiert dich besonders?

●●● **d** Habt ihr Lust bekommen, mehr über Meggie und Mo zu erfahren? Besorgt euch das Buch „Tintenherz" in der Buchhandlung oder in der Bibliothek und lest es.

1c Wähle z. B. aus folgenden Satzanfängen aus.
Lesen finde ich ...
Beim Lesen kann ich ...
Am liebsten lese ich ...
Meine Lieblingsbücher sind ...

2 *Dieses* Buch möchte ich auch einmal lesen!

a Tragt zusammen, welche Informationsquellen ihr kennt und nutzt, um etwas über Bücher zu erfahren.

b Sicherlich kennst du Kinder- und Jugendbücher, die dir besonders gefallen. Notiere die Titel einiger Bücher.

c Tauscht die Titel der Bücher untereinander aus. Erstellt dazu mit dem Computer eine Liste eurer Lieblingsbücher.

3

a Tauscht euch darüber aus, was ihr von einer gelungenen Buchvorstellung erwartet. Wie könnte man sie gestalten?

b Wählt aus den folgenden Angaben diejenigen aus, die eurer Meinung nach sehr wichtig für eine Buchvorstellung in der Klasse sind.

Verlag | Erscheinungsjahr | Erscheinungsort | Seitenzahl | vollständige Inhaltsangabe | Biografie der Autorin / des Autors | Preis | Beschreibung der Hauptfiguren | Erzählperspektive | Buchgestaltung | Schwachstellen des Buches | Verfilmung | empfohlenes Lesealter | Textauszug | Art des Buches | Zusammenfassung der Handlung

c Ordnet sie nach ihrer Wichtigkeit, beginnt dabei mit der wichtigsten Angabe.

> Mit einer **Buchvorstellung** kann man Bücher zum Lesen weiterempfehlen. Dabei sollten folgende Informationen genannt werden:
> - Autorin bzw. Autor und Titel des Buches,
> - handelnde Personen und Figuren,
> - kurze Zusammenfassung der Handlung des Buches,
> - Vortrag einer besonders witzigen oder spannenden Stelle.
>
> Zum Schluss sollte man zusammenfassen, warum einem das Buch besonders gefallen hat.

4 Bereite dich auf eine Buchvorstellung vor.

a Erste Informationen über ein Buch findest du auf dem Buchcover. Betrachte die Cover und nenne Autorin/Autor und Titel der Bücher.

b Beschreibe das Cover von „Meine total wahren und überhaupt nicht peinlichen Memoiren mit genau elfeinhalb“. Wovon könnte dieses Buch handeln? Notiere deine Vermutungen.

c Lies den Klappentext und überprüfe deine Vermutungen.

In diesem spannenden Kinderroman schreibt der preisgekrönte Krimi-Autor Friedrich Ani über die erste Liebe des elfeinhalbjährigen Simon Kesselbeck. Seitdem er Annalena gesehen hat, ist nichts mehr wie vorher: Simon fällt ins Schwimmbecken und rennt gegen eine Glastür. Seine Stimme ist weg, sein Presslufthammerherz wummert bis zum Kopf … Vielleicht weiß die Nymphe „Echo“ Rat, was Jungs tun können, wenn sie verliebt sind? Simon selbst weiß nur eines: dass ein Herzkasperl im Kopf das Schönste ist, was einem passieren kann.

5

a Lege eine Karteikarte zu den handelnden Figuren an. Gestalte die Karte so, dass du sie später ergänzen und für deine Buchvorstellung verwenden kannst.

handelnde Figuren
– Simon: hat sich verliebt, …
– …

b Lies die folgenden Informationen zum Buchinhalt und ergänze deine Karteikarte zu den handelnden Figuren.

Ein Elfeinhalbjähriger weiß nicht einmal, was Memoiren sind. Das meint zumindest Simons Lehrerin. Trotzdem muss Simon, ein eher stiller Typ, der nicht weiter auffallen möchte und sich selbst als minusprominent bezeichnet, sich von der Seele schreiben, was er alles in diesem Sommer mitgemacht hat. Eigentlich ist Simon ein ganz normaler Junge. Mit mittelmäßigem Erfolg besucht er die 6. Klasse der Helen-Keller-Realschule. Er hat einen besten Kumpel namens Vitali, eine Mutter, die im Sheraton Grand Hotel als Köchin arbeitet, und einen Vater, der Bücher schreibt und dessen liebster Satz schweig-schweig *ist. Doch seit Simon Annalena im Schwimmbad gesehen hat, stimmt etwas nicht mit ihm. Das Mädchen aus Berlin im gelben Badeanzug klaut ihm seine Stimme, lässt ihn nicht einmal, sondern gleich zehnmal sterben und veranlasst ihn zu den verrücktesten Sachen …*

Tipp
Stichpunkte sind unvollständige Sätze. Lass das Subjekt weg oder nutze Infinitive.

c Notiere Stichpunkte zum Handlungsablauf auf einer Karteikarte.

Handlungsablauf
– *Simon und Annalena: Kennenlernen im Schwimmbad*
– …

→ **S. 19:** Informationen sammeln

d Suche in einem Lexikon oder im Internet biografische Angaben zum Autor und schreibe sie auf eine Karteikarte.

Autor: Friedrich Ani
– *geboren 1959 in Kochel am See*
– *Journalist, Polizeireporter, Drehbuchautor*
– *Autor zahlreicher Kriminalromane*
– …

e Überlege, wie du die Buchvorstellung gliedern könntest, und ordne die Karteikarten sinnvoll.

1. *Titel, Autorin bzw. Autor*
2. …

f Denke darüber nach, wie du deinen Vortrag anschaulich gestalten kannst. Notiere deine Ideen auf den Karteikarten.

Autor: Friedrich Ani
– *geboren 1959 in Kochel am See*
– …
→ *Foto zeigen*

6 Bereite eine interessante Textstelle für den Lesevortrag vor.

a Lies die folgende Textstelle aus „Meine total wahren und überhaupt nicht peinlichen Memoiren mit genau elfeinhalb“.

Ich ging nach Hause und legte mich aufs Bett und zitterte und weinte, obwohl ich weder das eine noch das andere wollte. Was ich wirklich wollte, das konnte ich mir nicht denken. Ich konnte es mir schon denken, aber nicht richtig. Als müssten die richtigen Gedanken für das, was ich wirklich denken wollte, erst erfunden werden.
Dann fiel mir ein, dass ich vielleicht die richtigen Gedanken irgendwo ausleihen könnte, bei einem Gedankenverleiher.
Wieso kann man Fahrräder und Autos ausleihen, Gedanken aber nicht? Gedanken braucht genauso jeder.
Mein Vater behauptet oft, die Menschen hätten kein Interesse mehr an Gedanken, das Fernsehen würde ihnen genügen. Keine Ahnung, ob er recht hat. Ich finde Gedanken gut. Und das Fernsehen finde ich auch gut.
Weil der ganze Unterricht an mir vorbeizog wie Wolken und ich dauernd beim Überlegen gestört wurde, hatte ich mich in der Pause an Ole rangeschlichen. Er ist der Schlaueste in der Klasse, er würde mich nicht für einen peinlichen Mädchenangaffer halten wie Vitali.
Als ich Vitali vor dem Unterricht gefragt hatte, was ich dagegen machen kann, dass ich dauernd Annalena vor mir sehe, sagte er: „Schau in die andre Richtung. Oder willst du ein peinlicher Mädchenangaffer werden?“
Ich wollte kein peinlicher Mädchenangaffer werden.
Ich wollte bloß Annalena anschauen.
Aber nicht die ganze Zeit.
Aber nicht die ganze Nacht.
Oder doch?

→ S. 76: Eine Sage gestaltend vorlesen (Lesehilfen)

b Kopiere den Text und trage Lesehilfen in die Kopie ein.

c Lest euch den Textausschnitt gegenseitig vor. Gebt Hinweise, was noch verbessert werden könnte.

●●● d Wenn ihr Lust bekommen habt, das Buch „Meine total wahren und überhaupt nicht peinlichen Memoiren mit genau elfeinhalb" zu lesen, besorgt es euch in der Buchhandlung oder in der Bibliothek und findet heraus, wie die Geschichte endet.

7 Erprobt eure Buchvorstellung mithilfe eurer Karteikarten. Gebt euch gegenseitig Hinweise zur Verbesserung. Wenn nötig, überarbeitet eure Karteikarten und ordnet alles noch einmal.

Tipp
Entwerft zuerst einen Bewertungsbogen.

→ S. 267: Einen Kurzvortrag bewerten

So kannst du ein Buch vorstellen

1. Nenne die wichtigsten Informationen:
   - Autorin bzw. Autor und Titel,
   - handelnde Personen und Figuren,
   - kurze Zusammenfassung der Handlung des Buches.
2. Lies eine besonders witzige oder spannende Stelle aus dem Buch vor. Trage dazu vorher Lesehilfen in eine Kopie des Textes ein.
3. Veranschauliche deinen Vortrag, zum Beispiel durch das Zeigen des Buches und eines Fotos der Autorin bzw. des Autors.
4. Übe deinen Vortrag mehrmals mithilfe deiner Karteikarten.

Tipp
Ihr könnt die Buchvorstellungen auch in Partnerarbeit organisieren.

→ S. 97: Im Partnerteam arbeiten

8 Stelle in der Klasse ein Buch vor, das du den anderen zum Lesen empfehlen möchtest. Wähle Aufgabe a oder b.

●○○ a Geh zur Vorbereitung deiner Buchvorstellung vor wie in den Aufgaben 4 bis 6 (S. 93–96).

●●○ b Bereite deine Buchvorstellung mithilfe der Schrittfolge vor.

Was habe ich gelernt?

9 Überprüfe, was du über **Buchvorstellungen** gelernt hast. Beantworte dazu die folgenden Fragen.

1 Wo findest du Informationen über interessante Bücher?
2 Welche Informationen solltest du nennen?
3 Worauf musst du beim Vorlesen einer bestimmten Textstelle achten?
4 Welche Anschauungsmittel kannst du nutzen?

Ein Buch im Partnerteam vorstellen

1 Wählt ein Buch, das ihr den anderen zum Lesen empfehlt. Bereitet dazu eine Buchpräsentation vor.

Diese sieben Schritte geben euch Anregungen, wie ihr eure Buchpräsentation vorbereiten und durchführen könnt. Schon beim Lesen sollte jeder für sich wesentliche Informationen zur Handlung, zu den Figuren und zu wichtigen Details notieren, zum Beispiel in einem Lesetagebuch.

1 Fasst den Inhalt so zusammen, dass ihr die W-Fragen (*Wer? Wo? Wann? Was passiert? Warum?*) verständlich beantwortet. Um die Spannung zu halten, solltet ihr nicht den Schluss verraten.

Inhaltsangabe
…

2 Beschreibt die wichtigsten Figuren möglichst anschaulich. Überlegt, ob ein bestimmter Gegenstand für sie eine besondere Bedeutung hat.

Figuren
…

3 Erklärt, aus welcher Perspektive die Geschichte erzählt wird. Geht auch darauf ein, wie das Buch geschrieben ist.

Erzähler, Schreibweise

4 Wählt eine Textstelle (maximal eine Seite) aus, die besonders spannend, lustig oder beeindruckend ist. Kopiert sie und tragt Lesehilfen ein. Übt den Vortrag, damit ihr die Passage flüssig und mit guter Betonung vorlesen könnt.

Textauszug
…

5 Bewertet das Buch mithilfe von Lesepunkten (Höchstzahl: 5). Begründet eure Entscheidung.

Lesepunkte
…

6 Geht kurz auf das Leben und wichtige Bücher der Autorin / des Autors ein.

Autorin/Autor
…

7 Testet, was euer Publikum behalten hat.

Test/Lückentext
…

Rico kann zwar sehr viel denken, aber es dauert länger als bei anderen Leuten. An seinem Gehirn liegt es nicht, das ist normal groß. Aber manchmal fallen ein paar Sachen raus, und leider weiß Rico vorher nie, an welcher Stelle. Da lernt er den hochbegabten Oskar kennen. In seinem Ferientagebuch beschreibt Rico, wie ihn Oskar zum ersten Mal in seinem Wohnhaus in Berlin-Kreuzberg besucht.

Andreas Steinhöfel

Rico, Oskar und die Tieferschatten

Mama war ziemlich platt, dass jemand mich besuchen kam. Sie beschwert sich immer darüber, dass ich keine Freunde habe. Jetzt hatte ich einen. Er war zwar sehr klein und bestimmt auch sehr jung, aber das spielte für Mama offenbar keine so große Rolle. Sie fand Oskars blauen Motorradheim viel interessanter.

„Seit wann trägt man solche Dinger beim Radfahren?", sagte sie. Sie lehnte mit dem Hintern gegen den Küchenherd, ihre Kaffeetasse in den Händen, an der sie immer wieder nippte.

„Ich hab kein Fahrrad", sagte Oskar. Seine Stimme klang gedämpft, weil das Visier des Helms immer noch runtergeklappt war.

„Na, ein Motorrad aber sicher auch nicht."

Oskar guckte sie an, als wäre sie nicht ganz richtig im Oberstübchen. Immerhin klappte er jetzt endlich das Visier hoch.

Seinen Mund konnte man trotzdem nicht richtig sehen, nur die obere Reihe seiner großen weißen Zähne. „Es ist gefährlich ohne Helm", erklärte er, als wäre Mama das Kind und er der Erwachsene. „Es passieren ständig irgendwelche Unfälle."

„Aber nicht in meiner Küche, junger Mann!" Mama klang fast ein wenig beleidigt. „Rico wird dir das sicher bestätigen."

Ich runzelte die Stirn. „Ich hab mir vor einer Woche den Kopf am Kühlschrank gestoßen."

„Das war kein Unfall", winkte Mama ab. „Du bist bloß zu schnell aus dem Flur gekommen und gegen die geöffnete Tür gerannt."

Oskar fühlte sich unwohl in Mamas Gegenwart, das konnte ich sehen. Er lugte unter dem oberen Rand des Helms hervor wie eine erschreckte Schildkröte. Er trug ein anderes Hemd als am Samstag, aber der knallrote Flieger mit der abgebrochenen Flügelspitze war wieder daran festgemacht, auf Brusthöhe über dem Herzen. Seine kleinen Finger tippten nervös auf dem Tisch herum, *rapp-tippi-tapp*.

Wahrscheinlich befürchtete Oskar, Mama fände ihn unhöflich und würde ihn gleich auffordern, den Helm endlich abzunehmen. Ganz falsch lag er damit nicht, aber auch nicht ganz richtig. Mama kennt sich aus mit komischen Leuten. Ihre erste Regel ist, nie jemanden zu drängeln, der nicht freiwillig mit etwas rausrückt.

Jedenfalls nicht mit Worten. Aber sie guckt. Sie guckt die Leute so lange an, bis sie es nicht mehr aushalten und endlich loslegen.
Jetzt guckte sie Oskar an, mit dem neugierigen Blick eines Naturforschers, der soeben eine völlig neue Pflanzenart entdeckt hat. Ich war auch neugierig, wie Oskar unter dem Helm aussah. Vielleicht hatte er in Wirklichkeit gar keine Angst vor Unfällen. Vielleicht hatte er nur zwei ganz komische Ohren, für die er sich schämte. Oder gar keine – wie ein Entführungsopfer [...], bei dem das Lösegeld nicht ganz gereicht hatte.
Oskars Finger wurden immer langsamer, dann hörten sie mit dem Getippe auf. Er hob den Kopf, sah Mama direkt in die Augen und sagte: „Sie können mich ruhig weiter anstarren, solange Sie wollen. Das macht mir nichts aus. Aber dann starre ich zurück."
Und das tat er. Zum ersten Mal fiel mir richtig auf, wie grün seine Augen waren. Sie funkelten richtig. Nicht böse oder streitlustig. Sie funkelten einfach deshalb, weil Oskar solchen Spaß am Zurückstarren hatte. In diesem Moment beneidete ich ihn brennend um seine Hochbegabung. Wenn Mama mich anstarrt, schaue ich lieber sofort zu Boden und tue ganz interessiert, als würden da plötzlich bunte Ameisen rumlaufen oder als würde der Teppich ein bisschen brennen. Auf die Idee, ihrem Blick einfach standzuhalten, war ich noch nie gekommen.
Ich war gespannt, wer von den beiden gewinnen würde.*

1. Wie wirkt der Tagebuchtext auf dich?
   Beschreibe deine Gedanken.

2. Wer gewinnt den Anstarrkampf zwischen Ricos Mutter und Oskar?
   Begründe deine Vermutung.

3. Woran erkennt Rico, dass sich Oskar in Gegenwart von Ricos Mutter unwohl fühlt? Notiere passende Textstellen.

4. Was erfahrt ihr über die Freundschaft zwischen Rico und Oskar?
   Tauscht euch darüber aus.

5. Schreibe auf, was du bis hierher über Oskar, Rico und Ricos Mutter erfährst.

6. Wer gewinnt den Anstarrkampf nun tatsächlich?
   Lies den Text auf Seite 100 weiter.
   Vergleiche mit deiner Vermutung.

Mama war meine Mama, also sollte ich eigentlich zu ihr halten. Sie machte ihre Sache gut und zuckte mit keiner Wimper. Aber Oskar war viel kleiner als sie, und auch wenn er ebenfalls nicht mit der Wimper zuckte, fand ich den ganzen Anstarrkampf ein bisschen unfair. Entweder Mama dachte das auch, oder sie hatte keine Lust mehr. Jedenfalls sagte sie auf einmal:
„Ich brauch neue Fußnägel."
Oskar und ich guckten gleichzeitig auf ihre Fußnägel. Auf jedem war ein winziger Delfin drauf, nur auf die beiden kleinen Nägel hatten keine gepasst.
„Was wollen Sie denn statt der Delfine draufkleben?", sagte Oskar, und es klang wie ein Friedensangebot.
Mama zuckte die Achseln. „Mal sehen. Vielleicht irgendwelche anderen Fische."
Sie stellte ihre Kaffeetasse auf der Spüle ab, raffte den japanischen Morgenmantel zusammen und ging aus der Küche. Oskar wartete, bis sie außer Hörweite war, dann sagte er leise in meine Richtung:
„Delfine sind keine Fische."
„Sie mag dich", sagte ich.

Er schüttelte den Kopf. „Sie weiß noch nicht, ob sie mich mag. Sie findet mich komisch, wegen des Helms." Er klappte das Visier wieder runter. Seine Stimme klang jetzt wieder ganz dröhnig.

„Jedes Jahr verunglücken fast vierzigtausend Kinder in Deutschland. Beinahe jedes dritte als Beifahrer in Autos. Fast vierzig Prozent mit dem Fahrrad. Und fünfundzwanzig Prozent als Fußgänger."

Mathe! Ich hab's ja schon erwähnt: Da geht bei mir gar nichts mehr.

„Die meisten erwischt es auf dem Schulweg und nachmittags beim Spielen", murmelte Oskar düster weiter. „Von den Radfahrern die meisten, weil sie die falsche Fahrbahn benutzen. Von den Fußgängern die meisten, weil sie, ohne zu gucken, über die Straße rennen. Ich gucke immer. Immer!"

Mir fiel ein Unterschied zwischen uns auf. Ich habe fast dauernd gute Laune, weiß aber nicht so viel. Oskar wusste jede Menge merkwürdiger Dinge, aber seine Laune war dafür im Keller. Bestimmt ist das so, wenn man sehr schlau ist – es fallen einem zu allen schönen Sachen auch gleich noch ein paar schreckliche ein.

Ich sprang auf. Mir war eine Idee gekommen. „Ich zeig dir was", sagte ich. „Es ist völlig ungefährlich und ganz toll!"

„Was denn?" [...]

„Wir gehen rauf in den Fünften", sagte ich mit gesenkter Stimme.

„Was ist da?"

„Na, der Fünfte."

„Ich meine, was wollen wir da?"

Ich grinste. „Du wirst schon sehen. Ich hoffe, du bist schwindelfrei."

„*Schwindelfrei?*", kreischte Oskar wieder los. Es klang wie eine durchgedrehte Alarmsirene. „Du willst doch nicht etwa mit mir aufs *Dach?*" [...]*

7 Erkläre, weshalb Oskar einen Helm trägt und weshalb er ihn nie abnimmt.

8 Wie verläuft der erste Besuch von Oskar bei Rico? Erzähle den Textabschnitt auf den Seiten 98–101 nach.

●●● **9** Verfasse einen Brief, in dem Rico seinem Onkel von Oskars erstem Besuch bei ihm zu Hause erzählt.

Schließlich kommen Rico und Oskar auf der Dachterrasse an. Die Höhe über der Stadt erleben die beiden sehr unterschiedlich.

Wenn man in der Mitte des Dachgartens steht, die Arme ausgestreckt und sich im Kreis dreht, kann man in jede Himmelsrichtung über Berlin gucken. Man sieht hunderte von Häuserdächern und tausende grüner Baumkronen, die gläserne, in der Sonne blitzende Reichstagskuppel, jede Menge Kirchtürme, den Fernsehturm am Alex, die Hochhäuser am Potsdamer Platz und, ein bisschen weiter weg, sogar das Schöneberger Rathaus. [...] Dreht man sich etwas schneller, flirren all diese Bilder ineinander und es wird einem schwindelig. [...]
Oskar war von alldem kein bisschen beeindruckt. Er drückte sich mit dem Rücken gegen die Terrassentür, und was der Helm von seinem Gesicht freigab, war sehr bleich. Sogar seine Stimme war irgendwie bleich, als er sich beklagte. Und vorwurfsvoll.
„Du hast gesagt, hier oben wäre es toll und ungefährlich!"
„Ist es doch auch."
Meine Hoffnung, er würde den Helm mal abnehmen, konnte ich mir wohl abschminken. Was war bloß mit ihm los? Ich hatte angenommen, dass jemand, der immer nur an geplättete Radfahrer und überfahrene Fußgänger dachte, sich über ein bisschen Abwechslung freuen würde. Und es *war* ungefährlich hier oben, außer natürlich, ein Flugzeug plumpste aufs Haus. Ich überlegte, ob ich Oskar fragen sollte, wie viel er über Flugzeugabstürze wusste, aber vermutlich war das keine gute Idee.
„Ich war noch nie auf einem Dach", sagte er kläglich. „Und jetzt weiß ich auch, warum." [...]
„Hast du eigentlich immer vor irgendwas Schiss?", sagte ich.
„Das ist kein Schiss. Es ist Vorsicht." [...]
„Reine Vorsicht", wiederholte Oskar murmelnd.
„Selbsterhaltungstrieb."*

10 Überlegt, warum Rico mit Oskar aufs Dach gehen möchte und warum Oskar Angst davor hat. Notiert Stichpunkte dazu.

11 Was müsste passieren, damit Oskar seinen Helm abnimmt? Sammelt Ideen und Vorschläge und tauscht euch darüber aus.

Eine Rollenkarte erstellen

Was ist eine Rollenkarte?

Auf einer Rollenkarte stehen wichtige Informationen zu einer Figur. Auf der Vorderseite steht ihr Name. Auf der Rückseite wird die Figur beschrieben.

Wozu dient eine Rollenkarte?

Mithilfe einer Rollenkarte kannst du dir eine Figur gut vorstellen. Außerdem kannst du dich leichter in sie hineinversetzen, bevor du sie in einer Szene als Rolle spielst.

Was gehört auf eine Rollenkarte?

Während des Lesens werden wichtige Informationen zur Figur gesammelt:
- Name, Alter, Wohnort;
- Aussehen, Kleidung;
- Eigenschaften, Verhalten;
- Gedanken, Gefühle;
- eine passende Aussage.

Hier siehst du ein Beispiel für eine Rollenkarte zu Rico:

Du wohnst in Berlin-Kreuzberg.
Du bist nicht besonders klug,
beobachtest aber sehr genau.
Du hast fast immer gute Laune.
Du bist neugierig und willst alles wissen.
Manchmal beneidest du deinen Freund
Oskar um seine Hochbegabung.
Zitat: „Mathe! Da geht bei mir
gar nichts mehr.“

1 Erstelle eine Rollenkarte zu Oskar oder zu Ricos Mutter.

2 Spielt dann Oskars Besuch bei Rico nach.

Nora geht in die 6. Klasse einer schwedischen Schule in Stockholm. Ihre Freundschaft mit Sabina ist vorbei, denn die gehört jetzt zu Fannys Clique. Ausgerechnet die Außenseiterin Karin rückt Nora nun auf die Pelle. Als Fanny und ihre Freundinnen eines Tages zu weit gehen, muss Nora sich entscheiden.

Annika Thor

Ich hätte Nein sagen können

Die Mädchen aus unserer Klasse hatten ein Fußballmatch gegen die Sechste aus der Högalidschule. Wir spielten auf dem Zinkendamm-Sportplatz. Es war das letzte Spiel der Meisterschaften von Söder. Unsere Mannschaft stand auf einem ziemlich guten Tabellenplatz. Fanny ist bärenstark und wird mit jeder Gegenspielerin fertig. Maja ist eine prima Torhüterin. Und ich bin schnell und eine ziemlich gute Torschützin.

Ich schoss tatsächlich das erste Tor des Spiels. Auf der Tribüne saßen die Jungs aus unserer Klasse und die ganze 6 A und feuerten uns an. Sogar Gunilla schrie: „Heja, Nora!"

Das war ein schönes Gefühl, ein Gefühl, wie wenn man an einem Sommermorgen hinaus in den Sonnenschein kommt. An diesem Septembertag schien keine Sonne, es war grau verhangen und ziemlich kalt. Die Zuschauer auf der Tribüne hatten warme Jacken an.

Die anderen aus der Mannschaft umarmten mich. Alle außer Fanny. Die musste sich gerade die Schuhe zubinden. Und Karin, die an der Außenlinie stand und mehr zuguckte als mitspielte. Das macht sie immer. Sie kann einfach nicht spielen, aber in der anderen Mannschaft gab es auch so ein paar hoffnungslose Typen, die nur zugucken durften, deshalb war das nicht so schlimm.

Es waren noch einige Minuten bis zur Halbzeit und Fanny hatte den Ball. Ich stand frei in der gegnerischen Hälfte. Ich hätte aufs Tor schießen können, wenn ich den Ball bekommen hätte.

Aber ich bekam ihn nicht. Fanny schoss selbst. Aus einem unmöglichen Winkel, sie hatte keine Chance, das Tor zu treffen.
Und sie traf auch nicht.

Der Schiedsrichter pfiff und die erste Halbzeit war vorbei. […]

Die Mädchen aus der Högalidschule schossen zu Beginn der zweiten Halbzeit ein Tor und dann passierte eine Weile nicht viel.

Ich dachte schon, es würde 1:1 ausgehen – als Fanny den Ball bekam und weit in die gegnerische Hälfte eindrang, ohne dass jemand sie aufhalten konnte. Als sie schon aufs Tor schießen konnte, wurde sie von der linken Verteidigerin angegriffen und der Ball rollte zur Außenlinie.

Dort stand Karin. Sie starrte den Ball an, als wüsste sie gar nicht, was das für ein Ding war, aber dann stoppte sie ihn doch mit dem Fuß.

„Hierher!“, brüllte Fanny, die immer noch eine gute Schussposition hatte.

Karin versuchte es. Aber der Ball landete direkt vor den Füßen von Högalids Linksaußen, die ihn weiterspielte, und dann war der Ball wieder in unserer Hälfte. Die beste Torschützin von Högalid bekam ihn und Maja kam eine Zehntelsekunde zu spät.

„Tor!“, schrien sie. „Tor!“

Fanny ging zu Karin und baute sich dicht vor ihr auf.

„Was hast du da für eine Scheiße gebaut, du blödes Stück! Hau bloß ab und setz dich hin!“

Lotta, unsere Sportlehrerin, sah es sofort. In dieser Beziehung ist sie gut, sie lässt es nicht zu, dass jemand verhöhnt wird, der nicht so gut ist wie die anderen.

„Hör auf, Fanny“, flüsterte Sabina, als sie Lotta kommen sah.

„Fanny!“, sagte Lotta. „Wenn ich noch mal so was von dir höre, dann sitzt du für den Rest des Spiels auf der Bank.“

„Wenn hier einer rausmuss, dann ist es wohl die da“, sagte Fanny trotzig. „Die macht doch alles kaputt!“

Aber Lotta blieb hart.

„Ich warne dich ein letztes Mal. Noch ein Wort und du fliegst raus. Kapiert?"

Fanny zuckte mit den Schultern.

Kurz vor Spielende bekam ich den Ball wieder, ein paar Meter vom gegnerischen Tor entfernt. Zwei ihrer Spielerinnen waren noch zwischen mir und dem Tor. Aber ich sah die Lücke und schoss. Die Torhüterin hechtete nach dem Ball, aber er flog an ihren ausgestreckten Händen vorbei.

„Tor!"

Die ganze Mannschaft schrie und umarmte mich. Die Jungen und die ganze 6A kamen von der Tribüne gelaufen. Alle wollten mich anfassen. Sogar Tobbe, der mich sonst gar nicht sah, klopfte mir auf den Rücken.

„Klasse Tor", sagte er.

Da bekam Sabina einen schwarzen Blick. Fanny nahm sie am Arm und zog sie mit sich vom Platz. Ich sah, dass sie Sabina etwas zuflüsterte, aber ich konnte es nicht verstehen.

*Wenn ich daran denke, was danach geschah, wünschte ich fast, ich hätte dieses Tor nicht geschossen. Eigentlich ist es ja egal, wer ein Fußballspiel gewinnt. Jedenfalls gibt es Sachen, die wichtiger sind, als gut Tore schießen zu können. Wie zum Beispiel HALT! zu sagen, wenn etwas passiert, was nicht passieren dürfte. Sich nicht darum zu kümmern, was die Leute von einem halten. Zu erkennen, wer ein richtiger Freund ist.**

1. Was könnte Fanny Sabina zugeflüstert haben?
   Tauscht euch in der Klasse über eure Vermutungen aus.

2. Beschreibe den Spielverlauf. Achte darauf, wer ein Tor schießt und wie es dazu kommt.

   – *1:0 durch Nora*
   – *Torchance: Fanny gibt nicht ab, kein Tor*
   – *Halbzeit ...*

3. Welche Meinung habt ihr zum Verhalten der Mädchen?
   Tauscht euch darüber aus.

4. Lest die letzten Zeilen des Textes noch einmal (Z. 74–79) und überlegt, warum sie schräg gedruckt sind. Besprecht auch, was Noras Andeutungen bedeuten könnten.

Als Nora in die Umkleidekabine kommt, sind Karin und die anderen Mädchen schon da. Nora hofft auf einen friedlichen Ausklang des Spiels, doch dann spitzt sich die Lage zu.

Der ganze Aufruhr nach dem letzten Tor trug dazu bei, dass ich als Letzte in den Umkleideraum kam. Die andern hatten schon angefangen, sich umzuziehen. Sabina hatte geduscht und trocknete sich gerade mit einem rosa Handtuch ab. Aus ihren schwarzen Haaren tropfte es.

Fanny kam aus der Dusche. Sie hatte ein Handtuch um ihren Körper geschlungen.

Der Umkleideraum war fast voll, ich musste also beim Eingang stehen bleiben. […]

Sabina bürstete sich die Haare, dass die Tropfen nur so spritzten.

„Kannst du meinen Rücken eincremen?", fragte sie Fanny.

Sie hob die Haare hoch, damit Fanny an ihren Rücken kam.

Es sah hübsch aus, als sie die Geste machte. Sie sah aus wie eine Meerjungfrau.

Ich hatte mich ausgezogen, nahm mein Handtuch und ging auf die Dusche zu.

Karin zog sich in einer Ecke an. Sie hat eine besondere Art, sich nach dem Sportunterricht umzuziehen. Sie zieht sich nie ganz aus, sondern immer nur ein Kleidungsstück zur Zeit, und dann zieht sie sofort ein neues an. Sie will nicht mal ihre Unterwäsche zeigen, so sehr schämt sie sich für ihren Körper.

„Karin?", hörte ich Fannys Stimme.

„Ja?"

„Duschst du eigentlich nie?"

Fanny wusste natürlich, dass Karin nie in der Schule duschte.

„Doch, ich …", murmelte Karin.

„Was hast du gesagt? Ich hab dich nicht verstanden", sagte Fanny höhnisch.

Sie ging in Karins Ecke und hielt sich die Nase zu.

„Doch, zu Hause …"

Ich wollte nichts mehr hören. Ich ging in den Duschraum und hängte mein Handtuch an einen Haken. Aus dem Umkleideraum hörte ich Fannys Stimme: „Wie eklig! Wenn jemand nach dem Match nicht duscht. Wahrscheinlich ziehst du wieder dieselben Klamotten an und sitzt damit in der Klasse und riechst."

Das war gemein. Karin riecht nicht schlecht.

Im Gegenteil, sie riecht nach Seife und frisch gewaschener Kleidung. Dass sie nach dem Sportunterricht nicht duscht, macht überhaupt nichts, denn sie tobt nicht herum wie wir anderen und schwitzt nicht unter den Armen.

Ich stellte mich in die Dusche, drehte den Wasserhahn auf und seifte mich ein. Eine Weile ertränkte das Brausen der Dusche die Stimmen aus dem Umkleideraum. Aus den Augenwinkeln sah ich, dass Fanny und Sabina in den Duschraum zurückkamen. Sie hatten sich in ihre Handtücher eingewickelt und flüsterten miteinander. Ich kriegte nicht mit, was sie vorhatten, und ich wollte es auch gar nicht wissen.

„Karin!", rief Fanny. „Komm mal eben her!"

„Warum?", hörte ich Karin aus dem Umkleideraum antworten.

„Wir wollen dir was zeigen", sagte Fanny.

Ich drehte mich um und sah Maja an der Tür zwischen Dusch- und Umkleideraum. Sie nickte Fanny zu, die mitten im Raum stand. Mit dem Wasserschlauch. Er war auf die Tür gerichtet und Fanny nickte zurück.

Sabina stand an der Wand, wo der Wasserschlauch befestigt war. Ihre Hand lag auf dem Wasserhahn.

„Komm endlich!", rief Fanny.

Karin erschien in der Tür, vollständig angezogen.

„Was ist?", fragte sie.

Alles ging so schnell. Maja machte die Tür von der anderen Seite hinter Karin zu. Fanny richtete den Schlauch auf Karin. Sabina drehte den Hahn auf. Der eiskalte Wasserstrahl traf Karin voll.

Ich musste es mit ansehen. Ich wollte es nicht, aber ich musste.

Das Wasser strömte über ihren Kopf und ihren Körper.

Das Haar klebte an ihren Wangen und die Kleidung war schon durchnässt. Karin bibberte und weinte, aber sie versuchte nicht zu fliehen.

„Aufhören!", sagte eine kleine dünne Stimme. Ich merkte, dass es meine eigene war.

Niemand hörte es.

Ich weiß nicht, wie lange sie das trieben. Es kam mir vor, als ob es eine Ewigkeit dauerte, aber vielleicht war es nur eine halbe Minute. Schließlich sagte Fanny: „Jetzt reicht es."
Sabina drehte das Wasser ab und Maja öffnete die Tür zum Umkleideraum. Karin stürzte hinaus und im nächsten Augenblick knallte die äußere Tür zu.

*Wie kommt es, dass manche Menschen sich nicht verteidigen können? Dass sie einfach aufgeben? Es waren vier gegen eine, aber wenn ich an Karins Stelle gewesen wäre, ich hätte es versucht. Ich hätte gegen ihre Beine getreten, hätte gebissen und versucht, sie an den Haaren zu reißen. Auf die Art hab ich mich immer verteidigen können. Ich bin klein, aber stark, und ich hab keine Angst vor Größeren.**

5 Tauscht euch über den Fortgang der Ereignisse aus.
Beschreibt eure Gedanken zum Text.

6 Stelle den genauen Ablauf der Ereignisse auf den Seiten 107–109 dar.
Teile den Text dazu in Abschnitte ein und finde Teilüberschriften.

Abschnitte	Teilüberschriften
Z. 75–90	*Nach dem Spiel in der Umkleidekabine*
Z. 91–104	*Fanny ärgert Karin*
Z. 105–118	*Nora duscht und hört Fannys Gemeinheiten in der Umkleidekabine*
Z. 118–133	*Fanny, Sabina, Maja bereiten im Duschraum etwas vor*
Z. 134–...	*...*

7 Erstellt Rollenkarten zur Ich-Erzählerin Nora, zu Fanny, Maja, Sabina und Karin sowie zur Sportlehrerin Lotta.

8 Stellt euch vor, die Sportlehrerin kommt in den Umkleideraum. Spielt die Aussprache zwischen ihr und den Mädchen mithilfe eurer Rollenkarten.

9 Stelle dir vor, Nora schreibt abends ihre Gedanken und Gefühle zu den Ereignissen des Tages in ihr Tagebuch.
Verfasse diesen Tagebucheintrag.

Mit literarischen Texten umgehen

Mit Gedichten umgehen

1

a Lies das folgende Gedicht von Heinrich Heine (1797–1856).

Der Wind zieht seine Hosen an

Der Wind zieht seine Hosen an,
Die weißen Wasserhosen!
Er peitscht die Wellen, so stark er kann,
Die heulen und brausen und tosen.

Aus dunkler Höh', mit wilder Macht,
Die Regengüsse träufen;
Es ist, als wollt' die alte Nacht
Das alte Meer ersäufen.

An den Mastbaum klammert die Möwe sich
Mit heiserem Schrillen und Schreien;
Sie flattert und will gar ängstiglich
Ein Unglück prophezeien.

b Wie wirkt das Gedicht auf dich? Male ein Stimmungsbild.

c Nenne das Thema, um das es in diesem Gedicht geht.

d Untersuche den Aufbau des Gedichts mithilfe des Merkkastens.

e Suche die sprachlichen Bilder heraus, die der Dichter verwendet.

Gedichte weisen folgende **Merkmale** auf:
- sie drücken bestimmte Stimmungen, Gefühle oder Gedanken eines **lyrischen *Ichs*** (einer **lyrischen Sprecherin** / eines **lyrischen Sprechers**) aus,
- die Dichterin / der Dichter verwendet **sprachliche Bilder** und **Vergleiche**,
- Gedichte sind oft in **Strophen** unterteilt, die aus **Versen** bestehen,
- die Verse können sich nach einem bestimmten **Schema** reimen:
  - Paarreim: zwei aufeinanderfolgende Verse reimen sich (a a b b),
  - Kreuzreim: ein Vers reimt sich mit dem übernächsten (a b a b),
  - umarmender Reim: ein Paarreim wird von einem anderen Reim umschlossen (a b b a).

2

a Lies das folgende Gedicht von Joseph von Eichendorff (1788–1857).

Mondnacht

Es war, als hätt der Himmel
Die Erde still geküsst,
Dass sie im Blütenschimmer
Von ihm nun träumen müsst.

Die Luft ging durch die Felder.
Die Ähren wogten sacht,
Es rauschten leis die Wälder,
So sternklar war die Nacht.

Und meine Seele spannte
Weit ihre Flügel aus,
Flog durch die stillen Lande,
Als flöge sie nach Haus.

b Überlegt, wie ihr eure Gedanken und Gefühle zu diesem Gedicht ausdrücken könntet. Stellt eine Variante vor.

c Um was könnte es in diesem Gedicht gehen? Sammelt Vorschläge.

d Untersuche den Aufbau des Gedichts. Welches Reimschema hat der Dichter verwendet?

e Untersucht die sprachlichen Bilder im Gedicht. Wählt 1. oder 2.

●●○ 1. Übertragt folgende Tabelle in euer Heft und ergänzt sie.

Welches sprachliche Bild wird verwendet?	**Was könnte das Bild bedeuten?**
– *der Himmel küsst still die Erde (Z. 1–2)*	– ...
– *die Erde träumt im Blütenschimmer vom Himmel (Z. 3–4)*	– ...
– ...	– ...

●○○ 2. Übertragt folgende Tabelle in euer Heft und ergänzt sie.

Welches sprachliche Bild wird verwendet?	**Was könnte das Bild bedeuten?**
– *der Himmel küsst still die Erde (Z. 1–2)*	– *Mondschein fällt auf die Erde*
– *die Erde träumt im Blütenschimmer vom Himmel (Z. 3–4)*	– *Die Pflanzen sehen schön aus, wie sie vom Mond beschienen werden.*
– *die Luft geht durch die Felder (Z. 5)*	– ...
– ...	

3 Wähle eins der beiden Gedichte aus Aufgabe 1 a und 2 a (S. 110–111) aus. Bereite es für einen Lesevortrag vor.

→ **S. 76:** Eine Sage gestaltend vorlesen (Lesehilfen)

a Schreibe das Gedicht in dein Heft und trage Lesehilfen ein.

b Übe deinen Lesevortrag mehrmals. Bringe die Grundstimmung des Gedichts durch deinen Tonfall und dein Sprechtempo zum Ausdruck.

c Tragt beide Gedichte vor. Vergleicht eure Eindrücke von der Grundstimmung beider Gedichte miteinander.

4 Vergleiche die Gedichte „Der Wind zieht seine Hosen an" und „Mondnacht" genauer.

Tipp
Nutze dazu die Ergebnisse aus den Aufgaben 1 bis 3.

a Übertrage zuerst folgende Tabelle in dein Heft und ergänze sie.

	Der Wind zieht seine Hosen an	**Mondnacht**
Dichter	*Heinrich Heine*	*Joseph von Eichendorff*
Thema	*stürmische Nacht auf dem Meer*	*eine ruhige Mondnacht*
Stimmung	*...*	*...*
Strophen		
Verse		
Reimschema		
sprachliche Bilder		
sprachliche Besonderheiten		

b Suche Gemeinsamkeiten und Unterschiede heraus.

c Fasse die Ergebnisse deines Vergleichs in wenigen Sätzen zusammen. Beginne mit den Gemeinsamkeiten.

5 Wählt eines der beiden Gedichte aus und gestaltet ein Gedicht-Plakat oder ein Gedicht-Bild. Bastelt evtl. einen passenden Rahmen dazu.

So kannst du Gedichte miteinander vergleichen
1. Lies die Gedichte aufmerksam.
2. Untersuche die Gedichte genauer: Dichter, Thema, Grundstimmung, Strophen, Verse, Reimschema, sprachliche Bilder und Besonderheiten.
3. Finde Gemeinsamkeiten und Unterschiede heraus.
4. Formuliere das Ergebnis des Vergleichs in wenigen Sätzen.

Abenteuer- und Gruselgeschichten lesen und verstehen

1 Abenteuer- und Gruselgeschichten zeichnen sich dadurch aus, dass sie besonders spannend sind.

a Lest die Überschrift des folgenden Textes. Tauscht euch darüber aus, ob die Überschrift zu einer gruseligen Geschichte passt.

b Welchen Inhalt erwartest du bei dieser Überschrift? Notiere deine Vermutungen in einem Satz.

c Lies den Text von Georg Bydlinski und überprüfe deine Vermutungen.

Das duschende Gespenst

Die Eltern waren bei irgendwelchen Schmidts zum Abendessen eingeladen.
Nikki lag in seinem Bett – die Nachttischlampe brannte – und las in einem Gespensterbuch. Da klopfte es an der Tür. Es war Christa. „Nikki“, sagte sie, „wir können nicht einschlafen. Bei uns knackst und knarrt alles und dauernd fahren Autos vorbei.“
„Erzähl uns eine Geschichte!“, sagte Angelika, die nachgekommen war. „Bitte!“
„Na gut“, sagte Nikki. „Ihr seid mir schöne Angsthasen!“
Nikki zog seinen Schlafrock an und folgte den Schwestern ins Mädchenzimmer. Auf dem Weg dorthin fiel ihm ein, was er den beiden erzählen würde. Nikki grinste, als er sich einen Sessel an die Betten heranholte …
„Es war einmal eine Wohnung“, begann er, „die sah fast genauso aus wie unsere. Nur eines war anders –“, (Nikki machte eine Pause, bevor er mit leiserer Stimme weitersprach), „es spukte.“
„Huuu!“, sagten Christa und Angelika.
„Zwischen Badezimmer und Klo war in der Wohnung ein winziger Duschraum – so klein, dass gerade ein Mensch hineinging. Könnt ihr euch das vorstellen?“
Christas und Angelikas Köpfe nickten im Dunkeln.
„Der Wohnungsbesitzer“, fuhr Nikki fort, „duschte für sein Leben gern. Eines Tages stand er wieder unter der Brause und sang Seemannslieder. Da kamen seine Feinde daher, ganz leise“ – (Nikkis Stimme wurde erneut zu einem Flüstern) – „und mauerten den armen Teufel ein!“
„Nein!“, sagte Angelika.
„Ja!“, sagte Nikki.
Christa sagte nichts, ihr Mund stand weit offen.
„So grausam ist die Welt“, sagte Nikki. „Als der Mann mit dem Duschen fertig war, konnte er nicht mehr hinaus. Überall Wände!

Seine Feinde strichen die zugemauerte Tür mit Farbe an, damit niemand bemerkte, dass dahinter ein Raum war ... Nicht einmal das Wasser haben sie ihm abgedreht und jetzt duscht er sogar als Gespenst!"

„Ist er ganz allein?", fragte Christa, die sich an ihr Polster klammerte.

„Nein", sagte Nikki. „Ab und zu kommt ihn ein Skelett durch den Luftschacht besuchen und bringt ein neues Stück Seife. Und jetzt schlaft gut!"

Nikki verschwand aus dem Zimmer.

„Nikki! Nikki! Bleib da!", riefen ihm die Mädchen nach.

Nikki steckte seinen Kopf nochmals zur Tür herein und flüsterte: „Eines hab ich euch zu sagen vergessen: Wundert euch nicht, wenn ihr auf dem Klo sitzt und durch das Entlüftungsgitter kommt plötzlich eine Knochenhand mit einem Badeschwamm. Dann hat sich das Skelett bloß im Zimmer geirrt! Gute Nacht!"

Triumphierend schloss Nikki die Tür hinter sich. Er malte sich den Gesichtsausdruck seiner Schwestern aus. Seit der toten Spinne im Kompott war ihm kein solcher Schlag mehr gelungen!

Nikki las weiter in seinem Buch und aus irgendeinem Grund konnte auch er in dieser Nacht nicht besonders gut schlafen.

Um zwölf weckte ihn die Turmuhr: viermal ding für die volle Stunde und dann dong, dong, dong, dong, dong, dong, dong, dong, dong, dong, dong, dong. Gespenstisch.

Nikki erhob sich und wankte aufs Klo. Als er sich dort niedergelassen hatte, hörte er hinter der Wand ein Geräusch ...

Wasser! Ein Rauschen! So rauscht das Wasser nur, wenn jemand duscht!

Nikki sprang auf und stürzte mit einem Schrei ins Vorzimmer. Er rannte den Schirmständer um und schlug mit dem Knie an den Schuhschrank. Dabei wurde er erst so richtig wach. Aber das Rauschen war immer noch da.

Die Badezimmertür ging lautlos auf.

„Das Duschgespenst!“, dachte Nikki. „Es hat sich befreit!“

Doch im Türrahmen stand ein erstaunter Vater, triefnass und mit Shampoo-schaumigen Haaren.

„Du?“, sagte Nikki ungläubig.

„Na klar“, sagte der Vater. „Bei den Schmidts haben alle wie die Schlote geraucht und ich hab ganz nach Zigaretten gestunken. So wollte ich nicht ins Bett!“

Nikki nickte.

„Wen hättest du denn sonst erwartet, um diese Zeit?“, fragte der Vater. „Etwa ein Gespenst?“

„Ach wo!“, sagte Nikki schnell. „Gespenster gibt es nicht!“

d Wie wirkt der Text auf dich? Nenne passende Adjektive.

e Teile den Text in Abschnitte ein und finde passende Überschriften.

2 Untersuche den Aufbau der Gruselgeschichte auf S. 113–115.

a Gliedere die Geschichte in Einleitung, Hauptteil und Schluss.

b Zeichne einen Spannungsbogen in dein Heft. Ergänze zu Einleitung, Hauptteil, Höhepunkt und Schluss passende Zeilenangaben und Stichpunkte zum Inhalt.

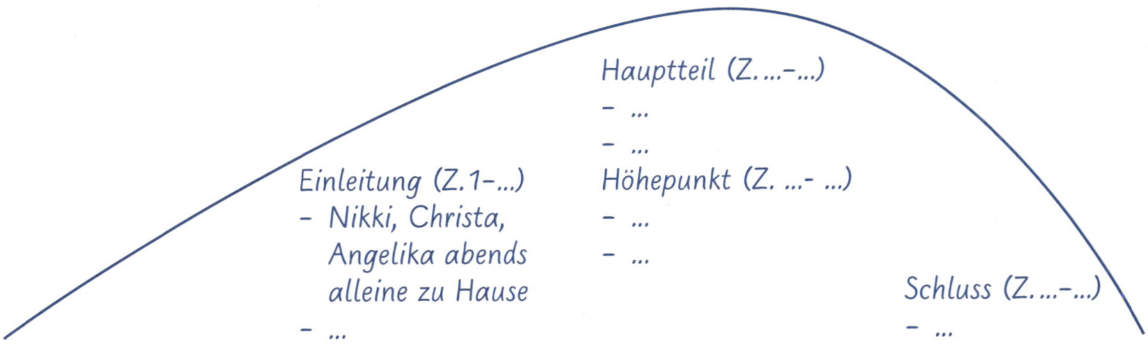

Abenteuer- oder Gruselgeschichten haben einen typischen Handlungsaufbau, den man mithilfe eines **Spannungsbogens** darstellen kann.

- Die **Einleitung** führt zum Geschehen hin und macht die Leserinnen und Leser neugierig.
- Im **Hauptteil** wird die Spannung in mehreren Erzählschritten bis zum **Höhepunkt** gesteigert.
- Zum **Schluss** erfolgt die Auflösung.

1d Wähle z. B. aus folgenden Adjektiven.
gruselig / spannend / fantasievoll / lustig

Tipp
Achtet besonders auf treffende Adjektive, abwechslungsreiche Verben und auf das, was die Figuren denken und fühlen.

3 Erklärt, wodurch die Gruselgeschichte auf S. 113–115 spannend wirkt.

a Lest den Text noch einmal. Sprecht zu zweit darüber, wodurch Spannung entsteht, und notiert eure Beobachtungen. Geht dabei besonders auf die Gestaltung des Höhepunkts der Geschichte ein.

b Gestaltet ein Lernplakat, auf dem ihr Tipps und Tricks zum spannenden Erzählen festhaltet.

Spannendes Erzählen

TIPPS UND TRICKS

1. ...

2. ...

3. ...

4 Das Sprichwort „Wer andern eine Grube gräbt, fällt selbst hinein" passt auf diese Geschichte.
Wähle Aufgabe a oder b.

●●● **a** Verfasse eine Parallelgeschichte, auf welche dieses Sprichwort auch zutrifft.

●●○ **b** Übertrage folgende Übersicht in dein Heft. Ergänze sie und erkläre, warum das Sprichwort und die Geschichte zusammenpassen.

Sprichwort	„Das duschende Gespenst"
Grube graben	*Nikki erzählt seinen Schwestern eine gruselige Gute-Nacht-Geschichte, um ihnen Angst zu machen.*
Selbst hineinfallen	*...*

Was habe ich gelernt?

5 Überprüfe, was du über den **Umgang mit literarischen Texten** gelernt hast. Ergänze dazu die folgenden Sätze und beantworte die Fragen. Schreibe in dein Heft.

1 Gedichte bestehen aus ... und ...
2 Was ist ein Paarreim? Nenne Beispiele.
3 Neben dem Paarreim kenne ich noch die folgenden beiden Reimschemata: ...
4 So gehe ich vor, wenn ich zwei Gedichte miteinander vergleiche: ...
5 Welcher Handlungsaufbau ist für Abenteuer- oder Gruselgeschichten typisch?
6 Gruselgeschichten gefallen mir (nicht), weil ...

Erzählen

Eine Gruselgeschichte schreiben

1 Auf S. 113–115 hast du bereits eine Gruselgeschichte kennen gelernt.

a Lies die folgende Geschichte von Marianne Thiele.

Spuk in der Mittsommernacht

Die Gespenstergeschichte war schaurig schön, sodass Jan darüber total die Zeit vergessen hatte. Er legte das Buch unter sein Kopfkissen und lenkte den Strahl der Taschenlampe auf den Wecker. Inzwischen war es fast Mitternacht! Bloß gut, dass Mutti nichts von seinen Schmökerstunden wusste. [...]
Als Jan seine Taschenlampe wie gewohnt im Kleiderschrank verstecken wollte, erlebte er eine Überraschung. „Frechheit! Tür zu!", fauchte ihn ein wütendes Stimmchen an. Im Sockenfach hockte ein merkwürdiger Zwerg. Ein Pelz, der so farbig wie ein Flickenteppich war, bedeckte seinen Körper von Kopf bis Fuß. Der Hals war so kurz, dass er eigentlich nicht der Rede wert war. Zwei blanke blaue Augen fassten den Menschen empört ins Auge, und eine kleine schwarze Nase saß wie das berühmte i-Tüpfelchen mitten im Pelzgesicht.
Jan war so verdattert, dass er auf der Stelle gehorchte. Wieso hockte da ein schlecht gelauntes Monster mitten im Schrank? Und noch dazu eins, das ihm dumme Vorschriften machen wollte? Er legte sein Ohr ans Holz und horchte. „Ei-eins", zählte drinnen das Stimmchen angestrengt, „vie-ier, zwei-ei, drei-äh ... verflixt, das stimmt ja schon wieder nicht!"
„Der Blödmann nervt total", knurrte Jan. „Und genau das sag ich ihm jetzt!" Er öffnete erneut die Tür.
„Eins, drei-ei, zwei – bäh, du schon wieder?", schnarrte das Pelzwesen. Es versuchte soeben, sich drei Socken auf einmal anzuziehen. Doch da es nur zwei Füße hatte, ging die Rechnung nicht auf. „Oje! Wieder verzählt!", klagte es. Ratlos hielt es Jan den übrig gebliebenen Strumpf hin. „Kannst du zählen, Mensch? Kannst du mir sagen, wie viele neue Socken ich brauche?"
„Natürlich zwei!"
„Wie viel ist zwei?", wollte das Monster wissen.
Der Junge holte einen Filzstift und malte dem kleinen Kerl Daumen und Zeigefinger grün an. „Siehst du?", sagte er. „So kannst du dir das merken. Du brauchst so viele Socken, wie du grüne Finger hast – eins – zwei."

Das Monster nickte glücklich. „Ich bin ein Sockengrabsch“, erklärte es. „Ich sammle überall Socken – in den Kinderzimmern, auf den Wäscheplätzen und bei Sportwettkämpfen. Und wenn sie mir mal nicht gefallen, fresse ich bloß Löcher hinein und lass sie liegen.“

Es grinste und zeigte dabei spitze weiße Zähne. Dann packte es Jans Tennissocken, lief damit flink zum offenen Fenster und hopste aufs Fensterbrett.

„He, warte mal“, rief Jan ihm hinterher. „Monster sind doch eigentlich unsichtbar. Warum nicht du?“

„Das weißt du nicht?“, wunderte sich der Grabsch. „Heute, in der Mittsommernacht, gilt dieses uralte Gespenstergesetz nicht. Du kannst nicht nur mich, sondern alle möglichen Geister sehen – im Garten, im Dorf, da hinten im Wald …“ Damit war das Sockenmonster verschwunden.

Jan schloss ganz schnell das Fenster – denn drüben im Apfelbaum hockte ein weißes Ding, das neugierig zu ihm herüberschielte.

Aber vielleicht war es auch nur – Nachbars Katze?

b Wie hat dir die Geschichte gefallen? Tauscht euch in der Klasse aus.

c Überlege, wodurch die Geschichte unterhaltsam wird.

> Um eine Geschichte spannend zu erzählen, kann man verschiedene **Gestaltungsmittel** nutzen:
> - die Figuren lebendig und anschaulich beschreiben,
> - die Gedanken und Gefühle der Figuren verdeutlichen,
> - wörtliche Rede einbauen,
> - anschauliche Vergleiche, treffende Verben und Adjektive verwenden.

2 Schreibe eine Gruselgeschichte über das weiße Ding, das im Apfelbaum hockt und neugierig herüberschielt.

Einleitung:	*Zeit und Ort:*	*…*
	Personen:	*…*
Hauptteil:	*Handlung:*	*1. …*
		2. …
Schluss:	*…*	

a Schreibe zuerst einen Erzählplan für deine Geschichte.

Bevor man eine Geschichte aufschreibt, kann man sich mit einem **Erzählplan** vorbereiten. Dazu stellt man sich folgende Fragen:

- **Worüber** soll erzählt werden?
- Welche **Handlungsschritte** sind wichtig?
- An welchen **Orten** und zu welcher **Zeit** geschieht etwas?
- Welche **Figuren** spielen eine Rolle?
- Welche **Dialoge** sollen an welcher Stelle eingebaut werden?
- Welche **Einleitung** macht die Leser neugierig?
- Welcher **Schluss** rundet die Geschichte ab?

b Formuliere einen Entwurf deiner Gruselgeschichte.

c Überarbeite den Entwurf deiner Geschichte.
Verwende folgende Checkliste:

Überarbeiten:
Schreibaufgabe beachtet? ☑
Figuren, Orte genau beschrieben? ☑
Anschauliche Adjektive und Verben verwendet? ☐
Abwechslungsreiche Satzanfänge gestaltet? ☐
Wörtliche Rede eingebaut? ☐
Einleitung und Schluss gelungen? ☐
Rechtschreibung geprüft? ☐

d Schreibe die Endfassung der Geschichte in dein Heft.

3 Schreibe mithilfe eines Erzählplans eine Gruselgeschichte. Wähle a oder b.

●●○ **a** Schreibe eine Gruselgeschichte deiner Wahl.
Nutze dazu einen Erzählplan.

●○○ **b** Schreibe eine Gruselgeschichte mithilfe folgender Reizwortkette:

Skelett – Geisterstunde – Grabstein – knöcherne Hand – Fledermaus.

Mache dir zunächst einen Erzählplan.

So kannst du eine Gruselgeschichte schreiben
1. Überlege, warum und für wen du deine Geschichte schreibst.
2. Entwirf einen Erzählplan.
3. Schreibe einen Entwurf der Geschichte mithilfe des Erzählplans.
4. Überarbeite deinen Entwurf gründlich.
5. Schreibe die Endfassung.

2c anschauliche Adjektive: *frech, zerzaust, freundlich, stachelig, gruselig, unverschämt*
anschauliche Verben: *starren, winken, hüpfen, pfeifen, flüstern*
abwechslungsreiche Satzanfänge: *Dann schaute ich …; Plötzlich hüpfte …; Jedoch konnte ich …; Anders als erwartet …*

Einen Erzählkern ausgestalten

Erzählkerne geben Ort, Zeit und Figuren sowie wichtige Handlungsschritte vor. Man kann zum Beispiel Zeitungsmeldungen nehmen und sie zu einer Erzählung ausgestalten.
Zunächst müssen dem Erzählkern alle wichtigen Informationen entnommen werden. Dann denkt man sich eine passende Geschichte dazu aus. Zusätzliche Figuren und Handlungsschritte können hinzugefügt werden. Außerdem muss man noch eine Einleitung, einen Schluss und eine passende Überschrift formulieren.

1

a Lies die folgende Zeitungsmeldung.

Zwei 12-Jährige verbrachten die Nacht von Freitag zu Sonnabend in einem großen Kaufhaus in Rostock. Laut Polizei waren die beiden in der Spielwarenabteilung vom Verkäufer übersehen und eingeschlossen worden. Erst am nächsten Morgen konnten die Eltern ihre vermissten Kinder in die Arme schließen. Die Kinder waren müde, aber glücklich.

b Schreibe die wichtigsten Informationen aus der Zeitungsmeldung heraus. Nutze dazu *W*-Fragen.

Wer? Zwei 12-Jährige Wo? ... ...

c Überprüfe, ob du die Handlung in Handlungsschritte zerlegen kannst. Ordne diese in der richtigen Reihenfolge.

Was passierte? – Der Verkäufer übersah die Kinder ...

→ **S. 235:** Einen Cluster entwerfen

Tipp
Du kannst die Ideen aus dem Cluster verwenden.

2 Denke dir nun eine Abenteuergeschichte zur Zeitungsmeldung aus. Nutze zur Stoffsammlung einen Cluster.

a Betrachte und lies den Cluster auf Seite 121 oben.

b Übertrage den Cluster in dein Heft oder erstelle einen eigenen Cluster.

c Überlege, ob du zusätzliche Personen bzw. Figuren aufnehmen möchtest.

d Schreibe weitere Handlungsschritte auf. Überlege, was die Kinder nachts erlebt haben könnten.

e Überlege, aus welcher Perspektive du die Geschichte erzählen möchtest.

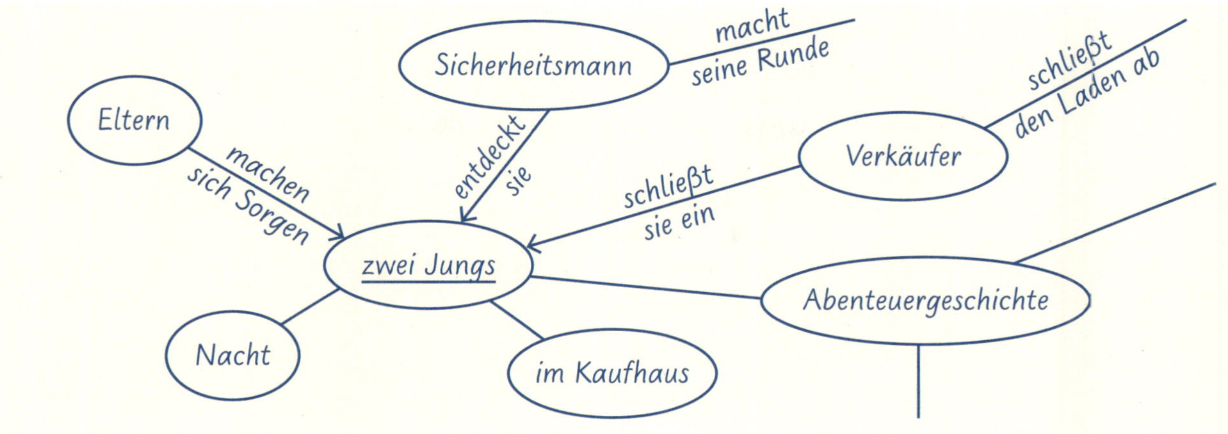

3 Formuliere die Abenteuergeschichte mithilfe deiner Stichpunkte. Lass einen breiten Rand zum Überarbeiten.

4 Überarbeite deinen Textentwurf.

→ **S. 47:** Eine Schreibkonferenz durchführen

a Lies die Schreibaufgabe noch einmal und prüfe, ob du sie erfüllt hast.

b Überlege, welche Figuren und Orte du besonders anschaulich beschreiben solltest.

c Wähle geeignete Stellen für die Verwendung der wörtlichen Rede aus und formuliere Dialoge.

d Prüfe, ob deine Einleitung die Leser neugierig macht.

e Überlege, ob dein Schluss die Geschichte abrundet.

f Kontrolliere die Wortwahl, den Satzbau und die Rechtschreibung.

g Schreibe die Endfassung der Geschichte in dein Heft.

Tipp
Verwende anschauliche Adjektive und Verben. Gestalte abwechslungsreiche Satzanfänge.

So kannst du einen Erzählkern ausgestalten

1. Entnimm dem Erzählkern die wichtigsten Informationen *(Wer? Wann? Wo? Was passiert?)*.
2. Zerlege die Handlung in Handlungsschritte und ordne diese in der logischen und zeitlichen Reihenfolge.
3. Ergänze Handlungsschritte oder baue vorhandene aus.
4. Überlege, wer die Geschichte erzählen soll (Erzählperspektive).
5. Schreibe einen Entwurf deiner Geschichte.
6. Überarbeite deinen Entwurf und schreibe die Endfassung.

Was habe ich gelernt?

5 Überprüfe, was du über das **Erzählen** gelernt hast. Schreibe dazu eine Checkliste für eine gelungene Erzählung. Markiere in deiner Checkliste, bei welchen Punkten du unsicher bist und noch üben möchtest.

Christian Morgenstern

Die Trichter

Zwei Trichter wandeln durch die Nacht.
Durch ihres Rumpfs verengten Schacht
fließt weißes Mondlicht
still und heiter
auf ihren
Waldweg
u.s.
w.

Christian Morgenstern

Gruselett

Der Flügelflagel gaustert
durchs Wiruwaruwolz
die rote Fingur plaustert
und grausig gutzt der Golz.

1. Konntest du beide Gedichte sofort problemlos lesen? Beschreibe deine Erfahrungen damit.

2. Überlegt, was die Fantasiewörter im Gedicht „Gruselett" bedeuten könnten.

3. Trage das Gedicht „Gruselett" so vor, dass dein Publikum eine Gänsehaut bekommt.

4. Denke dir weitere Strophen zum „Gruselett" aus. So könntest du beginnen:

Das Ritzelrutzel glittert
im Nibunabunorf,
der schwarze Telaf stittert
und heimlich hitzt das Horf ...

Erich Weinert

Gespensterballade

Eine Morgensternschnuppe

Gespinst
Gespunk
Es grinst
Der Unk
Im Wald
Am Teich
So kalt
So bleich.

Der Sumpf
Bespinnt
Sich dumpf
Und blind.
Was schaut
Der Elb?
Schon graut
Es gelb.

Was schrie
Im Schilf?
Mari-
A hilf!
Was lacht
Der Glimm?
Die Nacht
Ist schlimm.

1. Wie stellst du dir den Unk vor?
Beschreibe die ersten Bilder in deinem Kopf.

2. Der Dichter spielt mit Wörtern und hat auch Wörter erfunden.
Wähle zwei bis drei besondere Wörter aus und stelle dar, was du dir darunter vorstellst. Entscheide, ob du deine Vorstellungen beschreiben oder sie zeichnen willst.

3. Überlegt, warum Erich Weinert seinem Gedicht den Untertitel „Eine Morgensternschnuppe" gegeben hat.

4. Trage das Gedicht wirkungsvoll vor. Probiere mehrere Varianten aus.

5. Vergleiche das Gedicht mit den Gedichten von Christian Morgenstern auf S. 122. Welche Gemeinsamkeiten und Unterschiede stellst du fest?

2 Du kannst z. B. aus folgenden Wörtern auswählen:
Gespinst / Gespunk / der Unk / bespinnt / der Elb / der Glimm
Du kannst z. B. folgende Beschreibungen nutzen:
Gespinst: Ich stelle mir darunter ein spinnenartiges Gespenst vor, mit …
Unk: Der Unk könnte eine tierähnliche Gestalt sein, eine Mischung aus …

Johann Wolfgang von Goethe

Erlkönig

Wer reitet so spät durch Nacht und Wind?
Es ist der Vater mit seinem Kind;
Er hat den Knaben wohl in dem Arm,
Er fasst ihn sicher, er hält ihn warm.

„Mein Sohn, was birgst du so bang dein Gesicht?" –
„Siehst, Vater, du den Erlkönig nicht?
Den Erlenkönig mit Kron' und Schweif?" –
„Mein Sohn, es ist ein Nebelstreif." –

„Du liebes Kind, komm, geh mit mir!
Gar schöne Spiele spiel ich mit dir;
Manch bunte Blumen sind an dem Strand;
Meine Mutter hat manch gülden Gewand."

„Mein Vater, mein Vater, und hörest du nicht,
Was Erlenkönig mir leise verspricht?" –
„Sei ruhig, bleibe ruhig, mein Kind;
In dürren Blättern säuselt der Wind." –

„Willst, feiner Knabe, du mit mir gehn?
Meine Töchter sollen dich warten schön;
Meine Töchter führen den nächtlichen Reihn
Und wiegen und tanzen und singen dich ein."

„Mein Vater, mein Vater, und siehst du nicht dort
Erlkönigs Töchter am düstern Ort?" –
„Mein Sohn, mein Sohn, ich seh es genau:
Es scheinen die alten Weiden so grau." –

„Ich liebe dich, mich reizt deine schöne Gestalt;
Und bist du nicht willig, so brauch ich Gewalt." –
„Mein Vater, mein Vater, jetzt fasst er mich an!
Erlkönig hat mir ein Leids getan!" –

Dem Vater grauset's, er reitet geschwind,
Er hält in den Armen das ächzende Kind,
Erreicht den Hof mit Müh und Not;
In seinen Armen das Kind war tot.

1. Sieh dir die Zeichnungen an. Passen sie deiner Meinung nach gut zu dem Gedicht? Begründe deine Meinung.

2. Fasse den Inhalt jeder Strophe in einem Satz zusammen.

   1. Strophe: Der Vater reitet mit seinem Kind auf dem Arm durch die Nacht.
   2. Strophe: Der Sohn …

3. Was macht dem Knaben solche große Angst? Suche die entsprechenden Textstellen heraus.

4. Tauscht euch darüber aus, wodurch das Gedicht spannend wirkt.

5. Übt den gemeinsamen Vortrag des Gedichts. Legt fest, wer den Erzähler, den Vater, das Kind und den Erlkönig spricht. Überlegt, welche Stimme und Stimmung dazu passt (z. B. vernünftig, ängstlich, verführerisch). Ihr könnt auch Geräusche hinzunehmen, z. B. Pferdegetrappel, das ihr mit zwei Kokosnussschalen erzeugt.

„Die meisten Abenteuer, die in diesem Buch erzählt werden, haben sich wirklich begeben. Eines oder zwei davon habe ich selbst erlebt." Das sagt Mark Twain über seinen Roman „Tom Sawyers Abenteuer", der zu den Klassikern der Weltliteratur zählt. Das Buch handelt von den Erlebnissen des Waisenjungen Tom in den amerikanischen Südstaaten zu Beginn des 19. Jahrhunderts.

Mark Twain

Die Abenteuer von Tom Sawyer

Der Samstag brach an. [...] Tom erschien auf dem Seitenpfad mit einem Eimer voll Farbe und einem riesigen Pinsel. Er betrachtete den Zaun. Alle Fröhlichkeit schwand aus seinem Wesen und tiefe Melancholie bemächtigte sich seiner.
Fünfunddreißig Meter Gartenzaun! Neun Fuß[1] hoch! Das Leben erschien ihm leer und das ganze Dasein nichts als eine Last. Seufzend tauchte er den Pinsel ein und führte ihn über die oberste Planke. Einmal, zweimal wiederholte er die Prozedur. Dann verglich er die winzige weißgetünchte Strecke mit dem weiterhin drohenden Kontinent des schmutziggrauen Zaunes und setzte sich entmutigt auf einen Baumstamm. [...]
In seinem Kopf wogten alle die Kriegspläne, die er für diesen Tag geschmiedet hatte, hin und her und seine Sorgen vervielfachten sich. Bald würden die Jungen, die frei hatten, vorüberkommen, auf dem Wege zu allen möglichen interessanten Expeditionen, und sie würden ein furchtbares Hohngelächter anschlagen, dass er arbeiten musste. Der Gedanke allein brannte wie Feuer.
Er kramte alle seine Reichtümer hervor und prüfte sie: Stücke von Spielsachen, Murmeln und anderes Zeug: vielleicht genug, um eine Arbeit gegen eine andere auszutauschen, aber nicht genug, um eine so wertvolle Sache wie auch nur eine halbe Stunde Freiheit zu kaufen. Mutlos steckte er seine armseligen Besitztümer in die Tasche zurück und strich weiter.
Wenn die Not am größten, ist Gottes Hilfe am nächsten: In diesem dunklen und hoffnungslosen Augenblick kam ihm eine Inspiration, eine große, eine großartige Erleuchtung! Er nahm seinen Pinsel wieder auf und ging zuversichtlich an die Arbeit.
Ben Rogers kam soeben in Sicht, gerade der Junge, dessen Hohn er am meisten fürchtete. Ben kam in einem kurzen und hopsenden Trab daher – Beweis genug, dass sein Herz leicht und seine Ziele hochgesteckt waren. Er aß einen Apfel und stieß dabei ab und zu einen langen, melodischen Pfiff aus, dem jedes Mal ein tiefes „Bickebuckebickebuckebickebucke" folgte. Er stellte einen Dampfer vor. [...] Er war Dampfboot, Kapitän und Dampfpfeife zugleich

[1] *altes Längenmaß*
1 Fuß sind ca. 30 cm

und musste auf seinem eigenen Kommandodeck stehen, Befehle geben und sie selbst ausführen.

„Stoppen! Klingeling-ling!“

Die Hauptstraße war beinahe zu Ende und er bog langsam in den Seitenweg ein.

„Halbe Kraft rückwärts! Klingeling-ling!“ Seine Arme hoben und senkten sich ruckweise.

„Steuerbord rückwärts! Klingeling-ling! Tuut! Tuhuut Tut!“

Der rechte Arm ruderte inzwischen gewaltig in der Luft umher, denn er stellte ein Schaufelrad von vierzig Fuß Umfang vor.

„Backbord rückwärts! Klingelingeling! Tuut! Tuhuut Tut!“

Die linke Hand begann ebenfalls zu rudern. […]

„Schtschtscht!“ Die Ventile arbeiteten.

Seelenruhig tünchte Tom seinen Zaun, ohne den Dampfer zu bemerken. Ben starrte einen Augenblick, dann sagte er:

„He – he – auf dem Trocknen, was?“

Keine Antwort. Mit dem Blick des Künstlers betrachtete Tom seine Malerei, dann gab er dem Pinsel einen eleganten Schwung und prüfte wieder das Resultat. Ben legte sich langseits von ihm. Der Apfel ließ Tom das Wasser im Mund zusammenrinnen, aber er blieb in seine Arbeit versunken.

Ben sagte: „Hallo, alter Freund, du musst also arbeiten, was?“

Tom fuhr herum: „Hallo, da bist du ja, Ben! Hab' dich gar nicht gesehen.“

„Du, ich gehe jetzt schwimmen. Möchtest du nicht auch? Aber ich glaube, du arbeitest lieber, was? Viel lieber, nicht?“

Tom betrachtete den Jungen von oben bis unten und sagte:

„Was nennst du denn arbeiten?“

„Wieso? Ist das vielleicht keine Arbeit?“

Tom fing wieder an zu streichen und antwortete gleichgültig:

„Kann sein ja, kann sein nein. Ich weiß nur, dass es Tom Sawyer Spaß macht.“

„Du willst doch nicht etwa sagen, dass du das gern tust?“

Der Pinsel ging weiter hin und her.

„Gern? Warum soll ich das nicht gern tun? Kriegt unsereiner vielleicht jeden Tag einen Zaun zu pinseln?“

Das setzte die Sache in ein neues Licht. Ben unterbrach sein Knabbern. Tom schwang den Pinsel rauf und runter, trat zurück, um die Wirkung zu prüfen, fügte hier und da einen Strich hinzu, kritisierte wieder das Ergebnis. Ben bewachte jetzt jede Bewegung und sein Interesse wuchs.

Plötzlich sagte er: „Tom, lass mich einmal ein bisschen streichen.“

Tom überlegte. Er schien schon bereit zuzustimmen, aber er änderte wieder seinen Entschluss.

„Nein, lieber nicht; es wird nicht gehen, Ben. Tante Polly nimmt es so furchtbar genau mit dem Zaun, weißt du. Es ist auch gerade hier so an der Straße – wenn es so ein hinterer Zaun wäre, hätte ich ja nichts dagegen, und sie auch nicht. Aber auf den Zaun hier ist sie mächtig scharf und es muss ganz sorgfältig gemacht werden. [...]"
„Tatsächlich? Ach, komm, lass mich einmal versuchen, bloß ein bisschen, ich würde dich auch lassen, wenn ich es wäre, Tom."
„Bei Gott, Ben, ich täte es gern, aber Tante Polly ... Jim wollte vorhin auch, aber sie hat es nicht erlaubt. Auch Sid wollte gern, aber sie lässt ihn auch nicht. Siehst du, ich bin festgenagelt. Wenn du den Zaun zu Ende streichst und irgendetwas geht schief ..."
„Ach, Quatsch! Ich werde mich schon vorsehen. Lass mich einmal probieren. Du, ich geb' dir den Rest von meinem Apfel." Tom gab ihm den Pinsel, Widerwillen im Gesicht, Frohlocken im Herzen. Und während das Dampfboot „Big Missouri" in der heißen Sonne arbeitete und schwitzte, saß der in Ruhestand versetzte Künstler im Schatten auf einem Fass, ließ die Beine baumeln, knabberte an seinem Apfel und hielt nach neuen Opfern für seine Schlachtbank Ausschau. Es fehlte nicht an Material.*

1 Erkläre, wie Tom es schafft, Ben für das Streichen des Zaunes zu begeistern.

2 Lies nun weiter über Toms Erfahrungen an diesem Nachmittag und darüber, welche Lehren er daraus zieht.

Jeden Augenblick schlenderte ein Junge vorbei. Sie kamen, um sich lustig zu machen, und sie blieben, um zu – pinseln. Denn mit der Zeit wurde Ben müde. Tom hatte aber schon die nächsten Latten des Zaunes an Billy Fischer vermietet gegen einen gut erhaltenen Drachen. Als Billy fertig war, erwarb Jonny Müller das nächste Stück zum Malen. Er zahlte dafür eine tote Ratte und ein Stück Bindfaden, an dem man sie herumschwingen konnte.
So ging es Stunde um Stunde weiter und als der halbe Nachmittag um war, war aus dem kümmerlichen, mit Armut geschlagenen Tom des Morgens buchstäblich ein Kapitalist geworden, der im Reichtum schwamm. Er hatte außer den Dingen, die ich schon erwähnt habe, erworben: zwölf Murmeln, ein Stück von einer Mundharmonika, eine blaue Glasscherbe, als Monokel zu gebrauchen, ein zerbrochenes Blasrohr, einen Schlüssel, der nirgends passte, einen Brocken Kreide, einen Glasstöpsel von einer Karaffe, einen Zinnsoldaten, ein paar Kaulquappen, sechs Knallerbsen, ein lebendiges Kätzchen, das nur ein Auge hatte, einen Türgriff aus Messing, ein Hundehalsband, einen Messergriff, vier Stück Apfelsinenschale und einen demolierten Fensterrahmen. Zu alledem hatte er eine gute, vergnügte, faule Zeit

gehabt, massenhaft Gesellschaft und der Zaun war mit einer dreifachen Tünche versehen! Wenn nicht schließlich die Farbe ausgegangen wäre, hätte er bestimmt sämtliche Jungen des Ortes Bankrott gemacht. Tom fand, dass die Welt alles in allem doch gar nicht so schlecht sei. Er hatte, ohne es zu ahnen, ein wichtiges Gesetz der menschlichen Tätigkeit entdeckt, nämlich dass man, um jemandem eine Sache begehrenswert zu machen, sie nur als schwer erreichbar hinstellen muss. Es ist die alte Geschichte von den Kirschen in Nachbars Garten ...*

3 Was ist mit dem letzten Satz gemeint? Notiere deine Antwort in wenigen Sätzen.

4 Stellt die Begegnungen mit den anderen Jungen szenisch dar. Überlegt euch dazu Dialoge.

5 Sicher kennt ihr auch andere Abenteuergeschichten. Bereitet eine Buchvorstellung im Partnerteam vor. Beachtet dazu die Tipps auf S. 97.

Der zwölfjährige Prosper und sein kleiner Bruder Bonifazius, genannt Bo, sollen nach dem Tod ihrer Eltern getrennt werden. Deshalb reißen sie aus und flüchten von Hamburg nach Venedig. Doch die Tante der beiden engagiert den Privatdetektiv Victor Getz, um die Kinder zu finden und zurückzubringen. In Venedig freunden die Brüder sich mit den Straßenkindern Wespe, Mosca und Riccio an. Gemeinsam leben sie in einem alten, baufälligen Kino. Der Anführer der Straßenkinder ist Scipio, auch „Herr der Diebe" genannt. Er taucht nur an manchen Tagen im Kino auf und bringt gestohlene Antiquitäten mit, die die Kinder verkaufen sollen.

Cornelia Funke

Herr der Diebe

Prosper zog die Schultern hoch und sah sich unbehaglich um, als wäre ihm der kalte Wind in den Nacken gefahren. [...] Nachdenklich wich er zwei Frauen aus, die sich mitten auf der Gasse lautstark stritten, und stieß dabei mit einem Mann zusammen, der aus einer Bar trat, ein Stück Pizza in der Hand. Es war ein stämmiger, kleiner Mann mit einem Schnurrbart wie ein Walross, an dem etwas Käse klebte. Unwillig drehte er sich um – und starrte Prosper an, als wäre er ein Gespenst. „*Scusi*", murmelte Prosper und schob sich hastig weiter in das dichte Gedränge, das so schnell unsichtbar machte.
„He, was rennst du so?" Riccio hielt ihn an der Jacke fest, im Arm die fast leere Kuchenschachtel.
Prosper sah sich um. „Da hat mich einer so komisch angestarrt." Beunruhigt musterte er die vorbeidrängenden Leute. Aber der Mann mit dem Walrossbart war nirgends zu entdecken.
„Angestarrt?" Riccio zuckte die Achseln. „Na und? Kam der Kerl dir bekannt vor?"
Prosper schüttelte den Kopf. Und sah sich noch einmal um. Ein paar Schulkinder, ein alter Mann, drei Frauen mit vollgestopften Einkaufskörben, eine Gruppe Nonnen ...
Er griff nach Riccios Arm und zerrte ihn weiter.
„Was ist?" Vor Schreck hätte Riccio fast die Kuchenschachtel verloren.
„Der Kerl folgt uns." Prosper lief schneller, immer schneller [...].
„Was redest du denn da?", rief Riccio ihm nach.
„Er ist hinter uns her!", stieß Prosper hervor. „Er hat versucht, sich zu verstecken, aber ich hab ihn gesehen."
Riccio blickte sich nach dem angeblichen Verfolger um, aber alles, was er sah, waren gelangweilte Gesichter, die in die Schaufenster starrten, und Schulkinder, die sich kichernd schubsten.

„Prop, das ist absoluter Blödsinn!“ Er holte Prosper ein und verstellte ihm den Weg. „Beruhige dich, klar? Du siehst Gespenster.“

Aber Prosper antwortete nicht. „Komm mit!“, zischte er – und zerrte Riccio in eine Gasse […]. Der Wind fuhr ihnen entgegen, als hätte er in der dunklen Enge sein Zuhause. Riccio wusste, wohin dieser wenig einladende Gang führte: auf einen versteckten Hof und von dort in ein Labyrinth von Gassen, in dem sich selbst ein Venezianer verirren konnte. Kein schlechter Weg, um einen Verfolger abzuschütteln. Aber Prosper war schon wieder stehen geblieben, presste sich gegen die Mauer und beobachtete die Leute, die sich draußen auf der Gasse vorbeischoben.

„Was soll das nun wieder werden?“ Riccio lehnte sich neben ihn und zog sich fröstelnd die Pulloverärmel über die Finger.

„Ich werd ihn dir zeigen, wenn er vorbeikommt.“

„Und dann?“

„Wenn er uns entdeckt, rennen wir.“

„Toller Plan!“, murmelte Riccio und schob nervös die Zunge in die Lücke, die vorn zwischen seinen Zähnen klaffte. Den Zahn, der dort fehlte, hatte er auch bei einer Verfolgungsjagd verloren.

„Komm, lass uns einfach verschwinden“, flüsterte er Prosper zu. „Die anderen warten schon auf uns.“

Aber Prosper rührte sich nicht.

Die Schulkinder hüpften an ihrem Versteck vorbei, dann kamen die Nonnen in ihren schwarzen Gewändern. Und dann erschien ein Mann: kurz und stämmig, mit großen Füßen und einem Walrossbart. Suchend blickte er sich um, stellte sich auf die Zehenspitzen, reckte den Hals und fluchte.

Die beiden Jungen wagten kaum zu atmen. Dann, endlich, ging der Fremde weiter.

Riccio regte sich zuerst. „Ich kenn den Kerl!", stieß er hervor. „Lass uns verschwinden, bevor er noch mal zurückkommt!"

Mit klopfendem Herzen stolperte Prosper ihm nach, lauschte den eigenen Schritten, die ihm verräterisch nachhallten. Sie rannten die enge Gasse hinunter, über einen häuserumstandenen Platz, über eine Brücke, dann wieder eine Gasse hinunter. Prosper wusste schon bald nicht mehr, wo sie waren, aber Riccio lief voran, als könnte er sich noch mit verbundenen Augen in dem Gewirr von Gassen und Brücken zurechtfinden. Dann stolperten sie plötzlich ins Sonnenlicht und vor ihnen lag der Canal Grande, der Große Kanal. An seinem Ufer drängten sich die Menschen und auf dem glitzernden Wasser wimmelte es von Booten.*

1 Prosper und Riccio flüchten und stolpern schließlich ins Sonnenlicht. Ist die Gefahr jetzt vorbei? Was denkst du? Begründe deine Meinung.

2 Untersuche, mit welchen sprachlichen Mitteln die Autorin Spannung erzeugt. Achte besonders auf aussagekräftige Verben und Adjektive.

3 Wie werden die verschiedenen Orte in Venedig beschrieben, an denen die Handlung spielt? Schreibe passende Textstellen heraus.

4 Wie wirkt diese Beschreibung auf euch? Tauscht euch aus.

5 Wie könnte es an den verschiedenen Orten riechen? Gestalte eine Geruchslandkarte. Zeichne eine Skizze von den einzelnen Stationen der Verfolgungsjagd. Markiere darin mithilfe von geeigneten Symbolen mögliche Gerüche, zum Beispiel einen Fisch für den Fischgeruch und einen Salzstreuer für die salzige Seeluft am Canal Grande.

Wortarten und Wortformen

Nomen/Substantive

1 Lies den Text über die jüngste Solo-Weltumseglerin.

Tipp
Analysiere ihre Bedeutung, Zahl, Schreibung und das grammatische Geschlecht.

a Bestimme die Wortart der markierten Wörter.
Begründe deine Meinung.

1 Am 21. Januar 2012 erreichte Laura D. mit ihrem Segelboot eine niederländische Insel in der Karibik. **2** Die junge Frau hatte in 500 Tagen allein die Welt umsegelt, im Alter von 16 Jahren. **3** Diesen Lebenstraum hat sie sich gegen alle Widerstände erfüllt.

b Nenne je ein Beispiel für Adjektive, Verben, Pronomen und Präpositionen.

2 Wiederhole, was du über Nomen/Substantive weißt.
Wähle Aufgabe a, b oder c.

●○○ **a** Bestimme im folgenden Text die Nomen und begründe deine Meinung.

1 Ihr erstes Boot baute Laura mit sieben Jahren. **2** Mit einem Segelboot überquerte die dreizehnjährige Laura heimlich den Ärmelkanal. **3** Eine Polizeistation in England informierte den Vater, der sie abholen musste.

●●○ **b** Ersetze die markierten Bedeutungsangaben durch passende Nomen.

Boote und Flöße / Vater / Mädchen / Jahren / Trennung / Wohnwagen / Regatta / Bootsbauer

1 Nach der Ereignis ihrer Eltern lebte Laura mit ihrem Person, einem Beruf, erst in einem Ort, später auf einem Boot. **2** Das wissbegierige Person baute Gegenstände und ließ sie schwimmen. **3** Bereits mit sechs Altersangabe nahm sie an einer Veranstaltung teil.

●●● **c** Bestimme, welche Wörter im folgenden Text mit großem Anfangsbuchstaben zu schreiben sind. Begründe deine Wahl.

Achtung, Fehler!

das leben auf einem boot ist der jungen frau sehr vertraut. ihre mutter brachte sie auf einem schiff vor der neuseeländischen küste zur welt. von ihrem vater hat sie gelernt, wie man boote baut und steuert.

Wörter der Wortart **Nomen/Substantiv** bezeichnen Lebewesen und Gegenstände, aber auch Orte, Zeitangaben, Ereignisse und Gefühle, z. B.: *Kind, Maske, Stadion, Jahr, Wettkampf, Freude.*
Nomen können ein **Begleitwort** bei sich haben:
- einen bestimmten Artikel, z. B.: *die Insel*,
- einen unbestimmten Artikel, z. B.: *ein Boot*,
- ein Possessivpronomen, z. B.: *ihr Traum*,
- ein Adjektiv, z. B.: *wichtige Erfahrungen.*

Am Begleitwort lassen sich die Merkmale von Nomen erkennen:
- das **grammatische Geschlecht** (das Genus): männlich, weiblich, sächlich, z. B.: *der Start, die Ankunft, das Ereignis,*
- die **Zahl** (der Numerus): Singular oder Plural, z. B.: *das Mädchen, die Mädchen,*
- der **Fall** (der Kasus): Nominativ, Genitiv, Dativ, Akkusativ, z. B.: *das Mädchen, des Mädchens, dem Mädchen, das Mädchen.*

Über den Fall der Nomen entscheiden **Verben** und **Präpositionen**, z. B.: *Laura baute ein Boot. Sie segelte mit dem Boot. Sie lebte auf einem Boot.*
Nomen schreibt man immer **mit großem Anfangsbuchstaben**.

3 Bestimmt das grammatische Geschlecht sowie die Zahl der Nomen. Wählt Aufgabe a, b oder c.

●○○ **a** Bestimmt das grammatische Geschlecht folgender Nomen aus der Aufgabe 2 a. Ergänzt jeweils den Plural oder den Singular.

das Boot / die Jahre / das Segelboot / der Ärmelkanal / die Polizeistation / der Vater

das Boot (sächlich, Singular) – die Boote (Plural), ...

●●○ **b** Bestimmt das grammatische Geschlecht und die Zahl aller von euch eingesetzten Nomen aus dem Text von Aufgabe 2 b. Orientiert euch am Begleitwort.

nach der Trennung: die Trennung (weiblich, Singular), ...

●●● **c** Bestimmt das grammatische Geschlecht, die Zahl und den Fall aller Nomen aus den Sätzen von Aufgabe 2 c. Orientiert euch am Begleitwort.

●●● **4** Ermittle das Wort, das in folgenden Sätzen die Zahl des unterstrichenen Nomens signalisiert.

1 Wassersportler wollen als Segellehrer oder Schiffsführer arbeiten.
2 Skipper benötigen dafür eine Ausbildung, Segellehrer auch.
3 Um den Wind einzufangen, müssen Segel gesetzt werden.
4 Nur in Notfällen kommen Paddel zum Einsatz.
5 Rettungsschwimmer beobachten die Boote.

Nominalisierte/substantivierte Verben und Adjektive

1 In folgenden Sätzen erfährst du etwas über eine Sportart.

a Lies die Sätze und nenne Merkmale, die die unterstrichenen Wörter als Nomen/Substantive kennzeichnen.

1 Meine Schwester schwärmt vom Schwimmen.
2 Das Ausführen von Figuren im Wasser hat es ihr besonders angetan.
3 Synchrones, das heißt gleichzeitiges Bewegen gemeinsam mit anderen Schwimmerinnen zu Musik ist das Besondere dieser Sportart.
4 Das Schwierige sind die Phasen von bis zu 60 Sekunden unter Wasser.
5 Dürfen auch Jungen am Synchronschwimmen teilnehmen?

Jedes Wort kann im Deutschen **als Nomen/Substantiv gebraucht**, also **nominalisiert/substantiviert**, werden. Es wird dann **mit großem Anfangsbuchstaben** geschrieben und dekliniert (gebeugt) wie ein Nomen. Es kann von einem Artikel, einem Possessivpronomen oder einem Adjektiv **begleitet** werden.
Eine **Nominalisierung/Substantivierung** steht immer am Ende einer sogenannten **nominalen Wortgruppe**. Deshalb hilft die **Erweiterungsprobe**, sie zu erkennen, z. B.:

beim Schwimmen
beim schnellen Schwimmen
beim schnellen ausdauernden Schwimmen

das Blau
das helle Blau
das helle leuchtende Blau

b Ermittle, welche der unterstrichenen Nominalisierungen/Substantivierungen in den Sätzen der Aufgabe a aus einem Verb hervorgegangen sind und welche aus einem Adjektiv.

2 Verwende Verben als Nomen. Wähle Aufgabe a, b oder c.

●○○ **a** Verwende die Verben in Klammern als Nomen und schreibe die Sätze in dein Heft. Das Begleitwort ist unterstrichen.

1 Lena und Aylin gehen nicht zum ___ ins Schwimmbad. (planschen)
2 Sie üben das ___ von Figuren zur Musik. (schwimmen)
3 Aylin kommt immer ins ___, wenn es um ihr Hobby geht. (schwärmen)

1. Lena und Aylin gehen nicht zum Planschen ins Schwimmbad.
2. …

●●○ **b** Verwende die Verben in Klammern als Nomen und schreibe sie mit ihrem Begleitwort auf. Das Begleitwort ist unterstrichen.

Tipp
Präposition und Artikel können verschmelzen, z. B.:
an + dem → am,
zu + der → zur,
in + das → ins.

1 Lena und Aylin gehen nicht zum ___ ins Schwimmbad. (planschen)
2 Sie üben das ___ von Figuren zur Musik. (schwimmen)
3 Aylin kommt immer ins ___, wenn es um ihr Hobby geht. (schwärmen)
4 Synchrones ___ heißt, sich zeitgleich zur Musik und parallel zu den anderen Schwimmerinnen zu bewegen. (schwimmen)
5 Gut beherrscht Aylin schon das ___ in Bauch- und Rückenlage. (paddeln)

●●● **c** Verwende die Verben in Klammern als Nomen und schreibe sie mit ihrem Begleitwort auf.

1 Lena und Aylin gehen nicht zum ___ ins Schwimmbad. (planschen)
2 Sie üben das ___ von Figuren zur Musik. (schwimmen)
3 Aylin kommt immer ins ___, wenn es um ihr Hobby geht. (schwärmen)
4 Synchrones ___ heißt, sich zeitgleich zur Musik und parallel zu den anderen Schwimmerinnen zu bewegen. (schwimmen)
5 Gut beherrscht Aylin schon das ___ in Bauch- und Rückenlage. (paddeln)

Tipp
Achte auf Begleitwörter und nutze die Erweiterungsprobe.

3 Entscheide, ob die Verben nominalisiert werden müssen. Schreibe die nominalisierten Verben mit ihren Begleitwörtern in dein Heft.

1 Beim synchronen ___ wendet man Fertigkeiten aus dem ___ und dem klassischen Ballett an. (schwimmen, turnen)
2 Man muss natürlich alle Schwimmstile ___. (beherrschen)
3 Synchronschwimmerinnen müssen gut ___ können. (tauchen)
4 Trainiert wird das ___ in Rückenlage und Bauchlage über je zehn Meter. (tauchen)
5 Den Boden des Schwimmbeckens darf man nicht ___. (berühren)
6 Damit beim ___ und ___ die Kraft nicht ausgeht, muss man viel ___ und auch das richtige ___ lernen. (tauchen, schwimmen, trainieren, atmen)

4 Erstellt drei ungewöhnliche Regeln für den Schulalltag und schreibt sie auf. Verwendet Verben als Nomen. Ihr könnt aus den folgenden Verben auswählen.

betreten / skaten / essen / fahren / singen / tanzen

Das Betreten der Schule mit Schwimmflossen ist verboten.
...

5 Lest die folgenden Satzpaare. Bestimmt die Sätze mit einem nominalisierten Adjektiv und begründet eure Entscheidung.

Tipp
Prüft, worauf sich das markierte Begleitwort bezieht.

1 a Das Besondere am Kitesurfen[1] ist, dass ein Drachen den Surfer übers Wasser zieht.
  b Das besondere Merkmal dieser Sportart ist, dass ein Drachen den Surfer übers Wasser zieht.
2 a Dieser Sport ist nur etwas für die Wagemutigen.
  b Dieser Sport ist nur etwas für die wagemutigen Menschen.

[1] *das Kitesurfen* (*engl., sprich:* Kaitsörfn)

●○○ **6** Verwende die unterstrichenen Adjektive als Nomen und ersetze damit die schräg gedruckten Wortgruppen. Unterstreiche das nominalisierte Adjektiv mit seinem Begleitwort.

1 Das sind *die kleinen Schülerinnen und Schüler* aus der Klasse 1 c.
2 Kennst du *den großen Jungen* aus der Klasse 7 a?
3 Auf dieser Etage gibt es *viele kranke Personen*.
4 In dem Park dort leben *die obdachlosen Menschen*.
5 Diese Sportart ist nichts für *ängstliche Personen.*
6 Diese Reise ist etwas für *abenteuerlustige Menschen.*

1. Das sind die Kleinen aus ...

7 Prüfe, worauf sich das unterstrichene Begleitwort bezieht, und verwende das Wort in Klammern entweder als Adjektiv oder als Nomen.

1 a Das ist die ___ Schülerin aus der Klasse 6 c.
  b Das ist die ___ aus der Klasse 6 c. (neu)
2 a Wer kennt diesen ___?
  b Ist dieser ___ Mann euer neuer Trainer? (fremd)
3 a Kolja und Lina sind die ___.
  b Unsere ___ Schwimmer sind Kolja und Lina. (schnellster)
4 a Das ist ein ___ Film.
  b Das ___ im Film sind die Dialoge. (witzig)

Wie Nomen/Substantive stehen auch **nominalisierte Verben und Adjektive** im Satz immer in einem bestimmten **Fall** (Kasus): **Nominativ** (1. Fall), **Genitiv** (2. Fall), **Dativ** (3. Fall) oder **Akkusativ** (4. Fall). Über den Fall der nominalisierten Verben und Adjektive entscheiden **Verben** und **Präpositionen**, z. B.:
Das Schwimmen hält gesund. – Wer? Was? (Nominativ)
Während des Tauchens muss man gut aufpassen. – Während wessen? (Genitiv)
Leon hilft dem Kleinen. – Wem? (Dativ)
Sie trainieren das Tauchen. – Wen? Was? (Akkusativ)
Beim (bei dem) Ziehen hilft er mit. – Wobei? *umgangssprachlich:* Bei was? (Dativ)
Für die Großen ist das Surfen interessant. – Für wen? (Akkusativ)

8 Bestimme den Fall von Nominalisierungen. Erfrage dazu die markierte Wortgruppe.

1 Die 11- bis 13-jährigen Rettungsschwimmerinnen und -schwimmer üben einmal pro Woche das Schwimmen mit Flossen.
2 Das Erlernen verschiedener Rettungstechniken gehört zum ABC.
3 Beim Abschleppen zieht man die Verunglückten.
4 Lilli und Ahmed empfinden das Ziehen einer Person im Rettungsring als besonders anstrengend.
5 Zum schnellen Schwimmen bleibt ihnen dabei nur ein Arm.
6 Auch das Werfen eines Rettungsringes müssen sie trainieren.

Tipp
Präge dir diese Verben mit ihrer Präposition und dem Fall ein.

9 Ergänze die Wortgruppen mit Nominalisierungen in Klammern in dem Fall, den das Fragewort vorgibt.

1 Eishockeyspielerinnen dürfen sich nicht vor *(Wem?)* ängstigen. (das Hinfallen)
2 Sie sollten *(Was?)* am besten sogar extra trainieren. (das Hinfallen)
3 Sie sollten sich nicht vor *(Wem?)* fürchten. (das harte Anspielen)
4 Auf keinen Fall dürfen sie sich von *(Wem?)* abdrängen lassen. (die Großen)
5 Sie sollten bei *(Wem?)* geschickt und sicher sein. (das schnelle Ausweichen)

8 *beim:* bei dem / *zum:* zu dem
Wer? Was? → Nominativ
Wem? → Dativ
Wen? Was? → Akkusativ
9 *Wem?* → Dativ
Wen? Was? → Akkusativ

Pronomen als Stellvertreter und Begleitwörter von Nomen/Substantiven

1 Du weißt, Pronomen können Nomen/Substantive ersetzen oder begleiten.

a In folgenden Sätzen sind die Pronomen unterstrichen. Bestimme das Nomen, auf das sich die Pronomen beziehen bzw. das sie begleiten.

1 Jan steht auf der Spitze des Brettes. Er federt in den Knien.
2 Das Brett wippt jetzt leicht. Es ist auf einem Dreimeterturm befestigt.
3 Jetzt springt Jan ab und sein Absprung katapultiert ihn hoch.
4 Am Beckenrand filmt Mascha den Sprung ihres Bruders Jan.
5 Hier erfüllen sich die Geschwister ihren Traum vom Fliegen.

Nomen/Substantive können **durch Pronomen ersetzt** oder **begleitet** werden. Pronomen werden wie Nomen **dekliniert** (gebeugt), also dem Bezugsnomen in **Geschlecht** (Genus), **Zahl** (Numerus) und **Fall** (Kasus) angepasst.
Personalpronomen (persönliche Fürwörter: *ich, du, er, sie, es; wir, ihr, sie*) stehen **stellvertretend** für Nomen, z. B.:
Jugendliche mögen Inlineskating. Sie erreichen damit ein hohes Tempo und das macht ihnen Spaß.
Possessivpronomen (besitzanzeigende Fürwörter) zeigen den Besitz oder die Zugehörigkeit an. Sie **begleiten** ein Nomen, z. B.:
Hat jemand meine Inlineskates gesehen? Mit meinen Inlinern trainiere ich oft.
Zu jedem Personalpronomen gehört ein Possessivpronomen, z. B.:

Personalpronomen	**Possessivpronomen**	**Personalpronomen**	**Possessivpronomen**
ich	*mein, meine, mein*	*wir*	*unser, unsere, unser*
du	*dein, deine, dein*	*ihr*	*euer, eure, euer*
er, es	*sein, seine, sein*	*sie*	*ihr, ihre, ihr*
sie	*ihr, ihre, ihr*		

b Stellvertreter oder Begleitwort? Bestimmt, welche Funktion die markierten Pronomen haben und auf welches Nomen sie sich beziehen.

1 „Unser Wassersport ist nicht durch Doping belastet“, sagt Jan.
2 Viele Wassersportler trainieren ihre Sprungkraft auf dem Trampolin.
3 Jan beherrscht seine Rückwärtssprünge wie kein anderer Springer.
4 Lilly möchte uns ihren Lieblingssprung vorführen.
5 Sie sagt: „Jetzt zeige ich euch mal meinen Handstandsprung.“

1. unser Wassersport (Possessivpronomen → Begleitwort)
2. …

Demonstrativpronomen (hinweisende Fürwörter: *dieser, diese, dieses, diese; jener, jene, jenes, jene; der, die, das, die*) weisen auf etwas hin, das vorher genannt wurde. Sie können als **Begleitwort oder Stellvertreter** genutzt werden und lassen sich wie alle Pronomen **deklinieren**, z. B.:
Tina trainiert mit ihrem Skateboard. Dieses Board ist neu.
Tina hat ein neues Skateboard. Mit diesem kann sie mehr Tricks zeigen.
Manche Hindernisse sind sehr steil. Das kann gefährlich werden.

2 Weise nach, dass die unterstrichenen Wörter Demonstrativpronomen sind. Orientiere dich am Merkkasten. Nenne das Nomen, auf das sie hinweisen.

1 Emma zeigt jetzt den Salto rückwärts. Diesen Sprung hat sie oft geübt.
2 Früher hat Emma Sprünge vom Zehnmeterturm geliebt. Aber seit jenem missglückten Sprung vor einem Jahr meidet sie diesen Turm.
3 Jetzt trainiert sie Sprünge vom Dreimeterbrett. Das macht ihr großen Spaß.
4 Aus dieser Höhe springt sie am liebsten, denn die gibt ihr Sicherheit.

3 Füge ein passendes Demonstrativpronomen ein.

1 Emmas Hobby sind Synchronsprünge vom Dreimeterbrett. ___ Sprünge trainiert sie mit ihrer Mannschaftskameradin Mascha.
2 Das Synchronspringen ist seit 2000 als olympische Sportart anerkannt. Es gehört zu ___ neuen Disziplinen, die viele ansprechen.
3 Zwei Turmspringer führen zeitgleich nebeneinander den gleichen Sprung aus. Die Ausführung ___ Sprunges wird als Einzelsprung und in seiner Synchronität, also Gleichzeitigkeit, bewertet.

4 Die folgenden unterstrichenen Wörter sehen aus wie Artikel, sind aber Pronomen.

a Findet heraus, was sie mit den anderen Pronomen gemeinsam haben und was sie unterscheidet. Orientiert euch an den Merkkästen (S. 139, 140).

1 Wasserspringen ist eine Sportart, die man selten im Fernsehen sieht.
2 Jeden Sprung, den Mascha im Wettbewerb zeigt, hat sie oft geübt.
3 Der Zehnermeterturm, zu dem wohl viele mit einem mulmigen Gefühl hochschauen, ist ihr Lieblingsturm.
4 Doch auch beim Synchronspringen vom Dreimeterbrett, das sie mit Emma trainiert, ist Mascha sehr erfolgreich.

b Bestimme das Bezugsnomen der unterstrichenen Pronomen.

c Bestimme den Fall der Pronomen und ermittle, wovon er abhängt.

Relativpronomen (bezügliche Fürwörter: *der, die, das, die; welcher, welche, welches, welche*) leiten Nebensätze ein, die ein Nomen im Hauptsatz näher erklären. Diese Nebensätze nennt man **Relativsätze**, z. B.:

Ein Skater, der auf dem Fußweg fährt, muss Rücksicht nehmen.

Relativpronomen passen sich in **Geschlecht** (Genus) und **Zahl** (Numerus) dem Bezugsnomen im Hauptsatz an. Das **Verb** oder eine **Präposition** im Nebensatz bestimmen ihren **Fall** (Kasus), z. B.:

Can heißt ein Skater, den ich gut kenne.

Can heißt der Skater, von dem ich lerne.

5 Relativpronomen stehen in einem Fall.

a Setze das passende Relativpronomen im richtigen Fall ein.

1 Ein Sprung, ___ man vom Einmeterbrett ausführt, zählt auch zum Turmspringen.
2 Sprünge, ___ man vom Einmeterbrett ausführt, zählen auch zum Turmspringen.
3 Ein Sprung, bei ___ man vom Einmeterbrett springt, zählt auch zum Turmspringen.
4 Sprünge, bei ___ man vom Einmeterbrett springt, zählen auch zum Turmspringen.

b Untersuche, welches Wort das Geschlecht und die Zahl des Relativpronomens bestimmt.

c Untersuche, welches Wort den Fall des Relativpronomens bestimmt.

●●● d Weise an einem Beispiel nach, dass Relativsätze Nebensätze sind.

Tipp
Füge die Relativsätze hinter dem unterstrichenen Nomen ein.
Achte auf die Kommasetzung.

6 Bilde zusammengesetzte Sätze. Formuliere dazu den zweiten Satz in einen Relativsatz um. Ersetze das Nomen durch ein Relativpronomen.

1 Ein Springer taucht mit den Händen zuerst ein.
Der Springer zeigt einen Kopfsprung.
2 Ein Wasserspringer erhält gute Noten.
Der Wasserspringer streckt die Zehen beim Eintauchen.
3 Man sollte Wasserspritzer vermeiden.
Wasserspritzer entstehen beim Eintauchen.
4 Fußsprung nennt man einen Sprung.
Bei einem Fußsprung berühren die Zehen zuerst das Wasser.

1. Ein Springer, der einen Kopfsprung …

5 a Wähle aus den folgenden Formen aus.
den / der / die / das / dem / des / denen

7 Vermeide die Wortwiederholungen. Wähle Aufgabe a, b oder c.

●○○ **a** Formuliere jeweils den zweiten Satz in einen Relativsatz um. Ersetze dabei das Nomen durch ein Relativpronomen. Schreibe die Sätze in dein Heft und unterstreiche das Relativpronomen und das Bezugsnomen.

Tipp
Achte auf die Endstellung der finiten Verbform im Relativsatz.

1 Wasserspringen ist eine Sportart.
Die Sportart hat eine lange Tradition.

2 Es ist auch ein beliebter Freizeitsport.
Der Freizeitsport wird in vielen Schwimmbädern ausgeübt.

3 Sprünge ins Wasser sind wichtig für Kinder.
Die Kinder wollen ein Schwimmabzeichen erhalten.

1. Wasserspringen ist eine Sportart, die ... hat.
2. ...

●●○ **b** Ersetze jeweils das Nomen im zweiten Satz durch ein Relativpronomen und verbinde die Satzpaare zu einem zusammengesetzten Satz. Schreibe die Sätze in dein Heft und unterstreiche die Relativpronomen.

1 Wasserspringen ist ein Sport.
Der Sport hat neue Fans gewonnen.

2 Vom Boden des Schwimmbeckens steigen Luftblasen auf.
Die Luftblasen markieren die Wasseroberfläche.

3 Die Badegäste schauen zum Fünfmeterturm.
Auf dem Fünfmeterturm steht Jan.

4 Mehrmals wippt das Brett.
Von dem Brett springt schließlich Jan ab.

1. Wasserspringen ist ein Sport, der ...

●●● **c** Überarbeite den folgenden Text. Vermeide Wortwiederholungen, indem du zusammengesetzte Sätze mit Relativsätzen bildest.

Wasserspringen ist ein Sport. Der Sport hat neue Fans gewonnen. Vom Boden des Schwimmbeckens steigen Luftblasen auf. Die Luftblasen markieren die Wasseroberfläche. Die Badegäste schauen zum Fünfmeterturm. Auf dem Fünfmeterturm steht Jan. Mehrmals wippt das Brett. Von dem Brett springt schließlich Jan ab. Er macht beim Eintauchen einen Fehler. Man hört den Fehler am „Platsch“. Die große Kunst ist das Eintauchen. Beim Eintauchen soll so wenig Wasser wie möglich aufspritzen.

Reflexivpronomen (rückbezügliche Fürwörter) treten zusammen mit reflexiven Verben auf (*sich treffen, sich freuen, sich bedanken, ...*).
Sie beziehen sich auf das Subjekt des Satzes, z. B.:

Er hat sich beim Skaten verletzt. (sich verletzen)

Wir haben uns gesonnt. (sich sonnen)

Du wäschst dich bitte jetzt! (sich waschen)

Zu jedem Personalpronomen gehört ein Reflexivpronomen, z. B.:

Personal-pronomen	**Reflexiv-pronomen**	**Personal-pronomen**	**Reflexiv-pronomen**
ich	*mich*	*wir*	*uns*
du	*dich*	*ihr*	*euch*
er, sie, es	*sich*	*sie*	*sich*

Tipp
Diese Verben mit Reflexivpronomen musst du dir einprägen.

8 Setzt in den folgenden Sätzen die Reflexivpronomen richtig ein.

1 Ich interessiere ___ für das Wasserspringen.
2 Nach dem Wettkampf muss er ___ ausruhen.
3 Wir haben ___ nach dem Schwimmen erkältet.
4 Deshalb müsst ihr ___ für das Fehlen beim Training entschuldigen.
5 Anschließend bedanken sie ___ für die Unterstützung ihrer Sportfreundinnen.

9 Setze in die Lücken die richtige Form der Verben in Klammern ein.

1 Die Schwimmhalle ___ in der Nähe der Schule. (sich befinden)
2 Ich ___ zur Teilnahme am Training. (sich entscheiden)
3 Die beiden Wasserspringer ___ beim Wettkampf aufeinander. (sich verlassen)
4 Wir ___ beim Trainer für seine Unterstützung. (sich bedanken)
5 Ihr ___ über die Medaillen beim Wettkampf. (sich freuen)
6 Du ___ wegen der nassen Haare nach dem Training. (sich erkälten)

10 Bilde Sätze mit den folgenden Verben.

sich entscheiden / sich beeilen / sich entschließen / sich erholen / sich kümmern / sich freuen / sich bedanken / sich ärgern / sich wundern / sich fürchten / sich treffen / sich interessieren / sich informieren

10 Nutze die folgenden Satzmuster.
Er entscheidet sich für etwas / gegen etwas. Ich entschließe mich zu etwas.
Sie kümmert sich um etwas/jemanden. Wir freuen uns auf etwas/jemanden.
Sie bedanken sich bei jemandem für etwas. Ihr ärgert euch über etwas/jemanden.
Du wunderst dich über etwas/jemanden. Ich fürchte mich vor etwas/jemandem.
Wir interessieren uns für etwas/jemanden. Sie informieren sich über etwas/jemanden.

Verben

Finite und infinite Verbformen

1 Lies, was Boris über sein Hobby berichtet.

a Erkläre, was die unterstrichenen Verbformen in den Sätzen 1 bis 3 von denen in den Sätzen 4 bis 6 unterscheidet.

1 Ich fahre Cyclocross.
2 So nennt man auf Englisch das Querfeldeinfahren mit dem Rad.
3 Wir fahren über Wiesen und durch Wälder.
4 Vor drei Jahren habe ich mit diesem Radsport begonnen.
5 Das Radeln auf Asphalt hat mir noch nie richtig Spaß gemacht.
6 Mit dem Mountainbike bin ich dann die ersten Crossrennen gefahren.

Verben bezeichnen **Tätigkeiten** (was jemand tut), **Vorgänge** (was geschieht) und **Zustände** (was ist). Sie bilden finite (gebeugte) und infinite (ungebeugte) Verbformen.
Die Veränderung der Verbformen nennt man **Konjugation** (Beugung, Verb: konjugieren). Die **finite** (gebeugte) **Verbform** stimmt in Person und Zahl mit dem Subjekt des Satzes überein, z. B.:
Ihr fahrt Fahrrad. (2. Person Plural)
Boris fährt Cyclocross. (3. Person Singular)
Infinite (ungebeugte) **Verbformen** sind:
- der **Infinitiv**, z. B.: *starten, laufen, sagen, finden,*
- das **Partizip II**, z. B.: *gestartet, gelaufen, gesagt, gefunden.*

Sie werden bei der Bildung zusammengesetzter Zeitformen benötigt, z. B.:
Er wird gleich starten. (Futur)
Er hat sein Hobby gefunden. (Perfekt)

b Weist nach, dass die finite Verbform mit dem Subjekt übereinstimmt. Verändert dazu Person und Zahl des Subjekts in den Sätzen der Aufgabe a. Unterstreicht jeweils die finite Verbform.

1. Ich fahre Cyclocross. – Wir fahren Cyclocross.
2. So nennt man auf Englisch …

c Bestimmt die infiniten Verbformen aus den Sätzen 4 bis 6 der Aufgabe a. Infinitiv oder Partizip II?

4. begonnen (Partizip II)
5. …

2 Bilde zusammengesetzte Zeitformen.

a Vervollständige die Zeitformen mit dem Partizip II bzw. dem Infinitiv. Schreibe zwei Beispiele je Zeitform in dein Heft.

Perfekt:	er ist ___ / sie hat ___ (starten / trainieren / fahren / gewinnen)
Plusquamperfekt:	er war ___ / sie hatte ___ (stürzen / beginnen / spielen / gehen)
Futur:	er wird ___ / ihr werdet ___ (warten / stürzen / schwimmen / gewinnen)

b Verwende die Zeitformen in sinnvollen Sätzen. Bilde zu jedem deiner Beispiele einen Satz.

> Man kann Verben nach ihrem Gebrauch unterscheiden. Alle Verben können als **Vollverben** gebraucht werden, z. B.:
> *ich renne, du singst, er hat Zeit, sie ist schnell, er wird 12.*
> Bei der **Bildung der zusammengesetzten Zeitformen** Perfekt, Plusquamperfekt und Futur werden die Verben *haben*, *sein* und *werden* als **Hilfsverben** verwendet, z. B.:
> *ich bin gerannt, du hast gesungen, er wird Spanisch lernen, sie ist schnell gewesen, er hat Zeit gehabt, er wird gesund werden.*

3 Ergänze die finite Verbform der Hilfsverben *haben*, *sein* oder *werden.*

a Schreibe die vollständigen Zeitformen auf.

Perfekt:	**1** ich ___ geradelt	**2** ihr ___ gefahren
	3 er ___ gewartet	**4** ihr ___ gesagt
Plusquamperfekt:	**5** er ___ verreist	**6** ihr ___ gefahren
	7 du ___ gesagt	**8** er ___ gewartet
Futur:	**9** ich ___ fragen	**10** du ___ sehen
	11 ihr ___ warten	**12** er ___ hingehen

1. ich bin geradelt
2. …

b Bildet mit jedem Beispiel aus Aufgabe a einen Satz.

4 Konjugiert die Verben in allen fünf Zeitformen und bestimmt Hilfsverben und Vollverben.

1 Erster werden **2** Spaß haben **3** nervös sein

1. ich werde Erster, ich wurde Erster, …
2. …

2 Das Partizip II wird so gebildet: *ge-* + Wortstamm + *-en* oder *-t*.
Verben mit Vorsilben (*be-*, *er-*, *ge-*, *ver-*, *zer-*, *ent-*, *miss-*) werden ohne *ge-* gebildet.

5 Lest die Tipps, die Boris gibt, und untersucht, was er damit ausdrückt: eine Möglichkeit, eine Notwendigkeit, eine Absicht, einen Wunsch, eine Aufforderung oder eine Erlaubnis.

1. Jeder <u>möchte</u> natürlich der Erste sein.
2. Du <u>sollst</u> zügig, aber aufmerksam fahren.
3. Einen Sturz <u>will</u> niemand riskieren.
4. Selbstverständlich <u>musst</u> du einen Helm tragen.
5. Hindernissen <u>darf</u> man ausweichen.
6. Deinen Gleichgewichtssinn <u>kannst</u> du beim Fahren auf Treppen trainieren.

> Eine besondere Gruppe von Verben sind die **Modalverben**. Sie drücken aus, wie man eine Tätigkeit oder einen Vorgang meint:
> *wollen* (Absicht), z. B.: *ich will gehen*,
> *sollen* (Aufforderung), z. B.: *ich soll gehen*,
> *dürfen* (Erlaubnis), z. B.: *ich darf gehen*,
> *können* (Fähigkeit oder Möglichkeit), z. B.: *ich kann gehen*,
> *müssen* (Notwendigkeit), z. B.: *ich muss gehen*,
> *mögen* (Wunsch), z. B.: *ich möchte gehen*.
> Modalverben werden mit einem Vollverb im Infinitiv verwendet, das im Satz am Ende steht, z. B.:
> *Ihr <u>müsst</u> pünktlich <u>losfahren</u>. Du <u>darfst</u> morgen zu mir <u>kommen</u>.*

6 Modalverben verändern die Aussage. Bildet Sätze mit den Verben in Klammern und tauscht euch darüber aus.

1. Du ___ auf keinen Fall ohne Helm fahren. (darfst / sollst / möchtest)
2. Er ___ auf einem Einrad fahren. (kann / darf / will)
3. Ich ___ mit einem Rennrad fahren. (darf / möchte / muss)
4. Wenn du Sprünge in der Halfpipe übst, ___ du ein BMX-Rad fahren. (musst / sollst / kannst)

7 Ergänze die Modalverben, die zur Aussage in den Klammern passen.

1. Bei steilen Anstiegen ___ man sein Rad tragen. (Erlaubnis)
2. Wer sich nicht schmutzig machen ___, der ___ eine andere Sportart wählen. (Wunsch, Notwendigkeit)
3. Auf schlammigen Wegen ___ du immer mit einem Sturz rechnen. (Notwendigkeit)
4. Man ___ auf sein Bauchgefühl hören. (Aufforderung)
5. Manche Radler ___ sogar auf einem Geländer balancieren. (Fähigkeit)
6. Nach dem Training ___ man sein Rad sorgfältig putzen. (Notwendigkeit)
7. Am Ziel mancher Radstrecken ___ man extra dafür eingerichtete Waschanlagen nutzen. (Möglichkeit)

Zeitformen (Tempusformen) der Verben

1 Ihr wisst, Verben und ihre Zeitformen sind für die Textgestaltung wichtig.

a In folgenden Sätzen sind Auszüge aus einem Märchen und einem Interview durcheinandergeraten. Ordnet sie zu: Märchen oder Interview?

1 Es war einmal ein Junge, der hieß Max.
2 Ich trainiere seit zwei Jahren in einem Judoverein.
3 Wie ich dazu gekommen bin? Mich haben die Jungs auf dem Schulhof immer gehänselt, weil ich eine Brille trage und schwächlich aussehe.
4 Die anderen Jungs hänselten ihn, weil er eine Brille trug und schwächlich aussah.
5 Einmal sah er, wie ein zierlicher Mann mit bloßen Händen und Füßen starke Männer in die Flucht schlug. Dieser Mann beherrschte Judo.
6 In einem japanischen Film habe ich Judokämpfer gesehen. Da wusste ich, das ist der richtige Sport für mich.
7 Da beschloss der Junge, auch ein Judoka zu werden.

b Die Verbformen sind unterstrichen. Untersucht, welche Zeitformen im Märchen vorkommen und welche im Interview.

Verben bilden **Zeitformen (Tempusformen)**. Sie bezeichnen, ob eine Tätigkeit, ein Vorgang oder ein Zustand schon vergangen und abgeschlossen ist, noch andauert, immer gilt oder erst in der Zukunft stattfinden wird, z. B.:

Präsens	*Ich trainiere Judo.* *Anfänger tragen weiße Gürtel.* *Sie beginnt morgen mit dem Training.*	Gegenwart (andauernd) (immer gültig) Zukunft
Präteritum	*Er fand einen Sportverein.*	Vergangenheit (abgeschlossen)
Perfekt	*Sie hat ihren Gegner besiegt.* *Sie ist zum Wettkampf angetreten.*	Vergangenheit (abgeschlossen)
Plusquam-perfekt	*Sie hatte intensiv trainiert, bevor der Wettkampf stattfand.* *Er war zum Wettkampf gefahren, obwohl er Angst hatte.*	Vergangenheit, (bereits vorher abgeschlossen)
Futur	*Sie wird den Kampf auswerten.*	Zukunft

2 Benenne, was die Zeitformen in der Aufgabe 1 a bezeichnen: Gegenwart, Vergangenheit oder Zukunft.

●○○ 3 Übertrage die Tabelle in dein Heft. Ergänze zuerst die Bezeichnungen in der linken Spalte und danach die Zeitformen in den anderen Spalten.

...	er ...	er spielt
Präteritum	er ging	er ...
...	er ist gegangen	er ...
Plusquamperfekt	er ...	er hatte gespielt
...	er wird gehen	er ...

Man unterscheidet einfache und zusammengesetzte Zeitformen.
Die **einfachen Zeitformen** Präsens und Präteritum bestehen in der Regel nur aus der finiten Verbform, z. B.:
Sie beginnt mit dem Boxen. (Präsens) *Er trainierte Aikido.* (Präteritum)
Die **zusammengesetzten Zeitformen** Perfekt, Plusquamperfekt und Futur bestehen aus der finiten Verbform eines **Hilfsverbs** (*haben, sein, werden*) und mindestens einer infiniten Verbform, z. B.:
Sie hat Judo trainiert. Sie ist mitgefahren. Sie hat mitfahren dürfen. (Perfekt)
Er hatte Judo trainiert. Er hatte Judo trainieren müssen. (Plusquamperfekt)
Er wird Karate trainieren. Er wird Karate trainieren dürfen. (Futur)

4 Einfache oder zusammengesetzte Zeitform? Wähle Aufgabe a oder b.

●○○ a Bestimme die finiten und infiniten Verbformen. Entscheide dann, ob es sich um einfache oder zusammengesetzte Zeitformen handelt.

1 Sie wird es probieren. **2** Er isst fast alles. **3** Wir hatten das vergessen. **4** Er lachte laut. **5** Sie sind früh gestartet. **6** Sie hat den Sprung gezeigt. **7** Ich war schnell weggerannt. **8** Du hast gewonnen. **9** Wann seid ihr losgegangen? **10** Ich bin zeitig aufgestanden. **11** Es wurde Herbst. **12** Die Aufgaben hatte ich erledigt. **13** Es wird schon werden.

1. Sie wird es probieren. (zusammengesetzte Zeitform)
2. ...

●●○ b Untersuche, ob es sich um einfache oder zusammengesetzte Zeitformen handelt. Bestimme die Zeitformen.

1 Sie wird es probieren. **2** Er isst. **3** Wir hatten es vergessen. **4** Er friert. **5** Sie sind gestartet. **6** Sie hat den Sprung zeigen dürfen. **7** Ich war weggerannt. **8** Es ist spät geworden. **9** Es wurde Herbst. **10** Hattest du keine Zeit?

1. Sie wird es probieren. (zusammengesetzte Zeitform, Futur)
2. ...

5 Ermittle, was zuerst passiert und was danach. Wähle Aufgabe a oder b.

●○○ **a** Untersuche die unterstrichenen Verbformen und bestimme die Zeitformen.

1 Im Nordosten Chinas lernen ca. 60 000 Schüler Kung-Fu. **2** Für diesen Kampfsport hat man dort 80 Schulen eingerichtet. **3** Im Jahr 2001 hat eine reiche Chinesin ein ehemaliges Nonnenkloster umbauen lassen. **4** Dort hat sie eine Yongtai-Kampfkunstschule für Mädchen eröffnet. **5** Im ehemaligen Kloster lernen 70 Schülerinnen zwischen 6 und 18 Jahren.

●●○ **b** Bestimme in den folgenden Sätzen die Zeitformen. Suche Beispiele, in denen Sätze im Präsens auf Sätze im Perfekt folgen bzw. umgekehrt.

1 Im Nordosten Chinas lernen ca. 60 000 Schüler Kung-Fu. **2** Für diesen Kampfsport hat man dort 80 Schulen eingerichtet. **3** Im Jahr 2001 hat eine reiche Chinesin ein ehemaliges Nonnenkloster umbauen lassen. **4** Dort hat sie eine Yongtai-Kampfkunstschule für Mädchen eröffnet. **5** Im ehemaligen Kloster lernen 70 Schülerinnen zwischen 6 und 18 Jahren. **6** Sie kommen aus armen Bauernfamilien. **7** Die Mädchen haben eine sechsjährige Ausbildung zur Kung-Fu-Fighterin begonnen. **8** Man hat sie unter vielen Bewerberinnen ausgewählt. **9** Jetzt träumen sie von einer Karriere als Stewardess, Polizistin oder Kung-Fu-Filmstar.

> Spricht oder schreibt man im **Präsens**, kann man – vor allem im mündlichen Sprachgebrauch – das **Perfekt** für Handlungen verwenden, die bereits zuvor abgeschlossen sind (**Vorzeitigkeit**), z. B.:
> *Sobald wir das Training beendet haben, rennen wir in den Garten.*

6 Präsens oder Perfekt? Entscheide, was zuerst passiert, und setze die Verben in Klammern in der passenden Zeitform ein.

1. Wir ___ uns jetzt im ersten buddhistischen Frauenkloster Chinas. (befinden)
2. Schon vor 1 500 Jahren ___ die Nonnen hier Kung Fu ___. (lernen)
3. Unser Tag ___ um 5:30 Uhr. (beginnen)
4. Wenn wir unser Konditionstraining ___, ___ wir zum Frühstück in den Speisesaal. (abschließen, gehen)
5. Wir ___ zum Kung-Fu-Training mit Säbel und Schwert ab 13 Uhr, sobald der Lehrer die letzte Unterrichtsstunde ___. (gehen, beenden)

6 Wähle aus den folgenden Zeitformen die passenden aus.
befinden – haben befunden / lernen – haben gelernt / beginnt – hat begonnen / abschließen – abgeschlossen haben / gehen – sind gegangen / beendet – beendet hat

> Schreibt man im **Präteritum**, nutzt man das **Plusquamperfekt** für die Handlung, die zuvor bereits abgeschlossen war (**Vorzeitigkeit**), z. B.: *Nachdem wir das Training beendet hatten, rannten wir in den Garten.*

7 Präteritum oder Plusquamperfekt? Entscheide, was zuerst passiert, und setze die Verben in Klammern in der passenden Zeitform ein.

1 Nachdem ich einen Platz in der Yongtai-Schule ___, ___ ich mit dem Packen. (bekommen, beginnen)
2 Weil meine Eltern etwas ___, ___ sie mir die notwendige Sportkleidung kaufen. (sparen, können)
3 Ich ___ mein tägliches Konditionstraining, weil mich der Ehrgeiz ___. (verstärken, packen)
4 Der Alltag im Kloster ___ dann doch viel härter, als ich es mir ___. (sein, vorstellen)
5 Meine Eltern ___ so stolz auf mich, dass ich den Platz in der berühmten Schule ___. (sein, bekommen)
6 Weil sie alle Hoffnungen in mich ___, ___ ich ihnen nur von den guten Sachen. (setzen, berichten)

●●● **8** Präteritum oder Plusquamperfekt? Setze die Verben in Klammern in der passenden Zeitform ein.

1 Nachdem ich mich von meinen Eltern ___, ___ ich, dass ich sie erst Jahre später wiedersehen würde. (verabschieden, wissen)
2 Im ersten Jahr in der Yongtai-Schule ___ ich mir das Zimmer mit neun Mädchen teilen. (müssen)
3 Das ___ für mich nicht ungewöhnlich, denn zu Hause ___ ich mit den Eltern, Großeltern und meiner Tante zusammen ___. (sein, wohnen)
4 Im zweiten Jahr ___ ich in einen Anbau wechseln. (dürfen)
5 Nachdem ich mein neues Zimmer ___, ___ ich meinen Eltern sofort einen Brief. (beziehen, schreiben)

9 Welche Zeitform passt? Tauscht euch darüber aus und setzt die Verben in Klammern in einer passenden Zeitform ein. Begründet eure Entscheidungen.

> **Tipp**
> Es gibt mehrere Lösungen.

1 Seit vier Jahren ___ ich jetzt die Yongtai-Schule (besuchen).
2 Meine Freundin Ying ___ ich hier im Kloster ___. (kennen lernen)
3 Sie ___ wie ich aus einem Dorf im Nordosten von China. (kommen)
4 Nachdem sie einen Film mit Kung-Fu-Kämpferinnen ___, ___ sie mit dem Training. (sehen, beginnen)

7 Wähle aus den folgenden Zeitformen die passenden aus.
bekam – bekommen hatte / begann – begonnen hatte / sparten – gespart hatten / konnten – hatten gekonnt / verstärkte – hatte verstärkt / packte – gepackt hatte / war – gewesen war / vorstellte – vorgestellt hatte / waren – waren gewesen / bekam – bekommen hatte / setzten – gesetzt hatten / berichtete – hatte berichtet

Aktiv- und Passivformen der Verben

1 Lest die folgenden Informationen zum Ablauf eines Wettkampfs.

a Nennt eine oder mehrere Sportarten, auf die der Ablauf passen könnte.

1 Zu Beginn werden die Preisrichter vorgestellt.
2 Dann werden die Wettkämpferinnen und Wettkämpfer der Reihe nach aufgerufen.
3 Nach jedem Auftritt werden die A-Noten und die B-Noten vergeben.
4 Die erreichten Punkte werden addiert.
5 Die Siegerin bzw. der Sieger wird lautstark bejubelt.

b Nennt, welche Information in allen Sätzen fehlt.

c Benennt jeweils Personen, die die Handlung ausführen. Formuliert die Sätze um.

1. Die Wettkampfleiterin stellt die ...

d Vergleicht, wie sich die Verbform durch die Angabe der Person ändert.

> Von den meisten Verben kann man eine **Aktivform** und eine **Passivform** bilden. Will man ausdrücklich betonen, wer handelt, verwendet man die **Aktivform** (Verbform im Aktiv), z. B.:
> *Die Bürgermeisterin ehrt den Sieger.*
> Ist unwichtig oder unbekannt, wer handelt, verwendet man die **Passivform** (Verbform im Passiv), z. B.:
> *Der Sieger wird geehrt.*

2 In der folgenden Zeitungsmeldung häufen sich Passivformen. Begründe, warum das so ist. Ermittle dazu alle Passivformen im Text. Überlege, wer handelt und warum die Personen nicht genannt werden.

> **Dreiste Einbrecher**
> *Leipzig.* In der Nacht zum Montag ist in zwei Turnhallen eingebrochen worden. Die Hallen wurden verwüstet, Böden und Matten mit Graffiti besprüht, Bälle und andere Sportgeräte entwendet. Am Dienstag konnte die Polizei noch keine Angaben zu den Tätern machen. Ein 25-Jähriger, der vorläufig festgenommen worden war, wurde wieder freigelassen. Ihm konnte keine Beteiligung an den Einbrüchen nachgewiesen werden. Die Ermittlungen werden fortgesetzt.

1 c Wähle aus den folgenden Varianten aus.
die Wettkampfleiterin / die Zuschauerinnen und Zuschauer / der Stadionsprecher / die Preisrichterinnen und Preisrichter / das Wettkampfgericht

3 In den folgenden Sätzen werden die handelnden Personen genannt.

a Entscheide, ob ihre Nennung zum besseren Verständnis beiträgt.

1 Unbekannte haben im Stadtpark zehn Bäume gefällt.
2 Jemand rief die Polizei.
3 Ein Anwohner hatte eine Gruppe verdächtiger Personen gesehen.
4 Man befragt jetzt sogar die Taxifahrer.
5 Zweckdienliche Hinweise kann man der Polizei auch telefonisch geben.

b Formuliere die Sätze, in denen die handelnde Person nicht genannt werden muss, mithilfe von Passivformen um.

4 Bilde die Passivformen der Verben in Klammern und setze sie in die Lücken ein. Entscheide jeweils, ob du eine Form im Präteritum oder im Präsens einsetzen willst. Begründe deine Entscheidung.

1 Um 18 Uhr ___ der Wettkampf in der Eishalle ___. (eröffnen)
2 Meistens ___ die Teilnehmerinnen und Teilnehmer direkt danach ___. (aufrufen)
3 Diesmal ___ zuerst noch das Wettkampfgericht ___. (vorstellen)
4 Wie immer ___ A-Noten und B-Noten ___. (vergeben)
5 Am Ende ___ die Siegerin von den Preisrichtern ___. (auszeichnen)
6 Sie ___ vom Publikum ___. (feiern)
7 Zum Schluss ___ den Sportlerinnen und Sportlern vom Stadionsprecher ___. (danken)
8 Die Zuschauerinnen und Zuschauer ___ ___. (verabschieden)

1. Um 18 Uhr wird ... eröffnet. (Präsens)
Um 18 Uhr wurde ... eröffnet. (Präteritum)

●●● **5** Schreibe folgende mündliche Erzählung einer Sportlerin in einen kurzen Bericht für die Schulhomepage um. Überlege jeweils, an welchen Stellen die handelnden Personen nicht genannt werden müssen.

Am Sonntag war ich bei einer besonderen Show. Im Eisstadion sah ich die Aufführung eines Winter-Musicals. In dem Musical wirbelten Kinder aus unserer Eistanzgruppe als Schneeflocken übers Eis. Die Stimmung war richtig winterlich, weil Beleuchtungstechniker durch Scheinwerferlicht die ganze Halle in einen Eispalast verwandelten. Das Publikum war begeistert. Alle bejubelten die jungen Tänzerinnen und Tänzer. Am Ende rief das Publikum auch noch die Trainerin aufs Eis.

Am Sonntag fand im Eisstadion eine besondere Show statt.
Aufgeführt wurde ...

Adjektive

1 Welche Textfassung findest du interessanter?

a Lies die beiden Texte und begründe deine Meinung.

Text A

Lacrosse ist heute in Kanada ein Nationalsport. Gespielt wird mit einem Schläger, an dessen Ende sich ein Netz befindet. Ziel dieses Mannschaftssports ist es, den Gummiball mit dem Schläger ins Tor zu befördern. Die Spieler müssen eine Schutzbekleidung aus Mundschutz, Helm und Handschuhen tragen. Früher haben Indianerstämme mit ihren Schlägern Kämpfe mit Stämmen nachgespielt.

Text B

Lacrosse ist heute in Kanada ein populärer Nationalsport. Gespielt wird mit einem paddelförmigen Schläger, an dessen Ende sich ein geflochtenes Netz befindet. Ziel dieses schnellen Mannschaftsports ist es, den tennisballgroßen Gummiball mit dem Schläger ins gegnerische Tor zu befördern. Die Spieler müssen eine umfassende Schutzbekleidung aus Mundschutz, Helm und Handschuhen tragen. Früher haben kanadische Indianerstämme mit ihren hölzernen Schlägern Kämpfe mit feindlichen Stämmen nachgespielt.

b Suche die zusätzlichen Informationen im Text B. Erfrage sie und bestimme, zu welcher Wortart sie gehören.

Adjektive bezeichnen **Eigenschaften** und **Merkmale** von Lebewesen, Gegenständen, Tätigkeiten und Vorgängen und beschreiben diese genauer, z. B.:
Der kleine Ball erreicht erstaunliche Geschwindigkeiten.
Der Ball fliegt schnell.
Als **Begleitwörter** von Nomen/Substantiven passen sich Adjektive in **Fall** (Kasus), **Zahl** (Numerus) und **Geschlecht** (Genus) ihrem Bezugsnomen an und lassen sich wie Nomen **deklinieren** (beugen), z. B.:
Mit großen Schlägern wird der kleine Ball ins Tor gespielt.
Dativ Plural — Nominativ Singular

2 Ermittle die Adjektive und entscheide, ob sie Nomen/Substantive oder Verben genauer beschreiben.

Rosa ist eine junge BMX-Fahrerin. Die selbstbewusste Elfjährige fährt zügig über die Rennstrecke. Furchtlos steuert sie ihr Rad über Rampen und Bodenwellen und durch enge Kurven. Zur richtigen Ausrüstung gehören Helm, Gelenkschoner, Handschuhe sowie ein Brustpanzer, den sie sichtbar über ihrer Sportkleidung trägt.

3 Adjektive passen sich den Nomen an. Wähle Aufgabe a, b oder c.

●○○ **a** Schreibe die Sätze ab und ergänze die Adjektive in der Klammer im richtigen Fall. Achte auf das Komma bei den Aufzählungen.

1 Der Trainer gibt seinem ___ Schützling Hinweise. (jung / draufgängerisch)
2 Rosa prägt sich den ___ Streckenverlauf gut ein. (schwierig / kurvenreich)
3 Sie liebt die ___ Kurven. (gefährlich / eng)

1. Der Trainer gibt seinem jungen, ...

●●○ **b** Schreibe die Sätze aus Aufgabe a ab und ergänze die Adjektive in Klammern im richtigen Fall. Bestimme Geschlecht und Zahl der Nomen und Adjektive.

●●● **c** Schreibe die Sätze aus Aufgabe a ab und ergänze die Adjektive in Klammern im richtigen Fall. Bestimme den Fall der Nomen und Adjektive.

Adjektive lassen sich **komparieren** (steigern) (Nomen: die **Komparation**). Sie bilden drei Komparationsstufen:

den **Positiv** (die Grundstufe)	den **Komparativ** (die Mehrstufe)	den **Superlativ** (die Meiststufe)
Rasenhockey ist eine <u>schnelle</u> Sportart.	*Lacrosse ist eine <u>schnellere</u> Sportart als Rasenhockey.*	*Eishockey ist der <u>schnellste</u> Sport.*
Rasenhockey ist <u>schnell</u>.	*Lacrosse ist <u>schneller</u> als Rasenhockey.*	*Eishockey ist <u>am schnellsten</u>.*

Mithilfe von **Adjektiven** kann man **Vergleiche** ausdrücken:
- Bei **Gleichheit** verwendet man den **Positiv** (die Grundstufe) **+ *wie***, z. B.: *Rasenhockey ist <u>so schnell wie</u> Fußball.*
- Bei **Ungleichheit** verwendet man den **Komparativ** (die Mehrstufe) **+ *als***, z. B.: *Lacrosse ist <u>schneller als</u> Rasenhockey.*

4 Eure Meinung ist gefragt! Formuliert Vergleiche.
Welche Sportarten sind unter Jugendlichen beliebter?

Volleyball – Streetball / Schwimmen – Surfen / Squash – Tischtennis / Turnen – Breakdance / Radfahren – Skaten / Fußball – Basketball

Ich denke, dass Streetball beliebter ist als …

5 Vergleicht die Ergebnisse der Sportlerinnen und Sportler miteinander.

a Schreibt zu jeder Sportdisziplin einen Vergleichssatz in euer Heft.

Marathon Frauen	Conny (Rumänien) 2:28 h	Catherine (Kenia) 2:27 h	Li (China) 2:44 h
Hochsprung Männer	Andrzej (Polen) 2,36 m	Claus (Schweiz) 2,39 m	Raoul (Kuba) 2,29 m
Weitsprung Frauen	Ying (China) 7,03 m	Frida (Mexiko) 7,01 m	Siri (Schweden) 6,94 m
Weitsprung Männer	Oleg (Russland) 8,34 m	Khotso (Südafrika) 8,24 m	Janos (Ungarn) 8,20 m

Conny aus Rumänien läuft schneller als …

b Unterstreicht in euren Sätzen die Adjektive und bestimmt die Komparationsstufen.

Conny aus Rumänien läuft schneller als … (Komparativ)

MK ●●● c Sucht im Internet nach weiteren interessanten Sportergebnissen und vergleicht sie. Stellt eure Ergebnisse in der Klasse vor.

Ein Eisschnellläufer schafft 100 Meter auf dem Eis schneller als ein Sprinter im Leichtathletikstadion. Der schnellste …

4 Bildet Sätze nach den folgenden Mustern.
Ich denke, dass Streetball beliebter ist als Volleyball.
Ich glaube, dass Volleyball weniger beliebt ist als Streetball.
Ich denke, dass Streetball genauso beliebt ist wie Volleyball.

5a

Conny aus Rumänien	*läuft*	*(fast) so schnell wie* *schneller als* *langsamer als*	*Catherine aus Kenia.*
Andrzej aus Polen	*springt*	*(fast) so hoch wie* *(fast) so weit wie* *höher als* *weiter als*	*Claus aus der Schweiz.*

Präpositionen

1 Kostja schreibt seiner Mutter eine kurze Nachricht.

a Lest Kostjas Nachricht. Wie versteht ihr sie? Tauscht euch aus.

Ich gehe Kino Fußballplatz. Kostja

b Lest, wie Oscar, Nadja und Angelo den Satz verstehen. Woran liegt es, dass alle etwas anderes verstehen? Begründet eure Meinung.

Oscar: Ich gehe ins Kino neben dem Fußballplatz.
Nadja: Ich gehe vor dem Kino auf den Fußballplatz.
Angelo: Ich gehe nach dem Kino auf den Fußballplatz.

Wörter wie *in, vor, unter, über, hinter, seit, für, mit* sind **Präpositionen**. Sie drücken **räumliche, zeitliche oder andere Beziehungen** zwischen Wörtern und Wortgruppen aus, z. B.:
Ich gehe vor dem Kino (Wann?) *in den Klub* (Wohin?).
Ich fahre heute mit dem Rad (Womit?).
Im Sprachgebrauch werden Präpositionen und Artikel oft zusammengezogen, z. B.:
am (an dem), beim (bei dem), im (in dem), ins (in das), zur (zu der).

2 Entscheide, ob die unterstrichenen Präpositionen den Ort oder die Zeit angeben.

1 Am Donnerstag ist im Kino ein neuer Abenteuerfilm angelaufen.
2 Seit Wochen läuft die Werbung für diesen Film.
3 Die Vorstellung beginnt um 16 Uhr.
4 Lilly wartet neben der Kinokasse.
5 Während der Werbung kommen Marek und Anton in den Saal.
6 Sie haben sich noch Popcorn an der Kasse gekauft.

2 *Nutze die Frageprobe.*
Ort: *Wo? Wohin? Woher?*
Zeit: *Wann? Seit wann? Wie lange?*

3 Ersetze die Fragewörter in Klammern durch Präpositionen.

1 Veras Klasse hat eine Teddyfirma *(Wo?)* Giengen besucht.
2 *(Wo?)* dem schwäbischen Ort Giengen ist die Firma Steiff zu Hause.
3 *(Wann?)* ca. 130 Jahren gründete Margarete Steiff ihre Stofftier-Firma.
4 Sie ließ kleine Plüschbären *(Womit?)* der Nähmaschine produzieren.
5 Ihr Neffe stellte *(Wo?)* der Leipziger Spielwarenmesse eine Neuheit vor.
6 Arme und Beine seines Teddybären konnte man dank beweglicher Gelenke *(Wohin?)* jede Richtung bewegen.
7 Bereits 1899 lieferte die Firma Steiff ihre Plüschbären *(Wohin?)* England, Italien und Holland.
8 Markenzeichen der Firma Steiff ist der Knopf *(Wo?)* linken Ohr.

Präpositionen stehen meist vor dem Nomen/Substantiv und seinen Begleitwörtern. Präpositionen ändern ihre Form nicht, aber sie **fordern** einen bestimmten **Fall**. Die wichtigsten Präpositionen und den Fall, den sie fordern, muss man sich einprägen. Um den Fall zu bestimmen, kann man die **Frageprobe** nutzen, z. B.:

Dativ	**Akkusativ**
mit, nach, von, seit, aus, zu, bei	*durch, um, ohne, gegen, für*
Wo? *beim (bei dem) Freund* Woher? *aus dem Klub* Wann? *am (an dem) Tag*	Wohin? *durch den Wald* Für wen? *für meinen Freund*

4 Präpositionen fordern einen bestimmten Fall.

a Schreibe die Präpositionen mit den Wortgruppen in Klammern im richtigen Fall in dein Heft.

1 Einer der schwierigsten Kinofilme für ___ (ein Tiertrainer) war ein Film namens „Schweinchen Babe". **2** In ___ (dieser Film) haben 970 Tiere mitgespielt. **3** Bereits acht Monate vor ___ (die Dreharbeiten) musste Hollywood-Tiertrainer Carl Miller mit ___ (das Training) beginnen. **4** Die Dreharbeiten liefen über ___ (ein Zeitraum) von ___ (6 Monate). **5** Da wäre aus ___ (ein kleines Ferkel) längst ein ausgewachsenes Schwein geworden. Deshalb spielten 48 Ferkel die Hauptrolle Babe.

1. *für einen Tiertrainer*
2. *...*

3 *Verwende die folgenden Präpositionen.*
auf / auf / im (in dem) / in / in / in / nach / vor
4a *in, vor, mit, von, aus + Dativ*
für, über + Akkusativ

b Lest euch den Text Satz für Satz gegenseitig laut vor. Hört genau zu, ob die Wortgruppen nach den Präpositionen im richtigen Fall stehen.

c Welchen Trick bei der Fallbestimmung kannst du nutzen, wenn das Nomen im Plural steht? Erkläre das an einem Beispiel aus dem Text.

5 Die Präposition *in* oder *vor*?

a In jedes Satzpaar gehört eine Präposition. Wähle aus und setze ein.

1 a Filmhund Ildie springt ___ den Bach.
  b Filmhündin Maggie schwimmt ___ dem Bach.
2 a Die Katze Anni liegt schon ___ der Kamera.
  b Die Katze Lissi legt sich erst jetzt ___ die Kamera.

b Bestimme den Fall der unterstrichenen Nomen in den Sätzen a und b. Ermittle das Wort, das den Fall fordert.

> Die Präpositionen *an, auf, hinter, in, neben, über, unter, zwischen, vor* nennt man **Wechselpräpositionen**, weil sie entweder den Dativ oder den Akkusativ fordern. Den Fall bestimmt allein das Verb, z. B.:
> *Lilly setzt sich in den bequemen Kinosessel.* (Wohin? Akkusativ)
> *Jurek und Paul sitzen im (in dem) Parkett.* (Wo? Dativ)

6 Wechselpräpositionen fordern den Dativ oder den Akkusativ.

Tipp
Nutze die Frageprobe.

a Setze den bestimmten Artikel im richtigen Fall ein. Achte auf das Verb.

1 Filmhuhn Pünktchen fliegt auf ___ Heuhaufen.
2 Filmhuhn Anton sitzt schon auf ___ Heuhaufen.
3 Filmhund Archie wartet in ___ Wohnwagen auf seinen Einsatz.
4 Filmhündin Mika folgt dem Tiertrainer in ___ Aufnahmeraum.
5 Fuchs Sputnik versteckt sich hinter ___ Baum.
6 Füchsin Laika läuft auf Befehl hinter ___ Baum.
7 Äffchen Leo knabbert an ___ Brot.
8 Äffchen Leila springt an ___ Vorhang.

b Lest euch Satz für Satz gegenseitig laut vor. Hört genau zu, ob die Wortgruppen nach den Präpositionen im richtigen Fall stehen.

c Überlege, in welchen Sätzen der Artikel mit der Präposition verschmelzen kann. Lies diese Sätze vor.

Adverbien

1 Erprobt und beschreibt, wie folgende Wörter die Satzbedeutung ändern.

montags / oft / dort / gern / deswegen / selten / gemeinsam / hier

Die Fußballerinnen spielen ____ in der Halle.

Adverbien geben an, wann, wo, wie und warum etwas geschieht. Sie sind in der Regel **unveränderbar**. Meist bestimmen sie ein Verb näher, z. B.:

Adverbien der Zeit		**Adverbien der Art und Weise**	
Wir treffen uns morgen. *Er trainiert selten.*	Wann? Wie oft?	*Er trainiert allein.*	Wie?
Adverbien des Ortes		**Adverbien des Grundes**	
Ich warte oben. *Wir liefen bergauf.* *Sie kam heraus.*	Wo? Wohin? Woher?	*Die Halle war geschlossen. Deshalb fiel das Training aus.*	Warum?

2 Verwendet Adverbien.

a Ordnet die folgenden Adverbien den Fragewörtern zu.

niemals / dort / darum / links / gern / hinten / dorthin / überall / abends / ausnahmslos / manchmal / selten / unten / immer / danach / deswegen

Wann? Wie oft? (Zeit): niemals, …
Wo? Wohin? (Ort, Richtung): …
Wie? (Art und Weise): …
Warum? (Grund): …

b Wählt sechs Adverbien aus Aufgabe a aus und verwendet sie in jeweils einem Satz.

3 Bestimme die Adverbien. Wähle Aufgabe a, b oder c.

●○○ a Erfrage die unterstrichenen Adverbien und bestimme, was sie benennen.

1 Faribas Kopftuch rutscht fast in den Nacken, wenn sie manchmal über den Platz brüllt. **2** Aber dort bleibt die Linienrichterin stets bei ihrer Entscheidung: Abseits in der 70. Minute. **3** Leider verfolgen heute nur 30 Zuschauerinnen das Finale der afghanischen Frauenfußballliga im Stadion von Kabul.

●●○ **b** Ermittle alle Adverbien, die die Art und Weise beschreiben.

1 Faribas Kopftuch rutscht fast in den Nacken, wenn sie manchmal über den Platz brüllt. **2** Aber dort bleibt die Linienrichterin stets bei ihrer Entscheidung: Abseits in der 70. Minute. **3** Leider verfolgen heute nur 30 Zuschauerinnen das Finale der afghanischen Frauenfußballliga im Stadion von Kabul. **4** Hier kämpfen die Spielerinnen um den Sieg. **5** Nur hier hinter den drei Meter hohen, mit Stacheldraht versehenen Mauern des Stadions können die Mädchen- und Frauenmannschaften spielen und trainieren.

●●● **c** Untersuche die Sätze aus Aufgabe b. Bestimme die Adverbien und benenne, was sie ausdrücken.

4 Untersuche die Bildung der folgenden Adverbien.

a Untersuche, wie diese Adverbien gebildet wurden.
Formuliere eine Regel.

sonntags / abends / freitags / mittags / feiertags / vormittags

b Bildet von den folgenden Nomen/Substantiven nach dieser Regel Adverbien und diktiert sie euch gegenseitig.

der Wochentag / der Mittwoch / der Nachmittag /
der Anfang / die Nacht

c Was ist an den einzelnen Tagen für dich besonders?
Schreibe einen Wochenplan der Besonderheiten.
Achte auf die Kleinschreibung der Adverbien.

Immer montags bin ich müde. Meine Oma besuche ich dienstags. ...

5 Mithilfe von Adverbien kann man oft kurz und treffend formulieren.

Tipp
Manchmal musst du den Satz umformulieren.

a Ersetze die schräg gedruckten Wortgruppen durch die folgenden Adverbien.

dann / durchweg / bedauerlicherweise / scharenweise / dort

1 Anstelle ihrer Shorts zogen die Fußballerinnen aus Berlin ihre Trainingsanzüge an. **2** Sie banden sich *ohne Ausnahme* auch einen Schleier um. **3** *Nachdem sie sich so angekleidet hatten,* liefen sie auf das Fußballfeld im Teheraner Stadion. **4** *Im Teheraner Stadion* erwartete sie die iranische Damen-Nationalmannschaft. **5** Die weiblichen Fans waren *in Scharen* herbeigeeilt. **6** Als Publikum waren nur Frauen zugelassen, *was bedauerlich war.*

●●● **b** Ermittle die Adverbien, die einen ganzen Teilsatz ersetzen.

Numeralien

1 Benenne, was die unterstrichenen Wörter ausdrücken.

„In Afghanistan glauben immer noch <u>viele</u> Leute, dass Fußball nichts für Mädchen sei", erzählt Zara (<u>18</u> Jahre alt). Zum <u>ersten</u> Mal ist die Frauenfußball-Nationalmannschaft für <u>zwei</u> Wochen ins Trainingslager nach Deutschland gekommen.

Numeralien (Singular: das Numerale) sind Zahlwörter, die eine Menge oder eine Anzahl angeben. Man unterscheidet zwei Arten:
- **bestimmte Numeralien**, z. B.: *eins, zwei, hundert, erster, ein Dutzend,*
- **unbestimmte Numeralien**, z. B.: *einige, wenige, Tausende, alle, mehrmals.*

Numeralien gehören zu **unterschiedlichen Wortarten**, z. B.:
Nomen: *Das Fußballspiel verfolgten <u>Millionen</u> Zuschauer am Fernseher.*
Adjektiv: *Die Mannschaft belegte den <u>ersten</u> Platz.*
Adverb: *Er trat <u>dreimal</u> zum Wettkampf an.*

Tipp
Im Text gibt es drei bestimmte und sechs unbestimmte Numeralien.

2 Bestimme die Numeralien. Übertrage die Tabelle in dein Heft und ordne die Numeralien aus dem Text richtig ein.

1 Erst in den letzten Tagen hat sich Zara für das Tor entschieden. Angereist war sie als eine von zehn Feldspielerinnen. **2** Zaras Vater unterstützt seine Töchter, die 18-jährige Zara und ihre vier Jahre jüngere Schwester Mona. **3** Mona spielt als Mittelstürmerin in einer der wenigen Mädchenmannschaften. **4** Nur in Kabul, der Hauptstadt Afghanistans, gibt es bisher einige Frauenteams. **5** Alle Frauenmannschaften trainieren unter Ausschluss der Öffentlichkeit. **6** Spielen die Männer im Kabuler Stadion, kommen Tausende Zuschauer, aber Frauen sind nicht zugelassen.

bestimmte Numeralien	unbestimmte Numeralien
zehn, ...	letzte, ...

3 Wisst ihr es? Ergänzt die passenden Numeralien.

1 Beim Fußball spielen ___ Feldspieler und ___ Torwart je Team.
2 Beim Doppel stehen ___ Tennisspieler auf dem Platz.
3 Zum Marathon in Berlin melden sich jedes Jahr ___ Läufer an.
4 In einem Ruder-Zweier mit Steuermann sitzen ___ Sportler im Boot.
5 Auf einem Tandem-Rad radeln ___ Personen.

Konjunktionen

Konjunktionen (Bindewörter) verbinden Einzelwörter, Wortgruppen und Teilsätze miteinander. Sie sind in der Regel **unveränderbar**, z. B.:
Lanh, Simon und Tom gingen gemeinsam an den Start.
(verbindet Wörter)
Er siegte über 100 Meter sowie in der Staffel über 400 Meter.
(verbindet Wortgruppen)
Seit sie sich fürs Rudern entschieden hat, sitzt sie fast jeden Tag im Boot.
(verbindet Teilsätze)
Der Trainer möchte, dass sie beim nächsten Rennen antritt.
(verbindet Teilsätze)

1 Untersuche die Konjunktionen. Wähle Aufgabe a, b oder c.

●○○ **a** In den folgenden Sätzen sind die Konjunktionen unterstrichen. Ermittle, ob sie Wörter und Wortgruppen oder Teilsätze miteinander verbinden.

1 Bei Wind und Wetter sitzen die beiden Mädchen im Boot. **2** Nieselregen, Hitze oder niedrige Temperaturen halten sie nicht vom Training ab. **3** Fine und ihre Freundin Ying sitzen im schmalen Boot hintereinander. **4** Sie müssen im gleichen Takt rudern, aber das ist gar nicht so einfach. **5** Fine gibt das Tempo vor, obwohl sie Ying gar nicht sieht. **6** Nur beim Rudern ist es so, dass Fahrtrichtung und Blickrichtung nicht übereinstimmen.

●●○ **b** Bestimme in den folgenden Sätzen die Konjunktionen. Untersuche, ob sie Wörter bzw. Wortgruppen oder Teilsätze miteinander verbinden.

1 Bei Wind und Wetter sitzen die beiden Mädchen im Boot. **2** Nieselregen, Hitze oder niedrige Temperaturen halten sie nicht vom Training ab. **3** Fine und ihre Freundin Ying sitzen im schmalen Boot hintereinander. **4** Sie müssen im gleichen Takt rudern, aber das ist gar nicht so einfach. **5** Fine gibt das Tempo vor, obwohl sie Ying gar nicht sieht. **6** Nur beim Rudern ist es so, dass Fahrtrichtung und Blickrichtung nicht übereinstimmen. **7** Das unterscheidet Rudern vom Kanufahren, Stehpaddeln oder Surfen. **8** Weil Ruderer mit dem Rücken zur Fahrtrichtung fahren, muss Schlagfrau Fine auch steuern. **9** Teamarbeit ist für die beiden Mädchen das A und O, wenn ihr Boot schnell auf der Elbe vorankommen soll.

●●● **c** Bestimme in den Sätzen aus Aufgabe b die Konjunktionen. Untersuche, ob sie Wörter bzw. Wortgruppen oder Teilsätze miteinander verbinden. Entscheide, ob Haupt- oder Nebensätze verbunden werden.

Tipp
Es gibt verschiedene Lösungen.

2 Wähle die passenden Konjunktionen aus und setze sie ein.

und / oder / sowohl … als auch … / weder … noch … / sowie

1 Kajak ___ Kanu? Kannst du das unterscheiden?
2 Elie hat schon Breakdance, Klettern ___ Squash ausprobiert.
3 In unserem Ort gibt es ___ Angebote zum Reiten ___ zum Aikido.
4 Mein Bruder mag ___ Kraftsport ___ Breakdance.
5 ___ Baseball ___ Beachball gibt es bei uns als Schulsport.
6 Fußball ist eine Sportart ___ für Männer ___ für Frauen.

3 Wähle passende Konjunktionen aus und ergänze sie in den Nebensätzen.

wenn / weil / nachdem / bevor / wenn / bevor

1 ___ man rudern lernen möchte, muss man gut schwimmen können.
2 Ein eigenes Boot braucht man nicht, ___ es fast immer vom Ruderverein gestellt wird.
3 Man bekommt Hornhaut an den Handflächen, ___ man die Ruder tausendmal durchs Wasser zieht.
4 ___ die Mädchen das Boot auf den Steg geschleppt haben, lassen sie es ins Wasser.
5 ___ Fine und Ying nacheinander in das schmale Boot steigen, legen sie die Ruder ein.
6 Nach dem Training müssen sie das Boot putzen, ___ sie es ins Bootshaus zurücktragen.

Tipp
Setze das Komma am Ende des Nebensatzes.

4 Formuliere die Wortgruppen in der linken Spalte der Tabelle zu Nebensätzen um. Wähle dazu die passenden Konjunktionen aus. Schreibe die vollständigen Sätze in dein Heft.

bevor / weil / während / wenn / nachdem

Wortgruppe	Hauptsatz
1 aufs Wasser gehen	gibt die Trainerin Hinweise.
2 ihren Sport lieben	tun die Mädchen alles.
3 auf dem Wasser fahren	begleitet die Trainerin sie im Motorboot.
4 im selben Rhythmus rudern	erreichen sie erstaunliche Geschwindigkeiten.
5 trainiert haben	tragen sie das Boot ins Bootshaus zurück.

1. Bevor sie aufs Wasser gehen, gibt …

Die Schreibung der **Konjunktion *dass*** muss man sich besonders einprägen. Sie wird oft mit dem Relativpronomen *das* verwechselt, denn beide Wörter leiten einen Nebensatz ein.
Ein Nebensatz mit der Konjunktion *dass* bezieht sich auf ein Verb im Hauptsatz, z. B.:
Fine und Ying wissen, dass sie im selben Takt rudern müssen.
Das Relativpronomen *das* bezieht sich auf ein Nomen im Hauptsatz, z. B.:
Das Ruderboot, das Fine und Ying fahren, ist zehn Meter lang.
Die **Ersatzprobe** hilft, beide zu unterscheiden:

- Kann *da*■ durch *welches* ersetzt werden, ist es das Relativpronomen *das*, z. B.:
  Das Mädchen, da■ (welches) *rudert, heißt Fine.* → *das*
- Ergibt der Satz bei dieser Probe keinen Sinn, so handelt es sich um die Konjunktion *dass*, z. B.:
  Fine weiß, da■ (~~welches~~) *sie Kraft braucht.* → *dass*

Tipp
Nutze auch die Ersatzprobe.

5 Untersuche die unterstrichenen Einleitewörter. Bestimme die Wortart und begründe deine Entscheidung.

Kelly findet, dass ein bisschen Angst bei diesem Sport guttut. Sie fährt Free-Skiing, das man als eine Art Skateboarden auf speziellen Skiern beschreiben kann. Jedes Kind, das sicher und gern Ski fährt, kann diesen Sport ausprobieren. Wusstest du, dass man beim Free-Skiing eine spezielle Ausrüstung braucht? Dass die Skier anders geformt sind, fällt den meisten zuerst auf. Die Rundungen vorn und hinten ermöglichen, dass die Sportlerinnen und Sportler vorwärts- und rückwärtslaufen und sich drehen können.

Tipp
Präge dir ein: Die Konjunktion *dass* schreibt man mit Doppel-*s*.

6 Verbinde beide Teilsätze mithilfe der Konjunktion *dass*.
Schreibe die Sätze in dein Heft und unterstreiche die Konjunktion *dass*.
Achte darauf, dass die finite Verbform im Nebensatz an letzter Stelle steht.

1 Ich weiß,	Free-Skiing ist eine akrobatische Form des Skilaufens.
2 Man erfährt,	Spin Tricks sind schnelle Drehungen mitten im Sprung.
3 Ich denke,	junge Leute lieben solche akrobatischen Sportarten.
4 Der Bericht zeigt,	Kelly gehört zu den besten Free-Ski-Fahrern der Welt.
5 Man vergisst,	dieser Sport ist auch gefährlich.

1. Ich weiß, dass Free-Skiing eine akrobatische Form des Skilaufens ist.
2. ...

7 Bildet Sätze mit der Konjunktion *dass*. Nutzt dazu die folgenden Satzanfänge.

ich habe gehört / ich habe gelesen / ich habe erfahren / ich habe vergessen / ich habe nicht gewusst

1. Badminton spielt man am besten in der Halle.
2. Badminton ist seit 1992 eine olympische Disziplin.
3. Das Spiel mit dem Federball hat viele Anhänger in Deutschland.
4. Das Regelwerk wurde 2006 aktualisiert.
5. Badminton kann man im Einzel oder im Doppel spielen.
6. Das Netz hat eine Breite von 5 m und eine Höhe von 1,55 m.

1. Ich habe gehört, dass man Badminton ...

8 Bildet zusammengesetzte Sätze.

a Verwendet Sätze aus Aufgabe 7 als Relativätze in folgenden Mustern.

1. Badminton ist ein Spiel, das ...
2. Ich liebe das Spiel, das ...
3. Kennst du das Regelwerk, das ...?
4. Badminton ist ein Spiel, das ...
5. Das Spielfeld unterteilt ein Netz, das ...

b Überlegt, warum die Nomen in den Sätzen der Aufgabe a unterstrichen sind. Benennt, welche Funktion die unterstrichenen Nomen jeweils für den Relativsatz haben.

Tipp
Achte auf das Komma.

●●● **9** Formuliere die markierten Satzteile zu Nebensätzen um, die du mit dem Relativpronomen *das* einleitest. Schreibe die Sätze in dein Heft.

1 Kellys Vater leitet das in den Alpen stattfindende Training.
2 Die 14-Jährige kommt aus dem keine hohen Berge aufweisenden Estland.
3 Beim Free-Skiing überwindet man ein aus Schanzen, Rohren und Kunststoffboxen bestehendes Areal im Schnee.
4 Im Film sieht man, wie Kelly mit schräg gestellten Skiern auf einem aus dem Schnee ragenden Rohr entlangschlittert.
5 Gerade zeigt sie ein die Zuschauerinnen und Zuschauer sehr beeindruckendes Kunststück.

10 Verbinde die Sätze 1 bis 3 mit den passenden Sätzen A bis C. Verwende *dass* bzw. *das*.

1 Kelly zeigt uns ihr Ausrüstungspaket.

A Das Training findet in Schneeparks statt.

2 Das Training absolviert Kelly dort, wo auch die Wettkämpfe stattfinden.

B Sie muss nach jedem Training die Hausaufgaben lösen.

3 Die 14-Jährige weiß es.

C Das Ausrüstungspaket besteht aus Ski, Stiefeln, Rückenschutz und Helm.

Was habe ich gelernt?

11 Überprüfe, was du über Wortarten gelernt hast.

a Ordne die unterstrichenen Wörter der richtigen Wortart zu.

Eishockey ist ein rücksichtsloser Sport. Er gilt als schnellste Mannschaftssportart. Im Kunsteisstadion von Crimmitschau beobachten viele Tausende, wie die sechs jungen Eispiratinnen spielen. Sie sind gut, weil sie oft zusammen trainieren.
Ihr Trainer sagt, dass er sich sehr darüber ärgert, wenn die angeblichen Fans seine Sportlerinnen nicht ernst nehmen.
In Kanada, Finnland, Schweden und den USA gehört Eishockey für alle Mädchen und Jungen zum Schulsport.

Nomen: Eishockey, …
Verben: ist, …
Adjektive: rücksichtsloser, …
Pronomen: …
Präpositionen: …
Adverbien: …
Numeralien: …
Konjunktionen: …

b Suche im Text drei weitere Beispiele zu jeder Wortart und schreibe sie in dein Heft.

Wortschatzerweiterung

1 Kennst du das Buch „Diebe!“ von Will Gatti?

a Wovon könnte ein Buch mit diesem Titel handeln?
Stelle Vermutungen zum Inhalt an.

b Lies die folgende Inhaltsangabe und prüfe, ob deine Vermutungen stimmen.

1 Will Gatti <u>erzählt</u> von Straßenkindern im Slum einer <u>amerikanischen</u> Großstadt und von ihrer Ersatzmutter Fay.
2 Fay bildet <u>obdachlose</u> Kinder zu Taschendieben aus.
3 Handys und Schmuckstücke <u>erbeuten</u> sie.
4 Mit dem Diebesgut, das Fay dann <u>verkauft</u>, <u>bestreiten</u> sie ihr Leben.
5 Die <u>mutige</u> Baz ist das einzige Mädchen der Gang.
6 Sie und ihr Freund Demi <u>beherrschen</u> ihr Handwerk und bilden ein <u>unschlagbares</u> Team.
7 Trotzdem ist es <u>fraglich</u>, ob sie nur durch Stehlen überleben können.

MK **c** Recherchiere im Internet und suche weitere Informationen zum Buch.

Tipp
Nimm den folgenden Merkkasten zu Hilfe.

2 Untersuche die Wortbildung der Wörter in den Sätzen aus Aufgabe 1 b.

a Weise nach, dass die unterstrichenen Wörter Ableitungen sind.

b Suche aus den Sätzen die sieben zusammengesetzten Wörter heraus.

> Der **Wortschatz** einer Sprache erweitert sich ständig, vor allem durch:
> - die **Übernahme** von Wörtern aus anderen Sprachen, z. B.: *skaten, scannen, downloaden, das Streaming* (aus dem Englischen),
> - die **Wortbildung** mithilfe von Zusammensetzungen und Ableitungen:
>   - Eine **Zusammensetzung** entsteht aus zwei oder mehr selbstständigen Wörtern, z. B.: *das Wort + der Schatz → der Wortschatz, ab + leiten → ableiten, das Bild + schön → bildschön.*
>   - Eine **Ableitung** wird mithilfe von Präfixen (Vorsilben) und Suffixen (Nachsilben) gebildet, z. B.: *ent- + decken → entdecken, leiten + -ung → die Leitung, das Bild + -haft → bildhaft.*

c Nenne Wörter aus den Sätzen in Aufgabe 1 b, die aus dem Englischen stammen.

Zusammensetzungen

1 Wie nennt man das? Ergänze die Bezeichnungen.

1 Der Tag, an dem man die eigene Geburt feiert, ist ___.
2 Kinder, die auf der Straße leben, sind ___.
3 Eine Stadt, die groß ist, ist eine ___.
4 Bewohner, die in einem Slum leben, nennt man ___.
5 Ein Einbruch in eine Wohnung ist ___.

1. der Geburtstag
2. …

Zusammensetzungen bestehen aus selbstständigen Wörtern, und zwar aus einem **Bestimmungswort** und einem **Grundwort**.

Bestimmungswort	+ Grundwort	→ zusammengesetztes Wort
die Polizei	*der Chef*	*der Polizeichef*
der Blitz	*schnell*	*blitzschnell*
unter	*tauchen*	*untertauchen*

Die **Wortart des Grundwortes** entscheidet über die Wortart der Zusammensetzung und damit über die Groß- oder Kleinschreibung sowie über ihr grammatisches Geschlecht.
Manchmal muss eins der **Fugenelemente** *-(e)s-*, *-(e)n-*, *-er-* die beiden Wörter verbinden, z. B.:
die Tasche + der Dieb → der Taschendieb,
der Inhalt + die Angabe → die Inhaltsangabe,
das Kind + der Tag → der Kindertag.

2 Sucht alle zusammengesetzten Wörter aus der Inhaltsangabe von Aufgabe 1 b (S. 167) heraus und untersucht sie. Nennt jeweils das Grundwort, das Bestimmungswort und das Fugenelement, sofern vorhanden.

3 Groß- oder kleinschreiben? Wähle Aufgabe a oder b.

●○○ a Bilde Zusammensetzungen und schreibe die Wörter in dein Heft.

Tipp
Achte auf die Wortart des Grundwortes.

1 die Spur + die Sicherung
2 das Blut + arm
3 auf + stellen
4 warten + das Zimmer
5 die Pflaume + blau
6 turnen + die Halle
7 zehn + der Kampf
8 neu + der Bau
9 ab + schreiben
10 die Klasse + das Foto

1. die Spurensicherung
2. …

●●○ **b** Schreibe die Zusammensetzungen in der richtigen Groß- und Kleinschreibung in dein Heft. Ergänze bei Nomen/Substantiven den Artikel.

1 BLUTARM
2 SPURENSICHERUNG
3 ZEHNKAMPF
4 NEUBAU
5 TURNHALLE
6 WARTEZIMMER
7 PFLAUMENBLAU
8 AUFSTELLEN
9 TAGESABLAUF
10 ABBAUEN

4 Ersetze die unterstrichenen Wortgruppen durch Zusammensetzungen.

1 Die zwölfjährige Baz gilt als Meisterin <u>im Diebstahl von Taschen</u>.
2 Alle Tricks, <u>die Börsen mit Geld</u> zu entwenden, hat sie von Fay gelernt.
3 Dass sie in <u>Gefahr für ihr Leben</u> ist, wenn sie zum Stehlen in die <u>Viertel der Reichen</u> geht, verdrängt sie.
4 Der wertvolle Ring, den sie mit Demi erbeutet, gehört der Gattin des mächtigen <u>Chefs der Polizei</u>.

5 Bilde zusammengesetzte Adjektive. Wähle Aufgabe a oder b.

●○○ **a** Bilde aus den vorgegebenen Bestandteilen zusammengesetzte Adjektive und schreibe sie in dein Heft.

der Stein / der Riese / die Feder / die Butter / der Tag / der Bär
reich / groß / weich / hell / stark / leicht

●●○ **b** Ersetze den Vergleich in Form einer Wortgruppe mit *wie* durch ein einzelnes Wort. Schreibe die zusammengesetzten Adjektive in dein Heft.

1 leicht wie eine Feder
2 schwer wie Blei
3 kalt wie Eis
4 rund wie eine Kugel
5 scharf wie ein Messer
6 grün wie das Gras

1. federleicht, 2. ...

6 Überlege, ob es in anderen Sprachen, die du lernst oder sprichst, ähnliche Vergleiche gibt. Stelle sie in der Klasse vor.

7 Untersuche die Wortbildung und suche das schwarze Schaf in jeder Reihe. Begründe deine Wahl.

1 das Armenviertel / die Landesgrenze / die Siedlung / der Wohnbezirk
2 die Baustelle / der Spielplatz / der Zimmermann / die Neuigkeit / das Parkhaus
3 farbenfroh / gefährlich / kirschrot / aalglatt / butterweich / zuckersüß
4 fortgehen / überholen / unterschreiben / bemalen / zurückkommen / heimfahren / ausschalten

7 Als „schwarzes Schaf" bezeichnet man etwas, das auffallend anders ist. Dadurch passt es nicht in die Reihe.

Ableitungen

Ableitungen entstehen vor allem durch das Anfügen von **Präfixen** (Vorsilben) und **Suffixen** (Nachsilben) an einen Wortstamm, z. B.:
ver- + spielen → verspielen; spielen + -er → der Spieler;
spielen + -isch → spielerisch.
Durch das Anfügen von **Präfixen** (Vorsilben) wie ***be-, ent-, er-, miss-, ver-, zer-*** verändert sich die Bedeutung von Verben, z. B.:
raten – beraten – erraten – verraten – missraten.
Präfixe und Suffixe sind keine selbstständigen Wortbauteile. Sie können nicht alleine stehen.
Ableitungen entstehen außerdem durch **Änderung des Wortstamms**, z. B.:
fliegen → der Flug; binden → das Band, der Bund, bündig;
ziehen → der Zug.

1 Entscheide, welche Wörter durch Ableitung entstanden sind.

a Untersuche folgende Wörter und schreibe sie geordnet nach Wortfamilien auf.

ziehen / der Zug / heizen / die Schrift / der Schritt / der Wurf / helfen / schreiben / schreiten / die Flucht / werfen / die Hilfe / fliehen / die Heizung

ziehen – der Zug, ...
...

b Wähle eine Wortfamilie aus und ergänze weitere abgeleitete Wörter, zum Beispiel abgeleitete Adjektive.

2 Präfixe verändern die Bedeutung von Wörtern. Wähle Aufgabe a oder b.

●○○ **a** Bilde abgeleitete Verben. Die möglichen Varianten sind mit einem Kreuz gekennzeichnet. Schreibe Sätze mit diesen Verben in dein Heft.

	legen	**stehen**	**stellen**	**packen**	**schlagen**
be-	x	x	x	x	x
ent-	–	x	x	–	–
er-	x	x	x	–	x
ver-	x	x	x	x	–
zer-	x	–	–	–	x

belegen (Was? Womit?): Wir belegen ein Brötchen mit Käse.
...

●●○ **b** Bilde abgeleitete Verben. Wähle die passenden Präfixe aus.
Schreibe Sätze mit diesen Verben in dein Heft.

be-	er-	ent-	ver-	zer-	un-	miss-

raten / reden / reisen / reißen / richten / setzen / stellen / schließen

●●● **3** Ermittle die abgeleiteten Verben. Begründe an Beispielen, warum die anderen Verben Zusammensetzungen sind.

Tipp
Bilde in Gedanken Sätze.

abstellen / anstellen / ausstellen / bestellen / darstellen / erstellen / einstellen / entstellen / herstellen / umstellen / verstellen / vorstellen / zusammenstellen / zustellen

4 Auch folgende Präfixe verändern die Bedeutung.
Wähle Aufgabe a oder b.

●○○ **a** Bilde mit den Präfixen *un-* oder *miss-* Ableitungen.

1 *un-:* gesund / möglich / verständlich / aufschiebbar / wichtig / wahr / mutig
2 *miss-:* achten / fallen / handeln / verständlich / der Brauch / der Klang / trauen

1. gesund – ungesund, ... *2. achten – missachten, ...*

●●○ **b** Bilde mit den Präfixen *un-* oder *miss-* Ableitungen.
Benenne den Bedeutungsunterschied, den das Präfix bewirkt.

1	gesund	**5**	verständlich	**9**	wahr
2	handeln	**6**	aufschiebbar	**10**	mutig
3	möglich	**7**	der Brauch	**11**	achten
4	trauen	**8**	wichtig	**12**	fallen

5 Wähle je drei Verben mit *un-* und *miss-* aus Aufgabe 4 aus und verwende sie in Sätzen.

Zu viel Zucker ist ungesund. ...
Man sollte die Gefahr nicht missachten. ...

An den **Suffixen** (Nachsilben) erkennt man Wortarten. Diese Suffixe sind typisch für:
- **Nomen/Substantive**: *-ung, -heit, -keit, -schaft, -nis, -tum, -er,*
- **Adjektive**: *-ig, -lich, -isch, -sam, -bar, -haft,* z. B.:

das Kind: kindisch, die Kindheit, kindlich, die Kindlichkeit,
das Kleid: die Kleidung, kleidsam,
der Mann: männlich, die Mannschaft.

6 Bilde abgeleitete Nomen/Substantive. Wähle Aufgabe a oder b.

●○○ **a** Bilde zu jeder Reihe die Nomen. Schreibe sie mit Artikel in dein Heft und kennzeichne die Wortbausteine durch senkrechte Striche.

1 frech / frei / neu / krank / gesund / gemein
2 eitel / herrlich / ängstlich / ähnlich / heiter
3 hindern / verhalten / erleben / ergeben / ärgern

1. die Frech|heit, ...

●●○ **b** Bilde zu jeder Reihe von Aufgabe a die Nomen und schreibe sie mit Artikel in dein Heft. Ergänze eine vierte Reihe mit weiteren abgeleiteten Nomen. Wähle andere Suffixe aus dem Merkkasten aus.

7 *-ig* oder *-lich*?

Tipp
Wenn ihr unsicher seid, schlagt in einem Wörterbuch nach.

a Bildet abgeleitete Adjektive und diktiert euch gegenseitig jeweils fünf. Zerlegt sie mit senkrechten Strichen in ihre Wortbausteine.

1 der Berg	**5** der Zug	**9** hoffen	**13** der Tag
2 der Bart	**6** die Zeit	**10** der Winkel	**14** der Mut
3 das Mehl	**7** der Nebel	**11** der Wind	**15** der Hügel
4 vergessen	**8** schlafen	**12** voll	**16** das Glück

1. berg|ig
2. ...

b Prägt euch die Bildung der Adjektive ein. Bildet dazu Wortgruppen mit den Adjektiven und lest sie euch gegenseitig vor. Achtet besonders auf die richtige Aussprache von *-ig*.

1. bergig – eine bergige Landschaft
2. ...

8 Schreibe die Wörter in der richtigen Groß- bzw. Kleinschreibung in dein Heft. Ergänze bei Nomen den Artikel. Trenne Wortstamm und Suffix durch senkrechte Striche voneinander.

1 IRRTUM	**4** TRAURIG	**7** DANKBAR
2 FRECHHEIT	**5** ALTERTUM	**8** EITELKEIT
3 VERSÄUMNIS	**6** RATSAM	**9** LACHHAFT

1. der Irr|tum
2. ...

7 a und b *Beachtet, dass -ig am Ende [-ich] und im Wortinneren [-ig] gesprochen wird.*
Die Verlängerungsprobe hilft, die Schreibung von -ig zu ermitteln, z. B.:
der Berg – bergig – die bergige Landschaft.
Endet der Wortstamm auf -l, folgt immer das Suffix -ig, z. B.: mehlig.

Wortfamilien

1 Wörter mit einem gemeinsamen Wortstamm sind miteinander verwandt.

Tipp
Der Wortstamm weist vier verschiedene Vokale auf.

a Ermittle den Wortstamm, den alle Wörter gemeinsam haben.

das Gewächs / heranwachsen / der Nachwuchs /
die Erwachsenen / das Wachstum / urwüchsig /
das Gewächshaus / nachwachsen / halbwüchsig

b Verwende die Wörter in Sätzen.

●●● **c** Suche weitere Wörter der Wortfamilie und verwende sie in Sätzen.

> Wörter mit einem **gemeinsamen Wortstamm** sind miteinander verwandt und bilden eine **Wortfamilie**. Wortfamilien bestehen aus abgeleiteten und zusammengesetzten Wörtern, z. B.:
> Wortfamilie: *gehen*
> Ableitungen: *begehen, vergehen, der Gang, das Begängnis, vergänglich,*
> Zusammensetzungen: *der Abgang, der Vorgang, der Notausgang, ausgehen, eingehen, der Übergang, abgehen, vorgehen, zurückgehen.*

2 Übertrage die Tabelle in dein Heft und ordne die Beispiele aus Aufgabe 1a richtig ein. Trenne die Wortbauteile durch senkrechte Striche voneinander.

Ableitung	Zusammensetzung	Ableitung + Zusammensetzung
das Ge|wächs ...	der Nach|wuchs ...	heran|wachs|en ...

3 Die Wortfamilie *-bind-* ist groß.

Tipp
Nutze die Bedeutungsprobe.

a Bilde mit folgenden Wortbauteilen zur Wortfamilie *-bind-* so viele Wörter wie möglich. Schreibe sie in dein Heft.

an ab ein vor zusammen

ver- ent- un- -bar -lich -ig -ung -nis

anbinden, die Anbindung, ...

b Bildet Wortgruppen mit euren Wortbeispielen aus Aufgabe a und diktiert sie euch gegenseitig.

anbinden – den Luftballon anbinden, ...

3 a Die Varianten des Wortstammes sind: *-bind- / -band- / -bänd- / -bund- / -bünd-.*

Synonyme

1 Viele Bezeichnungen – eine Bedeutung

a Beschreibt, was die Wörter gemeinsam haben und was sie unterscheidet.

das Haupt / der Schädel / die Birne / der Chef / der Nischel / der Kopf

Tipp
Es gibt teilweise mehrere Lösungen.

b Setzt in die Lücken die passenden Wörter aus Aufgabe a ein.
Begründet eure Wahl.

1 Erhobenen ___ verließen die Verlierer das Stadion. **2** Wer ist der ___ des Unternehmens? **3** Mann, was hat der bloß in sein ___ ___! **4** Der Arzt verwies auf die Schlagspuren am ___. **5** Während der Mathearbeit rauchte mein ___. **6** Vor Anstrengung brummte mir der ___. **7** Einen König bezeichnet man manchmal auch als gekröntes ___.

●●● **c** Sucht weitere Bezeichnungen und nennt sie.

> Wörter einer Wortart, die eine ähnliche Bedeutung haben, nennt man **Synonyme**. Sie bilden ein **Wortfeld**, mit dessen Hilfe man einen Text abwechslungsreicher gestalten und Wortwiederholungen vermeiden kann. Meist weisen Synonyme kleine Bedeutungsunterschiede auf, z. B.: *sagen, reden, sprechen, rufen, meinen.*

2 Vergleicht die Synonyme zum Wortfeld *stark* miteinander.

a Besprecht, was genau sie voneinander unterscheidet.
Sucht Themenfelder und ordnet sie ein.

stark / kräftig / kraftstrotzend / fit / robust / widerstandsfähig / brillant / unempfindlich / stabil / massiv / kompakt / beleibt / voluminös / heftig / gehaltvoll / intensiv / ausgezeichnet / beeindruckend / gut

Tipp
Es gibt verschiedene Lösungen.

b Ersetzt das Adjektiv *stark* durch passende Synonyme aus Aufgabe a.

1. Meine Mutter liebt starken Kaffee.
2. Lilli hat starke Kopfschmerzen.
3. Das war gestern ein starker Auftritt von Anton und seinem Team.
4. Max hat einen starken Organismus, er erkrankt nicht so leicht.
5. Fine ist stark gebaut, so nennt es meine Tante.
6. Nadja ist eine starke Langläuferin.
7. Durch das Klettertraining bekam Tarek starke Hände.

2 a Wählt aus den folgenden Themenfeldern aus.
Körperbau / körperliche Fitness / Gesundheit / Leistung / Wirkung auf ein Publikum / Bauweise von Gebäuden / Stärke von Lebensmitteln

3 Drei Berichte – jeweils anders formuliert

a Lies die drei Berichte. Wähle aus, für wen die Berichte formuliert sein könnten. Begründe deine Meinung.

Adam: Die ersten Kilometer sind wir schnell gefahren. An der Bahnschranke mussten wir anhalten, weil ein Güterzug durchfuhr. Dann fuhren wir zügig weiter.

Paul: Die ersten Kilometer sind wir im Affenzahn dahingejagt. An der Bahnschranke mussten wir runter vom Rad, weil ein Güterzug mit tausend Waggons vorbeikroch. Aber dann gaben wir noch mal so richtig Gas.

Nina: Vom Start an traten wir voll in die Pedale. An der Bahnschranke mussten wir die Bremsen ziehen, weil ein Güterzug vorbeizockelte. Danach machten wir wieder Tempo nach Plan.

b Untersuche die Berichte genauer. Vergleiche, wie die drei Kinder die Vorgänge und Tätigkeiten bezeichnen.

Adam	Paul	Nina
wir sind schnell gefahren wir mussten anhalten ein Güterzug fuhr durch wir fuhren zügig weiter	…	…

4 Synonyme bilden ein Wortfeld.

a Ordne die folgenden Beispiele einem der vier Wortfelder zu.

dahinpreschen / stürmen / bummeln / auf Tempo kommen / rasen / schleichen / Halt machen / bremsen / beschleunigen / stehen bleiben / Gas geben / im Schritttempo fahren

1 schnell fahren: dahinpreschen, …
2 langsam gehen oder fahren: …
3 anhalten: …
4 Geschwindigkeit erhöhen: …

b Ergänze die Wortfelder mit jeweils zwei eigenen Beispielen.

c In welchen Situationen würdet ihre welche Formulierungen verwenden? Bildet Beispielsätze und tauscht euch darüber aus.

3a Wähle aus den folgenden Möglichkeiten aus.
Freunden / dem Trainer / der Polizei / der Sportlehrerin

4b Ordne die folgenden Beispiele den Wortfeldern zu.
fliegen / warten / spurten / stoppen / sausen / sprinten / vom Gas gehen / jagen / davonfegen / aufdrehen / wie ein Pfeil / wie eine Rakete / wie der Blitz fahren / losdonnern / im Schneckentempo fahren / ein irres Tempo haben / die Bremsen ziehen / kriechen / zischen / vorbeizockeln / auf die Bremse treten / nicht weiterfahren

Mehrdeutige Wörter

1 Worin liegt der Witz dieser Abbildungen?
Tauscht euch darüber aus.

Viele Wörter haben nicht nur eine Bedeutung, sondern mehrere. Man nennt sie **mehrdeutige Wörter**. Welche der Bedeutungen gemeint ist, wird erst aus dem Verwendungszusammenhang klar, z. B.:
das Tempo (Geschwindigkeit, Eile) – *das Tempo* (Name einer Taschentuchmarke).

2 Welche Wörter werden hier umschrieben? Ordnet die folgenden Wörter den Beschreibungen zu. Prägt euch die Bedeutungen ein.

die Bank / der Schimmel / der Ball / die Wurzel / das As

1 ein Sitzmöbel – ein Geldinstitut
2 eine Tanzveranstaltung – ein Sportgerät
3 ein Teil der Pflanze im Boden – ein Teil des Zahnes
4 eine Spielkarte – ein Genie
5 ein weißes Pferd – der Fäulnisbelag auf Speisen

1. die Bank 2. ...

3 Jedes dieser Wörter hat zwei Bedeutungen.

a Wähle ein Wort aus und umschreibe seine Bedeutungen in je einem Satz.

die Tafel / die Schlange / das Schloss / der Hahn / die Mutter / der Kater

Es hängt an der Wand und ...
Es ist ein großer, feierlich gedeckter ...

b Lest euch eure Sätze gegenseitig vor und lasst das Wort erraten.

●○○ **4** Wähle aus, welche Adjektive aus den Klammern als Synonyme passen.

1 Die Aufgabe ist ganz leicht. (**A** unwichtig **B** einfach)
2 Die Milch ist sauer geworden. (**A** schlecht, ungenießbar **B** böse)
3 Sie hatte einen starken Auftritt. (**A** kräftig **B** sehr gut, beeindruckend)
4 Er zeigte eine schwache Leistung. (**A** schlecht **B** krank)
5 Wir lauschten gefesselt dem Redner. (**A** beeindruckt **B** in Fesseln)
6 Der Sänger ist so süß! (**A** niedlich **B** schmackhaft)
7 Ivo nimmt seine Aufgabe ernst. (**A** humorlos **B** wichtig)
8 Großvaters Zustand ist ernst. (**A** wichtig **B** beängstigend)

5 Was ist das?

a Setze jeweils ein Adjektiv ein, das in beide Sätze passt.

1 Die Aufgabe liegt mir ___ im Magen. Sie zog das ___ Paket hinter sich her.
2 Er zeigte heute eine ___ Leistung. Ihr Puls war ganz ___.
3 Die Milch ist ___ geworden. Sei doch nicht ___ wegen der Absage!
4 Leyla isst gerne ___ Sachen. Ist der kleine Hund nicht ___?!
5 Die Aufgabe ist ganz ___. Er tanzte ___ über die Bühne.
6 Sein Zustand ist ___. Er nimmt immer alles so ___.

b Entscheide, welche der folgenden Adjektive als Synonyme in die Sätze in Aufgabe a passen.

niedlich / einfach / böse / schlecht / wichtig

6 Überarbeite folgenden Text. Vermeide unnötige Wortwiederholungen.

Was für ein schlechter Tag: Beim Aufstehen konnte ich mich schlecht bewegen, Muskelkater überall. Zum Frühstück ging es schlecht weiter, denn die Milch war schlecht. Und dann war auch noch das Wetter schlecht, passend zu meiner schlechten Laune.

●●● **7** Untersucht folgende Wörter.

a Lest die Wörter laut vor und formuliert, welche Besonderheiten ihr feststellt.

1 die Leiter – der Leiter
2 der Wal – die Wahl
3 die Kiefer – der Kiefer
4 das Tor – der Tor
5 der Morgen – morgen
6 der Arm – arm
7 malen – mahlen
8 lehren – leeren

b Verwendet die Wörter in Sätzen und stellt sie euch gegenseitig vor.

5 a Wähle aus den folgenden Adjektiven die passenden aus.
süß / sauer / schwer / ernst / leicht / schwach

6 Wähle aus den folgenden Wörtern aus.
übel / miserabel / schwer / schrecklich / sauer / unerfreulich / furchtbar / mies

Redewendungen, Sprichwörter und feste Vergleiche

1 Viele Redewendungen im Deutschen beziehen sich auf ein Körperteil.

a Nenne die Redewendungen, die in den Illustrationen stecken. Erkläre ihre Aussage.

b Kennst du weitere Redewendungen, in denen es um Körperteile geht? Sammle Beispiele und stelle sie in der Klasse vor.

c Überlegt, ob ihr solche Redewendungen auch aus anderen Sprachen kennt, die ihr lernt oder sprecht. Nennt Beispiele und übersetzt sie für die anderen ins Deutsche.

> **Redewendungen** (Wortgruppen) sind feste sprachliche Wendungen, mit denen sich etwas besonders anschaulich und einprägsam ausdrücken lässt, z. B.: *auf die Nase fallen, sich den Kopf zerbrechen.*
> **Sprichwörter** (in Form eines Satzes) geben Erfahrungen, Beobachtungen und Einsichten anschaulich und einprägsam wieder, z. B.:
> *Es ist noch kein Meister vom Himmel gefallen.*
> **Feste Vergleiche** sind bildhafte Wortgruppen mit dem Vergleichswort *wie*, z. B.: *kämpfen wie ein Löwe, hart wie eine Nuss.*

●○○ **2** Kennst du folgende Redewendungen?

a Ordne den Redewendungen 1 bis 6 die Erläuterungen A bis F zu.

1 jemandem im Nacken sitzen	**A** lange warten müssen
2 sich die Beine in den Bauch stehen	**B** jemanden bedrängen
3 mit einem blauen Auge davonkommen	**C** sich einmischen in Sachen, die einen nichts angehen
4 kalte Füße bekommen	**D** wachsam sein
5 seine Nase in fremde Angelegenheiten stecken	**E** gerade noch ohne größeren Schaden davonkommen
6 die Ohren spitzen	**F** jetzt Angst vor den Konsequenzen haben

b Verwendet einige der Redewendungen in Sätzen.

c Tauscht euch darüber aus, wie die Redewendungen im Vergleich zu den Erläuterungen wirken und in welcher Situation ihr sie verwenden würdet.

3 Die folgenden Redewendungen sind unvollständig.

a Vervollständigt sie und überlegt, in welcher Situation ihr sie verwenden würdet.

1 sich die ___ raufen
2 kalte ___ bekommen
3 die ___ spitzen
4 jemandem auf den ___ bleiben
5 den ___ unterm Arm tragen
6 die ___ rümpfen
7 jemandem ein ___ stellen
8 jemandem auf die ___ treten
9 etwas auf die leichte ___ nehmen
10 jemandem den ___ waschen
11 mit einem blauen ___ davonkommen

b Verwendet einige der Redewendungen in Sätzen.

4 Ergänze jeweils eine Redewendung, die zur Situation passt.

1 Ich will nicht, aber Emily lässt nicht locker.
Sie ___ mir richtig ___.
2 Linda lässt sich nichts sagen.
Sie ___ ihren Eltern ganz schön ___.
3 Wie konnten wir nur den Fehler übersehen!
Wir müssen ___ gehabt haben.
4 Meine Eltern unterhielten sich und ich hörte nicht hin.
Aber als mein Name fiel, ___.
5 Streng dich an!
Nimm den Test nicht ___!
6 Da hast du aber noch mal Glück gehabt!
Du bist noch mal ___!
7 Wir mussten ganz schön lange auf Max warten.
Wir haben uns ___.

3 a Wähle aus den folgenden Wörtern aus.
Auge / Bein / Haare / Fersen / Füße / Kopf / Nase / Ohren / Schulter

4 Wähle aus den folgenden Redewendungen aus.
jemandem im Nacken sitzen / Tomaten auf den Augen haben / mit einem blauen Auge davonkommen / sich die Beine in den Bauch stehen / jemandem auf der Nase herumtanzen / die Ohren spitzen / auf die leichte Schulter nehmen

5 Welches Kleidungsstück spielt in den folgenden Redewendungen eine Rolle? Wählt eins aus und ergänzt es. Bildet einen Satz mit der Redewendung und erklärt ihre Aussage.

1 am ___zipfel hängen (**A** Mantel- **B** Kleider- **C** Rock-)
2 jemandem auf der ___ liegen (**A** Tasche **B** Bluse **C** Mütze)
3 etwas aus dem ___ schütteln (**A** Ärmel **B** Hut **C** Schuh)
4 jemanden mit ___ anfassen (**A** Tüchern **B** Kleidern **C** Samthandschuhen)
5 jemandem auf den ___ treten (**A** Rock **B** Schlips **C** Stiefel)
6 seinen ___ nach dem Wind hängen (**A** Anzug **B** Rock **C** Mantel)

6 Welches Kleidungsstück spielt in diesen Redewendungen eine Rolle?

a Wählt es aus und umschreibt die Bedeutung der Redewendung mit eigenen Worten.

Brille / Gürtel / Schuh / Hemd / Hut / Kragen / Mantel / Mütze / Schuhe / Socken / Jacke / Ärmel

1 Ich habe leider keine Zeit mehr, ich muss mich auf die ___ machen.
2 Wenn Conny einmal in Fahrt ist, redet sie sich um Kopf und ___.
3 Dein Vater kauft ein Haus und deshalb müsst ihr den ___ enger schnallen?
4 Typisch Daniel! Jetzt will er mir wieder alles in die ___ schieben.
5 Sag mir doch einfach, wo dich der ___ drückt.

●●● b Formuliert mit den nicht benötigten Kleidungsstücken eigene Sätze. Lest sie vor und lasst die Klasse nach den Redewendungen suchen.

7 Sprichwörter sind sehr bildhaft formuliert.

a Lest die Sprichwörter abwechselnd laut vor. Erklärt ihre Bedeutung und tauscht euch darüber aus, warum es sie gibt.

1 Wer anderen eine Grube gräbt, fällt selbst hinein.
2 Was ich nicht weiß, macht mich nicht heiß.
3 Wenn zwei sich streiten, freut sich der Dritte.
4 Erst die Arbeit, dann das Vergnügen.
5 Wer die Wahl hat, hat die Qual.

b Nennt weitere Sprichwörter, die ihr kennt.

c Überlegt, ob ihr solche Sprichwörter auch aus anderen Sprachen kennt, die ihr lernt oder sprecht. Nennt Beispiele und übersetzt sie für die anderen ins Deutsche.

d Tauscht euch darüber aus, ob Sprichwörter heute noch einen Wert haben. Welche Sprichwörter gefallen dir und welche nicht? Warum ist das so?

8 Wählt eins der Wörter aus den Klammern aus und vervollständigt die Sprichwörter. Erklärt ihre Bedeutung, zum Beispiel anhand einer Verwendungssituation.

1 Viele ___ verderben den Brei.
(**A** Köche **B** Meister **C** Lehrer)

2 Einem geschenkten ___ schaut man nicht ins Maul.
(**A** Gaul **B** Huhn **C** Hund)

3 Die Axt im Haus ersetzt den ___.
(**A** Handwerker **B** Zimmermann **C** Meister)

4 ___ erkennt man in der Not.
(**A** Nachbarn **B** Freunde **C** den Arzt)

5 Mit ___ fängt man Mäuse.
(**A** Fallen **B** Käse **C** Speck)

6 Ohne Fleiß kein ___.
(**A** Erfolg **B** Geld **C** Preis)

7 Der ___ macht die Musik.
(**A** Klang **B** Ton **C** Bass)

8 ___ machen Leute.
(**A** Kleider **B** Kinder **C** Autos)

9 Ordne den Sprichwörtern 1 bis 4 die Situationen A bis D zu.

1 Viele Köche verderben den Brei.

A Meine Mutter berichtet, dass die neue Kitaleiterin einiges ändern will.

2 Neue Besen kehren gut.

B Sie kämen zu keiner Entscheidung, sagt mein Vater, weil jeder Mitarbeiter andere Ideen hat.

3 Früh übt sich, wer ein Meister werden will.

C Meine Eltern sind meinem Bruder doch auf die Schliche gekommen.

4 Lügen haben kurze Beine.

D Meine fünfjährige Schwester tanzt auf dem Schwebebalken wie eine Elfe.

> **Tipp**
> Präge dir ein paar feste Vergleiche mit ihrer Bedeutung ein.

10 In festen Vergleichen spielen häufig Tiere als Vergleichsobjekt eine Rolle.

a Nenne den Vergleich, den die Illustration wiedergibt.

1 sich wie ein Elefant im Porzellanladen benehmen
2 wie die Heringe stehen
3 wie die Katze um den heißen Brei schleichen

b Lies die Erklärungen A bis C und ordne sie den festen Vergleichen 1 bis 3 aus Aufgabe a zu.

A sich vor einer klaren Entscheidung, Bitte oder Stellungnahme scheuen
B sich ungeschickt benehmen, sich undiplomatisch verhalten
C dicht gedrängt in einer Menge stehen

●○○ **11** Wähle das passende Adjektiv oder Verb aus und ergänze die Vergleiche. Überlege, wie diese Tiere „sprechen" oder sich fortbewegen.

1 ___ wie eine siebenköpfige Raupe (**A** gefräßig **B** durstig)
2 ___ wie ein Fuchs (**A** schlau **B** klug)
3 ___ wie ein Bär (**A** kräftig **B** stark)
4 ___ wie eine Gemse (**A** hüpfen **B** springen)
5 ___ wie ein Rabe (**A** tschilpen **B** krächzen)
6 ___ wie die Katze um den heißen Brei (**A** schleichen **B** springen)

12 Wähle die passenden Vergleichsobjekte und vervollständige die festen Vergleiche.

> **Tipp**
> Es gibt jeweils nur eine richtige Lösung.

a Wähle aus, welches Wort aus den Klammern jeweils in die Lücken passt.

1 summen wie im ___ (**A** Bienenstock **B** Wespennest **C** Vogelnest)
2 schnattern wie ___ (**A** eine Ente **B** ein Papagei **C** eine Gans)
3 piepsen wie ___ (**A** ein Kolibri **B** ein Mäuschen **C** ein Meerschweinchen)
4 krächzen wie ___ (**A** ein Adler **B** ein Rabe **C** ein Ziegenbock)
5 zittern wie ___ (**A** die Birken **B** Hafer **C** Espenlaub)
6 flink wie ___ (**A** eine Ratte **B** ein Wiesel **C** ein Gepard)

b Verdeutliche die folgenden Aussagen noch einmal bildhaft durch einen Vergleich. Nutze die festen Vergleiche aus Aufgabe a.

1 Der gefasste Dieb hatte Angst, das sah man ihm an. Er ___.
2 Der ganze Raum war von den Stimmen erfüllt. Es ___.
3 Du bist ja richtig erkältet. Du ___.
4 ___ war Tan verschwunden, so schnell konnten wir gar nicht gucken.
5 Marla redete die ganze Zeit. Sie ___.

Satzbau und Zeichensetzung

Bau des einfachen Satzes

1 Wann ist ein Satz ein Satz?

a Entscheidet, ob die folgenden Beispiele Sätze sind. Ergänzt diejenigen, die keine Sätze sind, durch die fehlenden Informationen.

1 in Asien, Afrika und Amerika Millionen Einwohner in Megacitys
2 Seit 2008 leben weltweit mehr Menschen in Städten als auf dem Land.
3 Warum zieht es Menschen in die Städte?
4 erhoffen sich in der Stadt bessere Chancen zum Leben und Arbeiten
5 bei jungen Menschen in Deutschland vor allem große Städte beliebt
6 Würdest du lieber in einer Stadt oder in einem Dorf leben?

b Schreibt die vollständigen Sätze in eure Hefte und setzt die fehlenden Satzschlusszeichen.

c Lest die Sätze laut vor und verdeutlicht die Satzart mit ihrer Satzmelodie.

2 Wiederholt, was ihr über Sätze wisst. Lest die folgenden Aussagen und verdeutlicht jede Aussage durch ein Beispiel.

1 Ein Satz drückt eine **Aussage**, eine **Frage** oder eine **Aufforderung** aus.
2 **Mündlich** macht man **Aussageabsicht und Satzart** mit der Satzmelodie deutlich.
3 **Schriftlich** macht man **Aussageabsicht und Satzart** mit einem **Satzschlusszeichen** (Punkt, Fragezeichen, Ausrufezeichen) deutlich. Außerdem beginnt ein geschriebener Satz mit **großem Anfangsbuchstaben**.
4 Die Wörter und Wortgruppen eines Satzes bilden **Satzglieder**, wie Subjekt oder Prädikat.

3 Untersuche deine Sätze aus Aufgabe 1 b jetzt genauer.

a Unterstreiche die Subjekte einfach und die Prädikate doppelt. Nutze zur Bestimmung die Frageprobe.

b Bestimme die Satzart deiner Sätze von Aufgabe 1 b. Untersuche, an welcher Position im Satz jeweils die finite Verbform steht.

●●● c Besprecht, welche anderen Satzschlusszeichen zu euren Sätzen passen könnten.

1 a Nutze die folgenden Ergänzungen.
wohnen / leben / die Menschen / sind / viele / sie

3 a *Wer? Was?* → Subjekt
Was wird ausgesagt? → Prädikat

Satzart Funktion	**die finite Verbform steht an**	**Beispiel**
Aussagesatz mitteilen, informieren	zweiter Satzgliedstelle	*Wir wohnen dort drüben.*
Fragesatz fragen (mit Fragewort)	erster Satzgliedstelle zweiter Satzgliedstelle	*Hast du ein eigenes Zimmer?* *Wo wohnst du?*
Aufforderungssatz zum Handeln auffordern	erster Satzgliedstelle	*Hör auf damit!* *Zeichne den Grundriss.*

4 Untersuche folgende Sätze.

a Lies Sinas Text und beurteile, wie er dir gefällt. Gestalte ihn anschließend flüssiger, ohne ein Wort hinzuzufügen.

Ich finde Technik total interessant. Ich habe schon als kleines Mädchen nicht gern mit Puppen gespielt. Ich habe viel lieber an den Spielzeugautos meiner Brüder herumgeschraubt. Ich helfe manchmal meinem großen Bruder in der Autowerkstatt. Ich möchte Kfz-Mechatronikerin werden. Ich habe Begabung dafür, sagt mein Vater. Ich brauche zuerst natürlich einen guten Schulabschluss. Ich werde vielleicht auch mal ein Praktikum in einer anderen Werkstatt machen. Ich möchte schon vorher viel über den Beruf wissen.

Ich finde Technik total interessant. Schon als kleines Mädchen ...

b Beschreibe, wie du vorgegangen bist. Nenne jeweils das Wort, das seine Position im Satz nicht geändert hat.

Sätze bestehen aus Wörtern und Wortgruppen. Diese bilden **Satzglieder**. Jedes Satzglied erfüllt im Satz eine bestimmte Aufgabe.
Die **finite** (gebeugte) **Verbform** steht im **Aussagesatz** immer an der zweiten Satzgliedstelle. An der ersten Satzgliedstelle im Aussagesatz steht immer nur *ein* Satzglied. Welche Wörter und Wortgruppen ein Satzglied bilden, lässt sich mit der **Umstellprobe** ermitteln. Die Wörter, die man nur zusammenhängend vor die finite Verbform umstellen kann, bilden ein Satzglied. Alle weiteren Satzglieder stehen dahinter, z. B.:

Ich	*finde*	*Technik*	*total interessant.*
Technik	*finde*	*ich*	*total interessant.*
Total interessant	*finde*	*ich*	*Technik.*

5 Jeder Aussagesatz besteht aus Satzgliedern. Bestimmt die Anzahl der Satzglieder in jedem Satz. Nutzt dazu die Umstellprobe. In den ersten drei Sätzen ist die finite Verbform unterstrichen.

1 Ich treffe Shi Bao am Montag in Peking.
2 Sie wohnt seit zwei Jahren in einem Pekinger Neubauviertel.
3 Dort feierte die Zwölfjährige ihren Geburtstag.
4 Früher wohnte die Familie Shi in einem alten Stadtviertel Pekings.
5 Die alte Wohnung der Familie Shi hatte weder Bad noch Toilette.
6 Die Bewohner nutzten Bad und Toilette in einem öffentlichen Badehaus.

1. Ich | treffe | Shi Bao | ... (5)

6 Jedes Satzglied erfüllt eine Aufgabe im Satz. Wähle Aufgabe a oder b.

●○○ a Bestimme die Satzglieder in den ersten drei Sätzen aus Aufgabe 5. Nutze die Frageprobe.

●●○ b Bestimme die Satzglieder in den Sätzen aus Aufgabe 5.

Jedes **Satzglied** erfüllt eine bestimmte **Aufgabe** im Satz.

Satzglied	**Frage**	**Beispiel**
Subjekt	Wer? Was? (Nominativ)	*Ich*
Prädikat	Was wird ausgesagt?	*treffe*
Objekt		
Akkusativobjekt	Wen? Was? (Akkusativ)	*Shi Bao*
Dativobjekt	Wem? (Dativ)	–
Adverbialbestimmung		
A. der Zeit	Wann? Wie lange? Seit wann?	*am Montag*
A. des Ortes	Wo? Wohin? Woher?	*in Peking.*

●●● 7 Ordne die folgenden Satzbaupläne den Sätzen der Aufgabe 5 zu. Es wurden folgende Abkürzungen verwendet: S (**S**ubjekt), P (**Pr**ädikat), DO (**D**ativ**o**bjekt), AO (**A**kkusativ**o**bjekt), ABZ (**A**dverbial**b**estimmung der **Z**eit), ABO (**A**dverbial**b**estimmung des **O**rtes).

1 S – P – ABZ – ABO. **2** ABZ – P – S – ABO. **3** ABO – P – S – AO.

Subjekt

1 Es ist nichts zu verstehen, weil alle durcheinanderreden.

a Formuliert die Fragen und die passenden Antwortsätze.

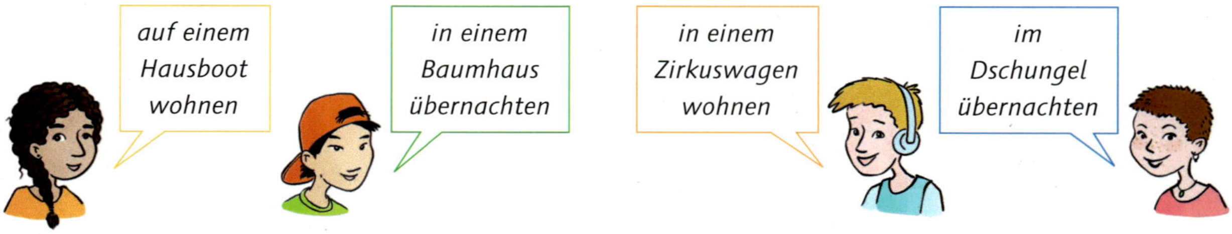

Wer möchte auf einem Hausboot wohnen?
Das Mädchen mit dem Zopf möchte ...

b Weist nach, dass die eingesetzten Wortgruppen in euren Antwortsätzen als Subjekt auftreten. Orientiert euch am Merkkasten.

> Das **Subjekt** ist das Satzglied, über das etwas ausgesagt wird. Man nennt es auch den **Satzgegenstand**. Das Subjekt steht im **Nominativ** und stimmt immer in Person und Zahl mit dem Prädikat überein.
> Es wird mit *Wer?* oder *Was?* erfragt, z. B.:
> *Mareks Eltern führen einen Hof. Dort wohnt auch der Großvater.* Wer?
> *Der Hof läuft gut. Der Familie gehören Haus und Hof.* Was?

2 Ermittle die Subjekte.

a Erfrage die Subjekte in den folgenden Satzpaaren.

1 **a** Zuyas Familie bewohnt ein kleines Holzhaus.
  b Zuya und seine Eltern bewohnen ein kleines Holzhaus.
2 **a** Zuya gehört dem Stamm der Lakota-Indianer an.
  b Zuya und seine Familie gehören dem Stamm der Lakota-Indianer an.
3 **a** Zur Schule fährt der Junge mit dem Bus.
  b Zur Schule fahren der Junge und die Nachbarkinder mit dem Bus.

b Bestimme Person und Zahl der Subjekte. Vergleiche die Satzpaare und weise nach, dass die Subjekte mit dem Prädikat übereinstimmen.

3 Setze die Subjekte richtig ein. Orientiere dich am Prädikat.

Zuyas Mutter / Zuya und seine Eltern / Zuya / eine Öl-Pipeline

1 ____ wohnen in einem Reservat in den USA.
2 Durch ihr Reservat führt ____.
3 ____ engagiert sich deshalb im Umweltschutz.
4 An den Aktionen zum Schutz ihres Flusses beteiligt sich auch ____.

Prädikat

1 In Osaros Bericht fehlen die Prädikate. Wähle Aufgabe a, b oder c.

●○○ **a** Ergänze die Verben in Klammern im Singular oder Plural. Orientiere dich dabei am unterstrichenen Subjekt.

1 Wir ___ in Lagos, der größten Stadt von Nigeria, im 7. Stock eines neuen Wohnblocks. (wohnen)
2 Mit meinen Brüdern ___ ich mir dieses Zimmer hier. (teilen)
3 ___ du das andere Zimmer? Dort schlafen meine Schwestern. (sehen)
4 Jede Wohnung ___ eine Einbauküche und ein Bad. (besitzen)
5 An manchen Tagen ___ der Fahrstuhl, aber oft ist Stromausfall. (funktionieren)

1. Wir wohnen ... 2. ...

●●○ **b** Setze die Verben in Klammern als einteiliges Prädikat ein. Entscheide dich für eine der beiden möglichen Zeitformen.

1 Wir ___ in Lagos, der größten Stadt von Nigeria, im 7. Stock eines neuen Wohnblocks. (wohnen)
2 Mit meinen Brüdern ___ ich mir dieses Zimmer hier. (teilen)
3 ___ du das andere Zimmer? Dort schlafen meine Schwestern. (sehen)
4 Jede Wohnung ___ eine Einbauküche und ein Bad. (besitzen)
5 An manchen Tagen ___ der Fahrstuhl, aber oft ist Stromausfall. (funktionieren)
6 Mein Großvater ___ noch in einer Pfahlhütte auf dem Wasser. (wohnen)
7 Er ___ als Fischer. (arbeiten)
8 In Makoko, dem Wasserslum von Lagos, ___ über 100 000 Menschen. (leben)

●●● **c** Ergänze in den Sätzen von Aufgabe b das Prädikat in der passenden Zeitform. Weise nach, dass es in fast allen Sätzen an zweiter Satzgliedstelle steht.

1 b *Entscheide, ob du eine Form im Präsens oder im Präteritum einsetzen musst, z. B.: wohnen – wohnten, teile – teilte, siehst – sahst, ...*

Das Satzglied **Prädikat** sagt etwas über das Subjekt aus (**Satzaussage**).
Man kann es mit der Frage *Was wird ausgesagt?* erfragen, z. B.:

Mein Bruder	*wohnt*	*im Sportinternat.*
Wer? Was?	Was wird ausgesagt?	
Subjekt	Prädikat	

Subjekt und **Prädikat** sind die Hauptbestandteile eines Satzes.
Sie bilden den **Satzkern**. Sie stimmen in Person und Zahl überein, z. B.:

Mein Bruder	*wohnt*	*im Sportinternat.*
	3. Person Singular	
Seine Freunde	*wohnen*	*auch dort.*
	3. Person Plural	

Besteht das Prädikat nur aus der finiten (gebeugten) Verbform, dann nennt man es **einteiliges Prädikat**.

2 Sprecht darüber, wo und wie die Menschen auf dem Foto wohnen. Setzt jeweils das passende Subjekt in die Lücke ein. Wechselt euch ab.

1 man / die Fischer
- **a** Seit Generationen setzt ___ Hütten auf Pfählen ins Wasser.
- **b** Seit Generationen setzen ___ ihre Hütten auf Pfählen ins Wasser.

2 die Bewohnerinnen und Bewohner / man
- **a** In Makoko benutzt ___ Kanus als Verkehrsmittel.
- **b** In Makoko benutzen ___ Kanus als Verkehrsmittel.

3 Osaros Großeltern / Osaros Tante
- **a** Im Boot fährt ___ zur Arbeit, zur Kirche oder zum Einkauf.
- **b** Im Boot fuhren ___ zur Arbeit, zur Kirche oder zum Einkauf.

3 Wie war es früher? Wähle Aufgabe a oder b.

●○○ **a** Beantworte folgende Fragen schriftlich. Formuliere Sätze.

1 Wo wohnten deine Großeltern? **2** Wo wohnten deine Eltern?
3 Hattet ihr einen Garten? **4** Wo spieltest du als kleines Kind?
5 Wie hießen deine Freunde? **6** Hattest du ein Haustier?

1. Meine Großeltern wohnten in …
2. Meine Eltern …

●●○ **b** Beantworte die Fragen aus Aufgabe a schriftlich. Formuliere Sätze und ergänze mindestens zwei weitere Sätze, die von früher erzählen.

4 Wie ist es heute? Stellt euch gegenseitig Fragen wie in Aufgabe 3 a und beantwortet sie.

1. Wo wohnen deine Großeltern?
Meine Großeltern wohnen in …

5 Subjekt und Prädikat stimmen in Person und Zahl überein.

a Ermittle Subjekt und Prädikat und benenne die finite Verbform.

1 2013 hat man die erste schwimmende Schule in Makoko eröffnet.
2 Früher hat es nur auf dem Festland Schulen gegeben.
3 Nur ein Fünftel der Kinder des Slumviertels ist zur Schule auf dem Festland gegangen.
4 Ein nigerianischer Architekt hat die Bauweise der Pfahlhütten für den Schulbau übernommen.
5 Das dreietagige Holzhaus hat er auf ein Floß aus recycelten Plastikkanistern gestellt und das Floß fest im Boden verankert.
6 Leider hat ein schwerer Sturm die Schule im Juni 2016 zerstört.

b Untersuche, an welcher Satzgliedstelle die finite Verbform steht und an welcher der andere Prädikatsteil.

Das **mehrteilige Prädikat** besteht aus der finiten (gebeugten) Verbform und anderen, infiniten (ungebeugten) Verbformen (Infinitiv, Partizip II) oder weiteren Wörtern, z. B.:

Voriges Jahr	*sind*	*wir*	*umgezogen.*	(Partizip II)
Wir	*durften*	*eine Garage*	*anbauen.*	(Infinitiv)
Mein Bruder	*zieht*	*zum Jahresende*	*aus.*	(anderes Wort)

Die finite Verbform steht an zweiter Satzgliedstelle, der infinite Prädikatsteil am Satzende. Das mehrteilige Prädikat kann andere Satzglieder einrahmen. Es bildet dann einen **prädikativen Rahmen**.

6 Bestimme in den folgenden Sätzen die finite Verbform.

1 Die Fischer müssen die Netze auswerfen.
2 Mit vier Jahren konnten meine Geschwister und ich schon schwimmen.
3 Die Pfahlhäuser haben die Bewohner fest im Boden verankert.
4 Hausboote können schnell zu einem anderen Lagerplatz gefahren werden.

5 a *Wende dazu die Ersatzprobe an: Ersetze das Subjekt im Plural durch ein Subjekt im Singular und umgekehrt. Die Verbform, die sich dann ändert, ist die finite Verbform, z. B.:*
sie können steuern – ich kann steuern
sie hatte verstanden – wir hatten verstanden

7 Ermittle die Prädikate und ihre Bestandteile. Wähle Aufgabe a, b oder c.

●○○ **a** Bestimme die finite Verbform in den folgenden Sätzen. Die Prädikate sind unterstrichen.

1 Schon Kinder <u>können</u> ein Kanu durch die Kanäle von Makoko <u>steuern</u>.
2 „Das <u>habe</u> ich von meiner Großmutter <u>gelernt</u>", berichtet Osaro.
3 „Mit sechs Jahren <u>bin</u> ich schon allein zum Einkaufen <u>gepaddelt</u>."

●●○ **b** Ermittle in den folgenden Sätzen die finiten und die infiniten Verbformen.

1 Schon Kinder können ein Kanu durch die Kanäle von Makoko steuern.
2 „Das habe ich von meiner Großmutter gelernt", berichtet Osaro.
3 „Mit sechs Jahren bin ich schon allein zum Einkaufen gepaddelt."
4 Wie kann man das Ertrinken der kleinen Kinder verhindern?
5 Nachts müssen die Mütter die Babys an ihrem Handgelenk festknoten.
6 Spätestens mit vier Jahren müssen hier alle Kinder schwimmen können.

●●● **c** Ermittle in den Sätzen aus Aufgabe b die finiten und die infiniten Verbformen. Bestimme jeweils die infinite Verbform.

8 Bildet mit folgenden Verben kurze Sätze.

a Verwendet die folgenden Verben im Präsens, im Präteritum und im Perfekt. Nutzt die Personalpronomen *ich, du, er, sie, es, wir, ihr, sie* als Subjekt.

umziehen / einziehen / wegziehen / anbauen / ausbauen / umräumen

Wir ziehen diesen Monat um. Er zog voriges Jahr ... Ich bin gerade ...

→ **S. 167:** Wortbildung

b Erklärt, warum die Verben aus Aufgabe a einen prädikativen Rahmen bilden.

9 Ermittle das Prädikat.

a Übertrage die Sätze in dein Heft. Markiere die finiten Verbformen und die infiniten Prädikatsteile unterschiedlich.

1 Der Slum von Makoko ist im 19. Jahrhundert entstanden.
2 An der Küste von Lagos ließen sich Fischer aus den Nachbarländern Benin und Togo nieder.
3 Die Behörden der Millionenstadt Lagos wollten die Armensiedlung nicht länger dulden.
4 2012 wurden die Hütten von 3 000 Bewohnern abgerissen.
5 Weder Entschädigungen noch andere Wohnungen haben die betroffenen Familien erhalten.
6 Aber die Bewohner von Makoko geben nicht kampflos auf.

b Prüfe, ob die finite Verbform in allen Sätzen an zweiter Satzgliedstelle steht, und markiere die Satzglieder innerhalb des prädikativen Rahmens farbig.

Objekt (Ergänzung)

1 Die meisten Prädikate fordern eine weitere Ergänzung. Wähle Aufgabe a, b oder c.

●○○ **a** Erfrage die unterstrichenen Satzglieder und bestimme ihren Fall.

1 Nomaden in Afrika bedecken ihre Zelte mit Bastmatten oder Bahnen aus Kamelhaut.
2 Die Tipis der amerikanischen indianischen Ureinwohner ähneln den Jurten der Mongolen.
3 Die Schäfer in Anatolien verwenden einfachere Zelte.
4 Den Schäfern dient ein großer Überwurf aus Filz als Zeltdach.
5 Den Tuareg bietet ein Zelt aus Tierhäuten in der Wüste Sahara Schatten.
6 Manche Eltern in Europa kaufen ihren Kindern zum Spielen ein leichtes Zelt.

1. bedecken wen oder was? – Akkusativ 2. ...

●●○ **b** Bestimme in den Sätzen aus Aufgabe a den Fall der unterstrichenen Objekte und ermittle das Prädikat.

Das **Objekt** ist ein Satzglied, welches das Prädikat ergänzt. Der Fall des Objekts ist vom Verb abhängig. Zur Bestimmung des Falls kann man die Frageprobe nutzen, z. B.:

Malte hilft seinem Vater.	Wem?	Dativobjekt
Er liebt ihn sehr.	Wen?	Akkusativobjekt
Sie beobachten beide den Wind.	Was?	Akkusativobjekt
Der Vater gibt ihm einen Sattel.	Wem?	Dativobjekt +
	Was?	Akkusativobjekt

●●● **c** Bestimme in den Sätzen aus Aufgabe a den Fall der unterstrichenen Objekte. Ermittle auch die Subjekte und die Prädikate.

●○○ **2** Ersetze die Fragewörter durch die Wortgruppen in Klammern.

1 Er verspricht *(Wem? Was?)*. (das Kind / ein Fußball)
2 Ich gebe *(Wem? Was?)*. (mein Freund / ein Tipp)
3 Sie händigt *(Wem? Was?)* aus. (der Patient / ein Rezept)
4 Sie gönnen *(Wem? Was?)*. (ihr Sohn / der Urlaub)
5 Sie schenkt *(Wem? Was?)*. (ihr Bruder / ein Bild)

1. Er verspricht dem Kind ...
2. ...

Tipp
Diese Verben benötigen eine Ergänzung im Dativ *und* im Akkusativ. Präge sie dir ein.

1 a *Nutze die folgenden Fragewörter.*
Satz 1, 3, 5, 6: Wen? Was?
Satz 2, 4, 5, 6: Wem?

3 Übertrage die Tabelle in dein Heft und ordne die Verben aus den Aufgaben 1 und 2 richtig zu.

Verben mit Dativobjekt	**Verben mit Akkusativobjekt**	**Verben mit Dativ- und Akkusativobjekt**
ähneln ...	bedecken ...	bieten ...

4 Ergänze die fehlenden Dativ- und Akkusativobjekte.

1 Chenmo und ihre Eltern sind Nomaden. Sie nutzen ___ als Wohnzelt. (eine Jurte)
2 Die Jurte spendet ___ in Tibet auf 4000 Meter Höhe ___. (die Nomaden, Wärme und Schutz)
3 Das runde Holzgerüst der Jurten trotzt ___. (die heftigen Steppenwinde)
4 Beim Aufbau der Jurte hilft Chenmo ___. (ihr Vater)
5 Mit dem getrockneten Dung der Yaks – ihrer Rinder – beheizen sie ___ in der Mitte der Jurte. (der Ofen)
6 Alle drei Monate verlassen sie ___ und ziehen weiter. (ihr Lagerplatz)
7 In der Stadt besucht Chenmo ___. (eine Schule mit Internat)

1. Sie nutzen eine Jurte ...

Prädikate können auch durch **Genitivobjekte** ergänzt werden. Heute verwendet man Verben mit dieser Ergänzung meist nur in der Schriftsprache. Genitivobjekte lassen sich mithilfe der Frage *Wessen?* bestimmen, z. B.:
Malte rühmt sich seiner Reitkünste. Wessen? Genitivobjekt

Tipp
Prägt euch die Verben ein, die ein Genitivobjekt verlangen.

5 Ergänzt die passenden Genitivobjekte.

unserer Topfpflanzen / der Katzen / bester Gesundheit / unserer Hilfe

1 Meine Großeltern erfreuen sich ___.
2 Trotzdem bedürfen sie ___.
3 Bei unserem Umzug wollte sich eine Freundin ___ annehmen.
4 Sie erbarmte sich ___, für die in der neuen Wohnung kein Platz mehr ist.

6 Setze die Wortgruppen in Klammern im Genitiv ein.

1 Die Polizei verdächtigte ihn ___. (der Diebstahl / der Mord)
2 Die Nachbarn nahmen sich ___ an. (die Kinder / der Hund)
3 Der Ladenbesitzer beschuldigte die Jungen ___. (der Einbruch)
4 Der Täter hatte sich vor Freunden ___ gerühmt. (seine Tat)
5 Die Kommissarin enthielt sich ___. (jede Kritik)

1. Die Polizei verdächtigte ihn des Diebstahls / des ...

Bei manchen Objekten wird der Fall von einer **Präposition** bestimmt. Diese Objekte nennt man **Präpositionalobjekte**, z. B.:

Er kümmert sich um ihren Sohn.	*sich kümmern um* (Um wen? Worum? *umgangssprachlich:* Um was?) Präpositionalobjekt im Akkusativ
Das Zelt schützt vor dem Wind.	*schützen vor* (Vor wem? Wovor? *umgangssprachlich:* Vor was?) Präpositionalobjekt im Dativ

7 Weist nach, dass die markierten Wortgruppen Präpositionalobjekte sind.

Tipp
Die Präposition muss in der Frage auftauchen.

a Erfragt die unterstrichenen Wortgruppen. Wählt die passenden Fragewörter aus. In Klammern steht ihre umgangssprachliche Form.

Auf wen? / Wovor? (Vor was?) / Worum? (Um was?) / Worauf? (Auf was?) / Wofür? (Für was?) / Woraus? (Aus was?) / Wovon? (Von was?)

1 In der Sahara, einer Wüste Afrikas, trifft man auf das Nomadenvolk der Tuareg.
2 Das Zelt der Tuareg besteht aus 30 zusammengenähten Tierhäuten.
3 Fett und rotes Ocker muss man auf die Tierhaut auftragen.
4 Das schützt die Zeltbahn vor Sonne und Regen.

1. Auf wen trifft man in der Sahara? auf das Nomadenvolk ...
2. ...

b Bestimmt den Fall der Präpositionalobjekte.

1. auf das Nomadenvolk der Tuareg (Auf wen trifft man? Akkusativ)
2. ...

8 Manche Verben verlangen bestimmte Präpositionen.
Wähle Aufgabe a, b oder c.

●○○ **a** Bildet Präpositionalobjekte. Stellt euch dazu mit den Verben aus der Tabelle gegenseitig Fragen nach folgendem Muster und beantwortet sie.

Tipp
Um euch die Verben und die Bildung der Präpositionalobjekte einzuprägen, formuliert möglichst viele Antworten auf die Fragen.

Verben + Präposition	Person	Sache
1 denken an / sich gewöhnen an	An wen?	Woran?
2 sich freuen auf / sich verlassen auf	Auf wen?	Worauf?
3 sich interessieren für / sich entscheiden für	Für wen?	Wofür?
4 beginnen mit / sich beschäftigen mit	Mit wem?	Womit?
5 fragen nach / suchen nach	Nach wem?	Wonach?
6 sich kümmern um / sich sorgen um	Um wen?	Worum?
7 abhängen von / berichten von	Von wem?	Wovon?

1. An wen denkst du? Ich denke an meinen Onkel.
Woran denkst du? Ich denke an die Ferien.
2. ...

●●○ **b** Wähle Verben aus der Tabelle in Aufgabe a aus und schreibe je eine Frage mit Antwort in dein Heft. Markiere das Verb und unterstreiche das Präpositionalobjekt.

1. Woran denkst du? Ich denke an die Ferien.
2. Auf wen freust du dich? ...

●●● **c** Wähle Verben aus der Tabelle in Aufgabe a aus und schreibe beide Fragen mit Antwort in dein Heft. Bestimme den Fall des Präpositionalobjekts.

9 Ermittle die Präpositionalobjekte. Nutze dazu die Frageprobe.
Schreibe das Verb im Infinitiv mit der Präposition in dein Heft.

1 Immer wieder suchen die Tuareg nach einem neuen Lagerplatz.
2 Die Tuareg-Männer entscheiden über den Platz zum Lagern.
3 Um das Aufstellen der Zelte kümmern sich die Tuareg-Frauen, denn sie sind die Zeltbesitzerinnen.
4 Die Frauen sorgen für Ordnung im Zelt.
5 Viele Tuareg sind heute sesshaft und leben von Viehzucht.
6 Manche entscheiden sich aber immer noch für ein Nomadenleben.

1. suchen nach (Wonach? nach einem neuen Lagerplatz) 2. ...

9 Nutze die folgenden Fragewörter (in Klammern steht die umgangssprachliche Form).
Wonach? (Nach was?) / Worüber? (Über was?) / Worum? (Um was?) / Wofür? (Für was?) / Wovon? (Von was?)

Adverbialbestimmungen (Umstandsbestimmungen)

1 Erfragt die unterstrichenen Wortgruppen. Benennt die Information, die sie euch geben.

1 Seit zehn Jahren arbeite ich als Fensterputzer, aber mein Arbeitsplatz sind Hochhäuser.
2 Im Sommer montiere ich Leuchtschriften auf Dächern oder riesige Plakate an Fassaden.
3 Industriekletterer werden dorthin gerufen, wo man in großer Höhe arbeiten muss.
4 Jeder hat uns sicher schon einmal an der Fassade eines Hochhauses hängen sehen.
5 Wir sitzen bequem auf einem Sitzbrett wie auf einer Bank.
6 Wegen der Absturzgefahr haben wir immer zwei Seile dabei: eines zum Abseilen und ein Sicherungsseil.
7 Die meisten von uns lieben ihren Job in luftiger Höhe.

1. Seit wann arbeite ich als Fensterputzer? Wie lange arbeite ich …? (Zeitdauer)
2. …

Adverbialbestimmungen (Umstandsbestimmungen) bestimmen das Prädikat näher und bringen zum Beispiel zum Ausdruck, wo und wann etwas geschieht oder jemand etwas tut.
Die **Lokalbestimmungen** (Adverbialbestimmungen des Ortes) kann man mit *Wo? Woher? Wohin?* erfragen, z. B.:
Im Hof feiern wir ein Fest.
Pavel holt den Grill aus dem Keller und stellt ihn auf den Hof.
Die **Temporalbestimmungen** (Adverbialbestimmungen der Zeit) kann man mit *Wann? Wie lange? Seit wann? Bis wann? Wie oft?* erfragen, z. B.:
Das Hoffest findet seit fünf Jahren immer im Juli statt.
Adverbialbestimmungen können in Form eines **Wortes**, einer **Wortgruppe** und eines **Teilsatzes** auftreten, z. B.:
Gestern feierten wir im Hof ein Fest.
Nachdem alle gegangen waren, räumten wir noch auf.

Tipp
Nutze die Frageprobe.

2 Übertrage die folgende Tabelle in dein Heft.
Wähle dann Aufgabe a, b oder c.

Lokalbestimmung (Adverbialbestimmung des Ortes)	**Temporalbestimmung** (Adverbialbestimmung der Zeit)
an meinem Arbeitsplatz …	…

●○○ **a** Ordne die unterstrichenen Adverbialbestimmungen richtig in die Tabelle ein.

1 Höhenangst darf man <u>an meinem Arbeitsplatz</u> niemals haben.
2 Meine höchste Höhe? <u>Voriges Jahr</u> habe ich <u>in 180 Metern Höhe</u> den Schornstein eines stillgelegten Heizkraftwerks repariert.
3 Wir Industriekletterer können mit dem Fahrstuhl <u>bis auf die Hochhausdächer</u> fahren und uns von dort abseilen, um zu putzen.
4 Sportkletterer müssen <u>zuerst</u> auf den Berg klettern, bevor sie sich abseilen.

●●○ **b** Ermittle die Lokalbestimmungen und die Temporalbestimmungen in den folgenden Sätzen und ordne sie richtig in die Tabelle ein.

1 Höhenangst darf man an meinem Arbeitsplatz niemals haben.
2 Meine höchste Höhe? Voriges Jahr habe ich in 180 Metern Höhe den Schornstein eines stillgelegten Heizkraftwerks repariert.
3 Wir Industriekletterer können mit dem Fahrstuhl bis auf die Hochhausdächer fahren und uns von dort abseilen, während wir putzen.
4 Sportkletterer müssen zuerst auf den Berg klettern, bevor sie sich abseilen.
5 Im Winter montieren wir Deckenlampen in Schwimmhallen oder Bahnhöfen.
6 Auch wenn Eiszapfen an den Dachrinnen hängen, werden wir gerufen.

●●● **c** Ermittle die Adverbialbestimmungen in den Sätzen der Aufgabe b und ordne sie richtig in die Tabelle ein. Achte auf Teilsätze. Begründe, dass es sich auch hierbei um Satzglieder handelt.

3 Vergleicht die Satzpaare. Beschreibt, welche zusätzliche Information die Sätze b enthalten.

1 **a** Wir brauchen einen geschützten Ort.
b Wir brauchen zum Wohlfühlen einen geschützten Ort.
2 **a** Er fühlte sich in der Wohnung nicht mehr sicher.
b Wegen des Einbruchs fühlte er sich in der Wohnung nicht mehr sicher.
3 **a** Tipis oder Jurten sind ideal.
b Aufgrund ihrer Bauweise sind Tipis oder Jurten ideal zum Wohnen und zum Transport.
4 **a** Hirten ziehen mit ihrer Herde von Ort zu Ort.
b Hirten ziehen mit ihrer Herde auf Nahrungssuche von Ort zu Ort.
5 **a** Heute wechseln viele Menschen ihren Wohnort.
b Heute wechseln viele Menschen ihren Wohnort, weil sie ihrem Arbeitsplatz folgen.

Auch **Kausalbestimmungen** (Adverbialbestimmungen des Grundes) sind Satzglieder und ergänzen das Prädikat. Man kann sie mit *Warum? Weshalb? Aus welchem Grund?* erfragen, z. B.:
Wegen der hohen Miete zogen wir zu den Großeltern. Weshalb?
Weil sie ein Haus haben, ist für uns noch genügend Platz. Warum?

4 Kausalbestimmungen geben den Grund an.
Wähle Aufgabe a, b oder c.

●○○ a Ermittle in den folgenden Sätzen die Kausalbestimmungen.

1 In Bunkern brachten sich früher Menschen wegen der Bombenangriffe in Sicherheit.
2 Wegen ihrer dicken Wände schlucken Bunker jeden Schall.
3 Deshalb werden sie in Friedenszeiten für Musikklubs oder als Übungsräume für Musiker genutzt.

1. Warum bringen sich Menschen in Bunkern in Sicherheit? ...

●●○ b Ermittle in den folgenden Sätzen die Kausalbestimmungen.

1 In Bunkern brachten sich früher Menschen wegen der Bombenangriffe in Sicherheit.
2 Wegen ihrer dicken Wände schlucken Bunker jeden Schall.
3 Deshalb werden sie in Friedenszeiten für Musikklubs oder als Übungsräume für Musiker genutzt.
4 Museen im Hochbunker locken aufgrund ihrer Atmosphäre viele Besucherinnen und Besucher an.
5 Weil Hochbunker zu Kletterwänden umgebaut wurden, stehen sie nicht ungenutzt herum.

●●● c Ermittle in den Sätzen aus Aufgabe b die Kausalbestimmungen.
Bestimme zusätzlich ihre Form (Wort, Wortgruppe, Teilsatz).

5 Sucht Begründungen. Ergänzt dazu die Sätze mit den angegebenen Wortgruppen.

wegen des schlechten Wetters / weil vor Orkanböen gewarnt wurde / aufgrund von Sturmschäden / weil die Gleise unterspült waren / weil unser Zelt vollständig durchnässt war / wegen der Unwetterwarnungen

1 Den Zelturlaub mussten wir abbrechen.
2 Der Flughafen wurde kurzfristig für zwei Stunden geschlossen.
3 Der ICE nach Erfurt musste umgeleitet werden.

1. Den Zelturlaub mussten wir wegen des schlechten Wetters abbrechen. Weil ...
2. ...

Auch **Modalbestimmungen** (Adverbialbestimmungen der Art und Weise) sind Satzglieder und ergänzen das Prädikat. Man kann sie mit *Wie?* oder *Auf welche Art und Weise?* erfragen, z. B.:
Mit großem Interesse sah ich eine Dokumentation über Industriekletterer.
Fasziniert folgte ich dem Bericht.
Ich klettere nämlich auch gern, ohne dass ich Höhenangst bekomme.

Tipp
Nutze die Frageprobe.

6 Schreibe aus den folgenden Sätzen diejenigen Satzglieder heraus, die angeben, *wie* etwas geschieht.

1 Mein Vater wollte keine Wohnungsmiete mehr bezahlen und suchte intensiv nach einem anderen Wohnmodell.
2 Vaters Arbeitskollege hat uns netterweise seinen Wohnwagen überlassen.
3 Den Campingplatz haben wir gefunden, indem wir viel im Internet recherchiert haben.
4 Und dann sind wir schnell hierher umgezogen.
5 Dauercamper können hier unkompliziert einen voll eingerichteten Wohnwagen mieten.
6 Andere leben hier mit Unterstützung des Arbeits- oder des Sozialamtes. Die Ämter übernehmen die Pacht für den Stellplatz des Caravans.

7 Lies, was eine Campingplatzbewohnerin erzählt. Ermittle alle Modalbestimmungen. Nutze dazu die Frageprobe.

1 Nach der Räumung stand ich unerwartet auf der Straße.
2 Über den Campingplatz hier habe ich mich gefreut wie über einen Lottogewinn.
3 Dieser Campingplatz hat das ganze Jahr über ohne Schließzeiten geöffnet.
4 Durch Zufall habe ich dann diesen alten Zirkuswohnwagen gefunden.
5 Mit viel Liebe habe ich ihn überholt und eingerichtet.

8 Ergänzt die Sätze durch die Angaben zur Art und Weise in Klammern.

1 Mein Vater hatte nach einem anderen Wohnmodell gesucht. (gründlich)
2 Der Staat hätte uns geholfen. (problemlos)
3 Auf dem Campingplatz aber können wir unser Leben weiterführen. (selbstbestimmt)
4 Viele ärmere Leute könnten hier nicht leben. (ohne staatliche Hilfe)
5 Aber hier wohnen einige. (ganz freiwillig)
6 Jeder kennt die anderen. (genau)

1. Mein Vater hatte gründlich nach ...

9 Stellt euch gegenseitig die folgenden Fragen. Wählt für eure Antworten aus den vorgegebenen Adverbialbestimmungen aus.

1 Wie möchtest du dein Zimmer einrichten?
modern / traditionell / praktisch / verspielt / in hellen Tönen

2 Wie möchtest du deine Freizeit verbringen?
spontan / allein / interessant / nach meinen Wünschen

10 Übertrage die Tabelle in dein Heft. Wähle dann Aufgabe a oder b.

Lokal-bestimmung	**Temporal-bestimmung**	**Modal-bestimmung**	**Kausal-bestimmung**
im Westpazifik, …	…	…	…

●○○ **a** Ordne die unterstrichenen Adverbialbestimmungen in die Tabelle ein.

1 Taiwan liegt im Westpazifik, mitten in einem der aktivsten Erdbebengebiete der Welt. **2** Die eurasische und die philippinische Kontinentalplatte treffen hier aufeinander. **3** Fast täglich bebt der Boden in Taiwan. **4** Alle Häuser müssen deshalb erdbebensicher gebaut werden. **5** Über die Insel rasen jährlich Taifune. **6** Ideale Bedingungen für einen 508 Meter hohen Wolkenkratzer sehen anders aus. **7** Deswegen war der Bau eine Herausforderung. **8** Silvester 2004 wurde das Bürohochhaus „Taipeh 101" eingeweiht.

●●○ **b** Ermittle die Adverbialbestimmungen und ordne sie in die Tabelle ein.

1 Taiwan liegt im Westpazifik, mitten in einem der aktivsten Erdbebengebiete der Welt. **2** Die eurasische und die philippinische Kontinentalplatte treffen hier aufeinander. **3** Fast täglich bebt der Boden in Taiwan. **4** Alle Häuser müssen deshalb erdbebensicher gebaut werden. **5** Über die Insel rasen jährlich Taifune. **6** Ideale Bedingungen für einen 508 Meter hohen Wolkenkratzer sehen anders aus. **7** Deswegen war der Bau eine Herausforderung. **8** Silvester 2004 wurde das Bürohochhaus „Taipeh 101" eingeweiht. **9** Es wird wegen seiner 101 oberirdischen Stockwerke so genannt. **10** Zwischen dem 88. und dem 92. Stockwerk hängt eine Stahlkugel mit einem Durchmesser von fünf Metern. **11** Wie ein Pendel balanciert sie Erschütterungen durch Wind oder Erdbeben aus. **12** Im 89. Stock können Besucherinnen und Besucher der Aussichtsplattform und der Bar das Pendel beobachten, während ihre Getränke über die Gläser schwappen. **13** Schwankungen bis zu 1,30 Meter verkraftet der Turm ohne Schwierigkeiten.

Attribut (Beifügung)

1 Menschen können in unterschiedlichen Behausungen wohnen.

a Wo könnten die Fotos aufgenommen worden sein? Tauscht euch aus.

1

2

3

b Ordnet die folgenden Beschreibungen den Abbildungen zu.

A Das ist ein moderner Wohnblock aus Stahl und Beton mit mehreren Stockwerken. Die Wohnungen haben große, zum Teil verglaste Balkons, die sich nach Südwesten ausrichten.

B Hier siehst du kegelförmige, farbig bemalte Zelte der Ureinwohner in Kanada. Die zusammengenähten Büffelhäute bedecken lange, schlanke Kiefernstämme. Diese werden wie ein Fächer zusammengestellt, man kann sie dadurch schnell auf- und abbauen.

C Die Häuser des Volkes der Dogon sind hellbraune, fensterlose Lehmquader. Sie werden mit kegelförmigen Strohdächern bedeckt. Diese Wohnhäuser und Getreidespeicher wurden an einem steilen Felshang in Mali (Westafrika) errichtet.

c Ermittelt die Attribute, die die Wohnobjekte genauer beschreiben. Nutzt die Frageprobe.

A ein moderner Wohnblock aus Stahl und Beton
mit mehreren Stockwerken (Was für ein Wohnblock?)
...

Attribute (Beifügungen) bestimmen ein Nomen/Substantiv näher.
Sie stehen vor oder hinter dem Bezugsnomen. Attribute treten als **Wort**, **Wortgruppe** oder **Teilsatz** auf und lassen sich mit *Was für ein (eine, ein)?* oder *Welcher (Welche, Welches)?* erfragen, z. B.:

eine helle Wohnung mit Balkon — Was für eine Wohnung?
Wort (vorangestellt) *helle*, Wortgruppe (nachgestellt) *mit Balkon*

Die Wohnung, die in der 5. Etage liegt, hat drei Zimmer. Welche Wohnung?

Attribute können bei der **Umstellprobe** nicht allein umgestellt werden. Sie bleiben immer bei dem Nomen, zu dem sie gehören, und sind ein Teil dieses Satzgliedes. Attribute werden deshalb **Satzgliedteil** genannt, z. B.:
Die Wohnungen haben [große Balkone mit roten Geländern].
[Große Balkone mit roten Geländern] haben die Wohnungen.

2 Attribute bestimmen ein Nomen näher.
Wähle Aufgabe a, b oder c.

●○○ **a** Ermittle die Attribute. Die Bezugsnomen sind unterstrichen.

1 Andu ist ein zwölfjähriger Junge aus Ghana.
2 In seinem Dorf steht seit kurzer Zeit ein großer Wassertank.
3 Jetzt haben die Dorfbewohner einen ständigen Vorrat an Trinkwasser.
4 Das Wasser zum Nachfüllen des Tanks holen Frauen aus dem Dorf regelmäßig aus dem Fluss.

●●○ **b** Ermittle in den folgenden Sätzen die Attribute und ihre Bezugsnomen.

1 Andu ist ein zwölfjähriger Junge aus Ghana.
2 In seinem Dorf steht seit kurzer Zeit ein großer Wassertank.
3 Jetzt haben die Dorfbewohner einen ständigen Vorrat an Trinkwasser.
4 Das Wasser zum Nachfüllen des Tanks holen Frauen aus dem Dorf regelmäßig aus dem Fluss.
5 Sie reinigen es mit Filtern aus Sand und Kies und es bekommt dadurch die Qualität von Trinkwasser.

●●● **c** Ermittle in den folgenden Sätzen die Attribute und ihre Bezugsnomen.

1 Andu ist ein zwölfjähriger Junge aus Ghana.
2 In seinem Dorf steht seit kurzer Zeit ein großer Wassertank.
3 Jetzt haben die Dorfbewohner einen ständigen Vorrat an Trinkwasser.
4 Das Wasser, mit dem sie den Tank nachfüllen, holen Frauen aus dem Dorf regelmäßig aus dem Fluss.
5 Das Wasser, das sie mit Filtern aus Sand und Kies reinigen, hat die Qualität von Trinkwasser.

Tipp
Es gibt verschiedene Lösungen.

3 Erweitert jeden Satz durch Attribute. Verwendet die Informationen in den Klammern. Probiert aus, welche Formen sich für die Attribute eignen.

1 Im Dorf stehen Lehmhütten. (kreisrund).
2 Mokos Zuhause ist eine solche Lehmhütte. (ein Dach aus Stroh)
3 Die Hütte teilt er sich mit seinen Brüdern. (vier Brüder / alle jünger als er)
4 Sie schlafen auf Matten. (dünn / sie breiten sie zur Nacht auf dem Boden aus)
5 Der Lehm macht eine Klimaanlage überflüssig. (kostengünstig)
6 Die Wände kühlen am Tag und speichern die Wärme für die Nacht. (aus Lehm)
7 Die Fachwerkhäuser nutzen diese Vorteile auch. (sie gibt es in Deutschland)

1. Im Dorf stehen kreisrunde Lehmhütten. /
... Lehmhütten, die kreisrund sind.
2. ...

Tipp
Es gibt verschiedene Lösungen.

4 Lilly zeigt uns das Wahrzeichen der Stadt Köln. Formuliere ihre Rede um. Vermeide Wiederholungen, indem du Sätze durch Attribute ergänzt. Die Bezugsnomen sind unterstrichen.

Hier ist der Kölner Dom. Der Dom wurde seit 1248 erbaut. Am besten gefallen mir die Wasserspeier. Die Wasserspeier sind aus Stein. Sie stellen Tiere und Fabelwesen dar. Schaut euch mal die Säulen und Pfeiler an. Die Säulen und Pfeiler sind schlank und hoch. Sie tragen die Gewölbe und das Dach der Kirche wie die Tischbeine eine Tischplatte. Wände wie in den Burgen braucht dieser Dom hier nicht mehr. Die Wände in den Burgen waren dick und die Burgen waren alt.

... der Kölner Dom, der seit 1248 erbaut wurde. /
... der seit 1248 erbaute Kölner Dom ...

●●● **5** Überarbeite den folgenden Satz. Ersetze einige der vorangestellten Attribute durch nachgestellte Attribute in Form einer Wortgruppe oder eines Teilsatzes.

US-Architekt Frank Gehry baute in Bilbao (Spanien) ein spektakuläres, an übereinander gestapelte Schachteln und Büchsen erinnerndes Museum.

Kommasetzung bei Aufzählungen

1 Überprüft die Kommasetzung in den folgenden Sätzen. Besprecht, wo Kommas fehlen und welche gestrichen werden müssen.

Achtung, Fehler!

1 Rolltreppen gibt es überall auf Flughäfen Bahnhöfen, und U-Bahnhöfen.
2 In Fabriken Hotels Warenhäusern, Krankenhäusern, sowie Bibliotheken wurden sowohl Lastenaufzüge, als auch Personenaufzüge eingebaut.
3 1892 erfand Jesse W. Reno das Personenförderband mit Sitzen, und George A. Wheeler die Rolltreppe mit Stufen.

2 Lies folgenden Merkkasten. Schreibe die Sätze aus Aufgabe 1 mit richtiger Kommasetzung in dein Heft.

→ **S. 162:** Konjunktionen

Sätze können **Aufzählungen** in Form von Wörtern oder Wortgruppen enthalten. Die Glieder einer Aufzählung werden durch **Kommas** voneinander **getrennt**, außer wenn sie mit den Konjunktionen (Bindewörtern) *und, oder, sowie, sowohl … als auch …, weder … noch …* verbunden sind, z. B.:
Wir benutzen täglich Rolltreppen, Lastenaufzüge oder Fahrstühle.
Ein **Komma** muss man setzen, wenn es durch die Konjunktionen *und* oder *oder* ersetzbar ist, z. B.:
Auf Flughäfen gibt es Rollbänder, Rolltreppen, Lastenaufzüge, Fahrstühle.
(oder) (und) (und)
Ein **Komma** muss man auch bei entgegenstellenden Konjunktionen setzen, wie *aber, doch, jedoch, nicht nur …, sondern auch …,* z. B.:
In unserer Schule gibt es Treppen, aber keinen Fahrstuhl.

Tipp
Nutze die Probe mit *und* oder *oder*.

3 Schreibe folgende Sätze in dein Heft. Ersetze dabei die überflüssigen Konjunktionen (Bindewörter) durch ein Komma.

1 Für den Transport von Baumaterial und Wasser und Waren verwendete man bereits in der Antike Seilzüge.
2 Im Kolosseum[1] fand man Plattformen, die wie heutige Fahrstühle oder Lastenaufzüge oder Rollbänder genutzt wurden.
3 Sklaven mussten die Plattformen ziehen. Bären und Löwen und Schwertkämpfer wurden so nacheinander in die Arena befördert.

[1] *das Kolosseum*: ein berühmtes rundes Theater in Rom

4 Komma oder kein Komma? Begründet eure Entscheidungen.

Achtung, Fehler!

1 Zur Förderung sowohl von Kohle als auch von Gold Silber und Eisen müssen nicht nur die Bergarbeiter sondern auch die Geräte mit Aufzügen in die Stollen. **2** 1853 erfand Elisha Graves Otis die automatische Fangvorrichtung. Damit konnten nicht nur sichere Grubenaufzüge sondern auch Hochhäuser und Wolkenkratzer gebaut werden.

Bau des zusammengesetzten Satzes

1 Lies, was ein Cowgirl macht. Wähle Aufgabe a oder b.

●●○ **a** Suche mindestens zwei zusammengesetzte Sätze im Text. Ermittle die finite Verbform in jedem Teilsatz.

1 Emilee ist ein Cowgirl. **2** Sie ist eine geübte Reiterin, weil sie auf einer Ranch aufgewachsen ist. **3** Emilee lebt in Texas, denn dort besitzen ihre Eltern eine große Farm. **4** Weil sie mit ihren 8 000 Rindern Viehzucht betreiben, nennt man ihre Farm eine Ranch. **5** Wenn man auf einer Ranch aufwächst, lernt man schon als Kind reiten.

●●● **b** Ermittle in den Sätzen aus Aufgabe a alle zusammengesetzten Sätze. Begründe, woran du die Teilsätze erkannt hast.

→ **S. 162:** Konjunktionen

Sätze, die inhaltlich eng zusammengehören, lassen sich zu einem **zusammengesetzten Satz** verbinden. Die Teilsätze des zusammengesetzten Satzes verbindet man meist mit einer **Konjunktion** (Bindewort) wie *weil, aber, denn, dass, nachdem, wenn, als, seitdem* und markiert die Bindestelle mit einem **Komma**. Jeder Teilsatz enthält seinen eigenen **Satzkern**, also Subjekt und Prädikat, z. B.:

Emilee kann gut reiten, weil sie auf einer Ranch lebt.
Teilsatz 1, Teilsatz 2.

Obwohl Emilee erst 12 ist, kann sie wilde Pferde mit dem Lasso einfangen.
Teilsatz 1, Teilsatz 2.

Tipp
Du musst eventuell die Wortstellung ändern.

2 Bilde mithilfe der folgenden Konjunktionen zusammengesetzte Sätze und schreibe sie in dein Heft. Setze das Komma und unterstreiche in den Teilsätzen die finiten Verbformen.

denn / dass / nachdem / wenn / sobald / weil / deshalb

1 Die Mädchen verbringen den ganzen Tag auf der Ranch. Vormittags gibt ihnen ihre Mutter dort auch Unterricht.
2 In den USA ist es erlaubt. Kinder werden zu Hause unterrichtet.
3 Sie haben ihre Schulaufgaben erledigt. Sie fahren hinaus auf die Weiden.
4 Die langen Strecken zwischen Pferdeweiden und Rinderweiden legen sie mit dem Auto zurück. Die Ranch ist riesengroß.
5 Es gibt jede Menge Arbeit. Alle Familienmitglieder müssen helfen.
6 Den Mädchen macht das nichts aus. Sie haben Freude an der Arbeit mit den Tieren.

1. Die Mädchen verbringen den ganzen Tag auf der Ranch, denn ...

Satzgefüge

Tipp
Du musst die Wortstellung ändern.

1 Bilde zusammengesetzte Sätze und schreibe sie in dein Heft.

a Formuliere dabei die Sätze in Klammern in Nebensätze um.

1 Emilee war fünf, als ___.
(Der Vater zeigte ihr das Einfangen von Kälbern mit dem Lasso.)
2 Seit ___, nimmt Emilee an Rodeo-Wettkämpfen teil.
(Sie kann wilde Pferde einreiten.)
3 Emilee gilt als Rodeo-Queen, seitdem ___.
(Sie beherrscht diesen Cowboytrick.)
4 Obwohl ___, interessieren sie Wettkämpfe nicht.
(Emilees Schwester kann auch gut reiten.)

1. Emilee war fünf, als der Vater ihr ...

b Markiere die Nebensätze und unterstreiche die finite Verbform.
Überprüfe deine Lösung mithilfe des folgenden Merkkastens.

Satzgefüge bestehen aus mindestens einem **Hauptsatz** und einem **Nebensatz**, die durch **Komma** voneinander getrennt werden.
Hauptsätze erkennt man daran, dass die finite (gebeugte) Verbform an zweiter Satzgliedstelle steht.
Nebensätze erkennt man an folgenden Merkmalen:
- am Satzanfang steht meist ein **Einleitewort**,
- am Satzende steht die **finite** (gebeugte) **Verbform**, z. B.:

Kälber fängt sie mit dem Lasso, weil sie diesen Cowboytrick beherrscht.
Hauptsatz (Hs), Nebensatz (Ns).

Weil sie diesen Cowboytrick beherrscht, fängt sie Kälber mit dem Lasso.
Nebensatz (Ns), Hauptsatz (Hs).

2 Untersuche die Satzgefüge. Wähle Aufgabe a oder b.

●○○ a Bestimme die unterstrichenen Teilsätze als Hauptsatz oder Nebensatz.

1 In den USA gibt es Turniere für Kinder und Jugendliche, weil Rodeo dort ein Volkssport ist.
2 Wenn Emilee zum Wettkampf antritt, trägt sie Jeans, Hemd, Cowboystiefel und Cowboyhut.
3 Emilee weiß, dass ihre Familie sie bei jedem Turnier anfeuert.
4 Nachdem sie das Tonnenrennen gewonnen hat, wartet sie nun gelassen auf die anderen Rodeo-Disziplinen.

1. In den USA gibt es Turniere ... (Hs)
2. ...

●●○ **b** Bestimme die Teilsätze der Satzgefüge als Hauptsatz oder Nebensatz und notiere ihren Satzbauplan.

1. In den USA gibt es Turniere für Kinder und Jugendliche, weil Rodeo dort ein Volkssport ist.
2. Wenn Emilee zum Wettkampf antritt, trägt sie Jeans, Hemd, Cowboystiefel und Cowboyhut.
3. Emilee weiß, dass ihre Familie sie bei jedem Turnier anfeuert.
4. Nachdem sie das Tonnenrennen gewonnen hat, wartet sie nun gelassen auf die anderen Rodeo-Disziplinen.

1. Hs, ...

Nebensätze, die mit einem **Relativpronomen** (bezüglichen Fürwort: *der, die, das, die; welcher, welche, welches, welche*) eingeleitet werden, nennt man **Relativsätze**.
Das Relativpronomen bezieht sich auf ein Nomen/Substantiv (Bezugswort) im Hauptsatz und charakterisiert es näher. Der Relativsatz wird vom Hauptsatz durch ein **Komma** abgetrennt, z. B.:

Bald erschöpft waren die Goldvorkommen, die viele Glücksritter anzogen.

In einen Hauptsatz **eingeschobene Relativsätze** werden von Kommas eingeschlossen, z. B.:

Die Goldvorkommen, die viele Glücksritter anzogen, waren bald erschöpft.

3 Stellt Vermutungen an, was auf dem Foto dargestellt wird. Lest anschließend den Text.

a Benennt die Informationen, die die unterstrichenen Nebensätze geben.

1. In Kalifornien (USA) kommt man durch verlassene Orte, die wie Geisterstädte wirken.
2. Häuser, in denen jemand gewohnt hat, stehen leer.
3. Zur Zeit des Goldrausches, den ein Klumpen Gold ausgelöst hatte, wurden Dörfer und kleine Städte gegründet.
4. Die Nachricht von dem Goldklumpen, den ein Arbeiter 1848 beim Bau einer Sägemühle in Kalifornien im Wasser fand, verbreitete sich rasend schnell.
5. Hunderttausende Abenteurer, die ihr Glück suchten, zogen Richtung Westen.

b Weist nach, dass es sich bei den Unterstreichungen um Relativsätze handelt. Ermittelt dazu das Bezugsnomen in den Hauptsätzen.

c Überprüft, ob die Kommasetzung der Regel im Merkkasten oben entspricht.

4 Bilde Satzgefüge mit Relativsätzen als Nebensatz.

a Schreibe die Sätze ab und füge hinter dem unterstrichenen Bezugsnomen einen passenden Relativsatz A bis F ein. Setze die Kommas und unterstreiche die Relativsätze.

1 Hunderttausende Abenteurer zogen Richtung Westen.
2 Sie hofften auf Gold.
3 Jeder Ort hatte Läden, einen Saloon und ein Gefängnis.
4 Das zog weitere Siedler an.
5 So entstanden auch größere Siedlungen.
6 Allerdings gab es nicht selten auch erbitterte Kämpfe um die besten Schürfplätze.

A das man dort scheinbar nur aus den Flüssen waschen musste
B die auch Arbeit und Verdienst suchten
C die ihr Glück suchten
D die voller Leben waren
E den die Goldsucher gründeten
F die oft einzelne Goldsucher für sich allein beanspruchten

1. Hunderttausende Abenteurer, die ...

●●● **b** Weise nach, dass die ergänzten Relativsätze Attribute sind.

5 Entscheidet, wo ihr Kommas setzen müsst. Ermittelt dazu die Relativsätze, ihr Bezugsnomen und ihr Einleitewort. Lest die Sätze mit Komma abwechselnd vor.

Achtung, Fehler!

1 Mit dem Goldrausch war es 1854 vorbei. **2** Die Goldvorkommen die den Rausch ausgelöst hatten waren erschöpft. **3** Die Menschen zogen weiter. Die Orte die sie verließen wurden zu Geisterstädten. **4** Auch Naturkatastrophen können Städte die voller Leben sind zu Geisterstädten machen. **5** In Italien verließen die Bewohner den Ort Craco der von einem Erdrutsch bedroht war und zogen weg. **6** Die Stadt Pripjat die vom Atomreaktor in Tschernobyl drei Kilometer entfernt liegt ist seit der Reaktorkatastrophe 1986 unbewohnbar. **7** Auch nach einer Havarie im Atomkraftwerk von Fukushima (Japan) die im März 2011 durch einen Tsunami ausgelöst worden war mussten Menschen ihre Heimatorte für Jahre verlassen.

Pripjat

> Der **Fall** des **Relativpronomens** im **Relativsatz** richtet sich nach dem **Verb** des Relativsatzes oder nach der **Präposition** vor dem Relativpronomen, z. B.:
> *Der Goldklumpen, den ein Arbeiter fand, …* — *finden* + Akkusativ
> *Der Film, von dem ich erzählt habe, …* — *von* + Dativ

Tipp
Das Relativpronomen ersetzt Artikel + Nomen.

6 Vermeide störende Wiederholungen, indem du Relativsätze bildest.

a Ersetze das überflüssige Nomen durch ein Relativpronomen. Überlege, von welchem Wort der Fall des Relativpronomens abhängt.

1 Eine Geisterstadt ist ein Ort. Den Ort haben die Bewohner verlassen.
2 Die Nachrichten berichten von einem Ort. Den Ort hat ein Erdbeben zerstört.
3 In Italien findest du einen Ort. In dem Ort stehen alle Gebäude leer.
4 Die Welt kennt Städte. Die Städte sind nach Atomreaktorkatastrophen unbewohnbar geworden.
5 Hier gibt es einen Ort. Aus dem Ort ziehen die arbeitsfähigen Einwohner weg.
6 Der Film zeigt einen Landstrich. Den Landstrich haben alle Einwohner nach einem Tsunami verlassen.

1. Eine Geisterstadt ist ein Ort, den die Bewohner verlassen haben.
2. …

b Bestimme den Fall des Relativpronomens und das Wort, das den Fall verlangt.

Tipp
Nutze die Frageprobe.

→ **S. 162:** Konjunktionen

7 *das* oder *dass*? Entscheide, ob du das Relativpronomen *das* oder die Konjunktion *dass* einsetzen musst.

1 Das Dorf, ___ der Dokumentarfilm zeigt, ist ein Geisterort im Westen der USA.
2 Man sieht Siedlerhäuser, die Sägemühle und den Saloon und denkt, ___ gleich jemand kommt.
3 Die Gläser in der Bar und das Fenster, ___ auf- und zuschlägt, vermitteln den Eindruck, ___ das Leben hier stehen geblieben ist.
4 Der Film über die Geisterstädte zeigt, ___ Orte wie dieser nur eine kurze Blütezeit hatten.
5 Das Goldvorkommen, ___ die Goldwäscher in diese Gegend zog, war schnell erschöpft.

6	Nomen mit Artikel	Relativpronomen
Nominativ	*Der Film beginnt um acht.*	*Der Film, der um acht beginnt, …*
Dativ	*Einem Freund helfe ich.*	*Ein Freund, dem ich helfe, …*
Akkusativ	*Den Film sehe ich gern.*	*Der Film, den ich gern sehe, …*

Satzreihe (Satzverbindung)

1 Lies die Sätze über ein ungewöhnliches Gebäude in Lateinamerika. Wähle Aufgabe a oder b.

●○○ **a** Ermittle die Teilsätze sowie die Konjunktionen, die sie verbinden. Die finiten Verbformen sind unterstrichen.

1 Enrique lebte im 19. Stock des Torre de David und er hatte einen tollen Blick über Caracas.
2 45 Stockwerke waren geplant, denn der Turm sollte der höchste Wolkenkratzer Venezuelas werden.

●●○ **b** Ermittle in den folgenden Sätzen die Teilsätze sowie die Konjunktion, die sie verbinden. Begründe, warum manche Teilsätze durch Komma getrennt werden müssen und andere nicht.

1 Enrique lebte im 19. Stock des Torre de David und er hatte einen tollen Blick über Caracas.
2 45 Stockwerke waren geplant, denn der Turm sollte der höchste Wolkenkratzer Venezuelas werden.
3 Man hatte 28 Stockwerke ausgebaut, aber dann folgte der Bankencrash.
4 Die Bauarbeiten stellte man ein, Obdachlose besetzten die Bauruine und die Politiker duldeten diese Situation.

→ S. 162: Konjunktionen

Eine **Satzreihe** (Satzverbindung) ist eine Verbindung von **zwei oder mehr Hauptsätzen**. Hauptsätze erkennt man daran, dass die finite (gebeugte) Verbform an zweiter Satzgliedstelle steht.
Hauptsätze können unverbunden nebeneinanderstehen oder mithilfe von **nebenordnenden Konjunktionen** (Bindewörtern) miteinander verbunden werden, z. B.:
Caracas ist die Hauptstadt Venezuelas, Perus Hauptstadt heißt Lima.
Caracas ist die Hauptstadt Venezuelas(,) und Perus Hauptstadt heißt Lima.
Hauptsätze werden in der Regel durch **Komma** voneinander **getrennt**.
Nur wenn Hauptsätze durch die Konjunktionen *und, oder, sowie, beziehungsweise (bzw.)* verbunden sind, ist die Kommasetzung freigestellt.
Man sollte Hauptsätze also am besten immer durch Komma trennen, z. B.:
Enrique wohnt im 19. Stock, aber es gefällt ihm hier.
Der Turm hat 28 Etagen(,) und er lebt im 19. Stock.

2 Schreibe die folgenden Sätze in dein Heft und setze die Kommas. Unterstreiche die finiten Verbformen in den Teilsätzen und rahme die Konjunktion ein.

Achtung, Fehler!

1 Sieben Jahre lang duldete die Politik die Besetzung des Wolkenkratzers denn 1 100 Familien hatten dort ihr Leben eingerichtet.
2 Sie lebten auf 28 Stockwerken aber einen Lift gab es nicht.
3 Doch die Bewohner hatten sich etwas Komfort selbst organisiert denn sie hatten sich zu einer Kooperative zusammengeschlossen.
4 Eine Versorgung mit Strom und Wasser und einen Kindergarten gab es und die Kooperative hatte sogar Putz-, Müll- und Sicherheitsdienste im Turm organisiert.

1. Sieben Jahre lang duldete die Politik die Besetzung des Wolkenkratzers, denn 1100 Familien hatten ...

3 Die folgenden Sätze sind mehrfach zusammengesetzt. Wähle Aufgabe a, b oder c.

●○○ **a** Ermittle im folgenden Satz die Teilsätze und entscheide, ob es sich um Hauptsätze oder Nebensätze handelt.

Tipp
Untersuche die Position der finiten Verbformen.

Dann beschlossen die Politiker das Aus für den Torre de David, den die Behörden räumen ließen, und den Bewohnern bot man Wohnungen in einer Vorstadt von Caracas an.

●●○ **b** Schreibe die folgenden Sätze in dein Heft und bestimme die Teilsätze als Hauptsätze oder Nebensätze. Markiere die Relativsätze farbig.

1 Enriques Familie, die die Behörden in eine Vorstadt von Caracas umgesiedelt haben, muss sich dort ein neues Leben aufbauen und sie lernen dadurch neue Nachbarn kennen.
2 Die Berichte, die in den sozialen Netzwerken über den Turm im Umlauf waren, entsprachen nicht der Wahrheit und der Minister musste sie als falsch zurückweisen.

●●● **c** Schreibe die folgenden Sätze in dein Heft. Setze dabei alle Kommas und notiere den Satzbauplan. Markiere die Relativsätze farbig.

Achtung, Fehler!

1 Die Räumung begründete der Minister der für den Torre de David zuständig war mit der mangelnden Sicherheit des Gebäudes denn es war von 80 Menschen die Rede die in den Tod gestürzt wären weil Treppengeländer und Beleuchtung gefehlt hätten.
2 Aber diese Berichte die in den sozialen Netzwerken im Umlauf waren entsprachen nicht der Wahrheit und der Minister musste sie als falsch zurückweisen.

1. Hs, Ns, ...

Zeichensetzung bei der direkten (wörtlichen) Rede

1 Katia berichtet von ihrem Leben in einer Wagenburg.

a Lest das Gespräch vor. Verdeutlicht dabei die Unterschiede zwischen der wörtlichen Rede und den anderen Textteilen. Wechselt euch ab.

„Ich bin als Sechsjährige mit Vater, Mutter und meinem Bruder in eine Wagenburg in Berlin gezogen“, erzählt Katia. „Warum haben Ihre Eltern das gemacht?“, fragte ich. „Sie wollten nach Südeuropa auswandern!“, sagt die heute 30-Jährige. „Deshalb haben sie unsere Wohnung aufgelöst und sich einen Bus gekauft.“ „Und die Wagenburg?“ „Dort konnte der Bus“, fügt Katia erklärend hinzu, „bis zur Abreise abgestellt werden.“ Lachend ergänzt sie: „Aber der Plan hat sich zerschlagen. Meine Eltern haben sich getrennt und meine Mutter ist mit uns Kindern in der Wagenburg geblieben.“

b Benennt für jeden Satz, welche Zeichensetzungsregel gilt.

Um wiederzugeben, was jemand wörtlich sagt oder gesagt hat, verwendet man **direkte** (wörtliche) **Rede**. Damit diese für Leserinnen und Leser deutlich erkennbar ist, kennzeichnet man in schriftlichen Texten den Beginn und das Ende der direkten Rede mit **Anführungszeichen**. Oft steht vor, zwischen oder nach der direkten Rede ein **Begleitsatz**, in dem die Sprecherin bzw. der Sprecher genannt wird, z. B.:
Ich fragte: „Wie war das Leben in einer Wagenburg?“
„Es war viel ungezwungener“, erklärte Katia, „als im alten Wohnviertel.“
Ausrufezeichen und **Fragezeichen**, die zur direkten Rede gehören, stehen innerhalb der Anführungszeichen. Ein eingeschobener Begleitsatz wird ebenso wie ein Begleitsatz hinter der direkten Rede durch Kommas abgetrennt.

●○○ 2 Schreibe die Sätze in dein Heft und ergänze die fehlenden Satzzeichen.

1 Ich frage Wo lebt denn Ihr Bruder jetzt?
2 Mein Bruder und meine Mutter wohnen noch immer dort antwortet Katia.

●●○ 3 Schreibe die Sätze in dein Heft, kennzeichne die direkte Rede und setze die Satzschlusszeichen.

Achtung, Fehler!

1 Ich erkundigte mich Wie haben Sie in der Wagenburg gelebt
2 Wir waren immer draußen antwortete Katia das war für mich der Alltag
3 Warum sind Sie später in eine Wohnung gezogen? interessiere ich mich
4 Irgendwann erklärt sie wollte ich für mich allein sein

Vince Vawter – Ein Autor, der weiß, worüber er schreibt

Vince Vawter ist ein US-amerikanischer Autor aus Memphis, Tennessee. In seinem Roman „Wörter auf Papier“ (2014) erzählt er von einem Jungen, der stottert, sich aber deshalb nicht unterkriegen lässt. Darüber hinaus erfährt man in diesem Buch auch viel über das Leben in den Südstaaten der USA, wo in den 1950er-Jahren der Rassismus stark ausgeprägt war und Schwarze nicht annähernd die gleichen Rechte hatten wie Weiße. Warum und wie Vince Vawter diese Geschichte erzählt, hat damit zu tun, dass der Schriftsteller selbst seit seinem fünften Lebensjahr stottert und dies bis heute nicht ganz überwunden hat. Im Nachwort zu seinem Roman verrät er, dass diese Sprachbehinderung in der Kindheit besonders grausam ist, denn sie macht einsam. Der Autor weiß aus eigener Erfahrung, wie man sich fühlt, wenn die Worte nicht über die Lippen wollen. Und er weiß auch, wie es ist, wenn Leute einen im Gespräch nicht ansehen oder erst gar keine Unterhaltung zustande kommt, weil andere sich nicht trauen, einen anzusprechen. Nicht zuletzt weiß er, wie es ist, wenn andere einen hänseln und für dumm halten, nur weil man Schwierigkeiten beim Aussprechen von Wörtern hat. Und er kennt sicherlich auch aus eigener Erfahrung all die Tricks, die helfen sollen, über Stolper- und Stotterstellen hinwegzukommen, genau wie sein Romanheld: bei einem heiklen Wort einen unsichtbaren Bleistift werfen, sich mit Reißzwecken stechen oder nie wieder an eine Stelle treten, wo einen das Stottern erwischt hat. Auch wenn Stottern heute meist gut therapierbar ist, bleibt es für die Betroffenen harte Arbeit. Und viel zu selten gibt es, genau wie in Vawters Buch, verständnisvolle Menschen. Was dem Jungen Victor im Roman jedoch hilft, das ist das Schreiben: die Wörter auf Papier zu bringen. Und das ist wohl auch ein Grund dafür, dass Vince Vawter Journalist und Schriftsteller geworden ist. Von Kindheit an musste er eine Menge über Sprache, Sprechen und Schreiben lernen, und so erzählt sein Roman auch davon, wie wichtig Kommunikation für Menschen ist.

Der Roman „Wörter auf Papier“ wurde von vielen Leserinnen und Lesern begeistert aufgenommen und schon mehrfach ausgezeichnet, u. a. 2015 vom Leipziger Lesekompass.

1 Notiere in Stichpunkten, was du im Text über Vince Vawter erfährst.

2 Erkläre mithilfe von Fakten aus dem Text, welche Probleme das Stottern Betroffenen bereitet.

MK 3 Recherchiere weitere Fakten über das Stottern im Internet.

●●● MK 4 Recherchiere im Internet, was Rassismus in den Südstaaten der USA der 1950er-Jahre bedeutete.

Vince Vawter

Wörter auf Papier (Auszüge)

Victor lebt Ende der 1950er-Jahre in Memphis, Tennessee (USA). Immer wenn er Zeitungen austrägt, landen diese mit einem perfekten Wurf in den Vorgärten und Veranden der Leute. Jeden Freitag aber hat der Junge ein Problem – doch er lernt auch viele Menschen kennen, zum Beispiel den verständnisvollen Mr Spiro.

EINS

[...] Ich wusste, das Werfen der Zeitungen würde mir am besten gefallen, weil ich Werfen am allerbesten kann. Den Baseball. Steine. Dreckklumpen. Zeitungen. Alles Mögliche.

Aber es war auch kein großes Geheimnis, dass ich mir am meisten Gedanken darüber machte, jeden Freitag das Geld für die Zeitungen kassieren zu müssen.

Bei der Vorstellung, zur Haustür zu gehen und zu klingeln, schwoll mir alles an im Leib. Mit Leuten zu reden, die mich nicht kennen, ist für mich so schrecklich, weil ich auf den ersten Blick aussehe wie jeder andere Junge. Zwei Augen. Zwei Arme. Zwei Beine. Kurz geschnittenes Haar. Nichts Besonderes. Aber wenn ich den Mund aufmache, werde ich zu etwas anderem. Die meisten Leute geben sich gar nicht die Mühe rauszufinden, was mit mir los ist, und denken, ich bin wohl nicht ganz richtig im Kopf. Sie versuchen, mich so schnell wie möglich wieder loszuwerden. [...]

DREI

[...] Ich war am äußersten Punkt meiner Runde angekommen. Als Nächstes musste ich bei einem der kleinen Häuser an der Vance[1] kassieren, wo der Mann mit dem komischen Namen wohnte. Mr Spiro. [...]

Die Holztür mit der kleinen Glasscheibe oben drin ging auf. Mr Spiro trug eine Brille, die ihn auf die Nasenspitze gerutscht war, und hatte eine Glatze, bis auf ein paar kurz geschnittene graue Haare über den Ohren. Er hatte zwei dicke Bücher in der Hand. Eins in jeder Hand. Seine Finger steckten als Lesezeichen zwischen den Seiten.

Hallo, Mr Einwechsel-Pitcher. Wie geht es dir an diesem herrlichen Sommerabend?

s-s-s-s-Okay.

Ich glaube, ich habe hier fünfundneunzig Prozent eines Dollars für dich bereitgelegt. Einen Augenblick bitte.

Mr Spiro verwendete Wörter wirklich auf eigenartige Weise, aber man konnte ihn leicht verstehen. Er ließ alles wichtig klingen, so als ob er mit einem Erwachsenen redete. Ich mochte ihn gleich doppelt so gern, als mir klar wurde, ich musste nicht noch mal Fünfundneunzig Cent rausbringen. [...]

[1] *die Vance*: Vance Ave, eine Straße in Memphis

Ich dachte schon, an dieser Adresse wäre ich locker durchgekommen, aber dann stellte er mir die Frage, die ich auf der ganzen Welt am meisten fürchtete. Bei der mir immer der Nacken steif wurde, als ob mich ein größerer Junge auf dem Schulhof im Schwitzkasten hätte.
Er fragte nach meinem Namen. [...]
Was Mr Spiro nicht wusste: Von mir zu verlangen, meinen Namen laut auszusprechen, war etwa so, wie mich die Rede von Gettysburg[2] aufsagen zu lassen. Das hatte mein Geschichtslehrer mal versucht, aber sich schließlich darauf verlegt, sie mich in Schönschrift abschreiben zu lassen. Da hatte ich schon die halbe Unterrichtsstunde gebraucht, um *Vor siebenundachtzig Jahren gründeten unsere Väter* zu sagen, und alle Kinder kicherten über meine Versuche, die Wörter herauszubekommen.
Aus irgendeinem Grund war das Allerschwerste überhaupt für mich: mein eigener Name. [...] Meinen Namen zu sagen, hasste ich mehr als sonst irgendwas auf der Welt. Einschließlich Kommas. [...]
Mr Spiro stand vor mir und wartete. Er lächelte und sah mir direkt in die Augen genau wie Mam[3] immer.
Jetzt konnte ich nur noch eins tun: tief Luft holen und noch einmal auf den Buchstaben losgehen. Beim Gedanken ans Luftholen verkrampfte ich noch mehr und deshalb verstieß ich gegen alle Vernunft und alle Regeln meiner Lehrerin. Ich hielt den Atem an und versuchte trotzdem weiter, den Laut herauszudrücken.

Das Letzte, woran ich mich erinnere, ist eine Motte, die ich um Mr Spiros Verandalampe summen sah. Das Licht wurde immer heller und die Motte immer größer. [...] Dann gingen die Verandalampe und alle anderen Lichter gleichzeitig aus, als ob ein Riesengewitter unser Viertel lahmgelegt hätte.
Als ich wieder zu mir kam, saß ich auf Mr Spiros Veranda an die Bohlen seiner Hauswand gelehnt und die Münzen, die er mir gegeben hatte, lagen überall verstreut. [...]*

[2] *die Rede von Gettysburg*: eine berühmte Rede des US-Präsidenten Abraham Lincoln 1863

[3] *Mam (engl., sprich:* Mäm): so nennt Victor seine Kinderfrau

1. Was denkst du, was passiert ist? Stelle Vermutungen an.
2. Lies den Text noch einmal. Beschreibe, wie du dir Victors Leben vorstellst.
3. Lies die Informationen über den Autor (S. 212) und überlege, wie sich deine Vorstellungen vom Leben des Jungen dadurch verändern.
4. MK Wenn du mehr über Victors Leben und die Menschen, denen er begegnet, wissen möchtest, besorge dir das Buch und lies es.

1 Ermittle in den folgenden zusammengesetzten Sätzen die Teilsätze und setze in den Sätzen 4 bis 7 die Kommas. Notiere die Satzbaupläne. Verwende Hs (Hauptsatz) und Ns (Nebensatz).

Achtung, Fehler!

1 Es sind Sommerferien in Memphis (Tennessee), als der Elfjährige seinen ersten Ferienjob antritt. **2** Seinem besten Freund Rat hat Victor versprochen, dass er das Zeitungsaustragen für ihn übernimmt. **3** Victor nennt seinen Freund, der eigentlich Art heißt, Rat, weil er stottert und ein A am Wortanfang nicht aussprechen kann. **4** Victor mag seinen Job aber er trifft merkwürdige Kunden. **5** Er fürchtet den Freitag weil er dann kassieren und mit den Kunden sprechen muss. **6** Wenn er stottert lachen ihn Kinder und Erwachsene oft aus. **7** Mr Spiro der zu seinen Zeitungskunden gehört kennt das Problem.

2 Schreibe zwei zusammengesetzte Sätze aus Aufgabe 1 ab. Unterstreiche die finiten Verbformen und rahme die Einleitewörter ein.

3 Bestimme in folgenden Sätzen die unterstrichenen Satzglieder. Notiere ihre Bezeichnung und bestimme ihren Fall (Dativ oder Akkusativ).

1 Auf seiner Tour trifft Victor <u>Menschen aus allen sozialen Schichten</u>. **2** Trotz seines Sprachfehlers hat er schnell <u>den Kontakt</u> zu seinen Kunden hergestellt. **3** Mit dem belesenen Mr Spiro kann er <u>Bücher</u> austauschen. **4** Verständnisvoll hört dieser <u>dem Jungen</u> zu. **5** Besonders fürchtet sich Victor <u>vor dem Kassieren</u>.

4 Schreibe aus den Sätzen der Aufgabe 3 alle mehrteiligen Prädikate heraus.

5 Schreibe aus den Sätzen der Aufgabe 3 zwei Attribute mit ihren Bezugsnomen heraus.

6 Schreibe aus den Sätzen der Aufgabe 3 drei Adverbialbestimmungen der Art und Weise heraus.

7 Schreibe aus den Sätzen der Aufgabe 3 alle Pronomen heraus.

8 Ermittle alle Nomen/Substantive und alle Nominalisierungen/Substantivierungen. Schreibe die folgenden Sätze in korrekter Groß- und Kleinschreibung auf.

1 VICTOR TRÄGT ZEITUNGEN IN DER NACHBARSCHAFT AUS.
2 BEIM KASSIEREN MUSS ER MIT DEN KUNDEN SPRECHEN.
3 ABER SEIN PROBLEM IST DAS STOTTERN.

9 Schreibe aus den folgenden Sätzen je ein Beispiel für die Zeitformen (Tempusformen) Präsens, Präteritum, Perfekt, Plusquamperfekt und Futur heraus.

Die Geschichte von Victor erzählt jemand, der mit diesem Sprachfehler aufgewachsen ist. Der Autor stottert seit seinem fünften Lebensjahr. Vince Vawter hatte das Schreiben zum Beruf gemacht. Er arbeitete als Journalist. Auch Victor wird Geschichten schreiben.

10 Schreibe die Passivformen aus den folgenden Sätzen heraus.

Im Roman „Wörter auf Papier“ werden die Rassenkonflikte im Süden der USA in den 1950er-Jahren angesprochen. Als Schwarze darf Mam nur in den hinteren Busreihen sitzen. Der Zoo darf von Menschen ihrer Hautfarbe nur an bestimmten Tagen besucht werden. Victor trifft aber auch Ara T. Der akzeptiert die Regeln nicht, die aufgestellt wurden.

11 Ableitung oder Zusammensetzung? Schreibe folgende Wörter nach ihrer Wortbildung geordnet ab.

der Sprachfehler / die Klangfarbe / versprechen / sprachlos / die Stimmung / stimmlich / die Heiserkeit / einstimmen / das Sprechtraining / flüssig

12 Schreibe folgende Ableitungen in dein Heft und markiere die Präfixe und die Suffixe verschiedenfarbig.

die Beschallung / klanglich / verklingen / sängerisch / erklingen / die Heiserkeit / die Enttäuschung

13 Ordne folgende Synonyme den Bedeutungen zu.

schnattern / flüstern / hauchen / kreischen / piepsen / plappern / brüllen / ohne Punkt und Komma / donnern / wispern / sabbeln / schreien / schwafeln / schmettern / tuscheln / johlen / keifen / murmeln

viel sprechen: … laut sprechen: … leise sprechen: …

14 Ordne die folgenden festen Vergleiche den Adjektiven zu.

wie ein Wiesel / wie ein Bär / wie ein Fuchs / wie der Blitz / wie ein Elefant im Porzellanladen / wie eine Biene

1 schnell
2 schlau
3 stark
4 flink
5 fleißig
6 ungeschickt

→ **S. 286:** Lösung zum Test

Schnell und flüssig schreiben

1 In manchen Situationen, zum Beispiel bei Klassenarbeiten, hast du nur eine begrenzte Zeit zur Verfügung. Deshalb ist es wichtig, schnell und dennoch gut lesbar schreiben zu können.

a Schreibe den folgenden Text ab. Gehe dabei so vor:
- Lies zuerst den gesamten Text.
- Schreibe dann Satz für Satz ab: Bilde jeweils Sinneinheiten, präge sie dir ein und schreibe sie aus dem Gedächtnis auf.
- Achte auf die Zeit, die du zum Abschreiben benötigst.

In den Ferien fuhren wir mit dem Zug nach Potsdam.
Es war schon Spätherbst und die Tage waren nicht mehr so lang.
Deshalb fuhren wir gleich früh am Morgen los, um schon an diesem Tag möglichst viel zu sehen.
In Potsdam angekommen, besichtigten wir zuerst das Schloss Sanssouci.
Die berühmten Weinbergterrassen und das Schloss waren im Sonnenschein schön anzusehen. Die original erhaltenen Räume aus dem 18. Jahrhundert ließen uns in die Welt von Königen eintauchen.

b Sieh dir deinen Text an. Wie sieht dein Schriftbild aus? Sind alle Wörter lesbar geschrieben?

c Tauscht eure Texte aus und korrigiert gegenseitig eure Fehler.

2 Übe das schnelle und flüssige Schreiben mit der Hand.
Wähle Aufgabe a, b oder c.

●○○ **a** Wähle einen Satz aus dem Text aus Aufgabe 1 a aus, der dir nicht gut gelungen ist. Schreibe ihn so oft auf, bis sich deine Handschrift deutlich verbessert.

Tipp
Wenn deine Hand müde wird, mache eine Pause und übe später noch einmal.

A a	B b	C c	D d	E e	F f
G g	H h	I i	J j	K k	L l
M m	N n	O o	P p	Qu qu	R r
S s	T t	U u	V v	W w	X x
Y y	Z z	ß	Ä ä	Ö ö	Ü ü

●●○ **b** Wähle zwei Sätze aus dem Text aus Aufgabe 1 a aus, die dir weniger gut gelungen sind. Schreibe sie mehrfach auf. Bemühe dich um eine flüssig geschriebene, ordentliche und gut lesbare Handschrift.

MK ●●● **c** Recherchiere im Internet einige Fakten über das Schloss Sanssouci. Notiere sie in flüssig geschriebener, gut lesbarer Handschrift auf einem übersichtlich gegliederten Stichpunktzettel.

3 Sucht euch einen kurzen Lesetext, ein Gedicht oder einen Ausschnitt aus einem längeren Text aus den Lesestoffen aus.
Führt einen Wettbewerb durch und findet heraus, wer den Text am schnellsten und trotzdem gut lesbar abschreiben kann.

Tipp
Du kannst auch eine Überschrift, einen Spruch, ein Zitat oder auch einen kurzen Witz wirkungsvoll gestalten.

4 Probiere, das folgende Gedicht mit Feder und Tusche zu schreiben, um es wirkungsvoll zu gestalten.

Paul Maar

Briefwechsel

Die Hände schreiben an die Füße:
„Von hier oben viele Grüße!"
Die Füße schreiben gleich zurück:
„Von hier unten ganz viel Glück!"

Häufig vorkommende Wortstämme richtig schreiben

Wörter mit langem Stammvokal

Tipp
Nutze die Zerlegeprobe.

1 Kurze und lange Stammvokale sind oft schwer zu unterscheiden.

a Lies die folgenden Wörter laut und deutlich in Sprechsilben.

die Schale / der Schalter / die Rose / die Silbe / leben / der Spaten / selten / wenden

b Schreibe die Wörter in dein Heft und kennzeichne die Silben mit einem Trennstrich. Unterstreiche den letzten Buchstaben der ersten Silbe.

die Scha-le, der Schal-ter, ...

c Bestimme die Länge der Stammvokale. Setze unter kurze Vokale einen Punkt, unterstreiche lange Vokale.

d Formuliere eine Regel, wann der Stammvokal lang und wann er kurz gesprochen wird.

> Die **Zerlegeprobe** hilft, die Kürze oder Länge des Stammvokals zu ermitteln: Man zerlegt die Wörter in **Silben**. Endet die erste Silbe des Wortstamms auf einen **Konsonanten** (Mitlaut), dann wird der Stammvokal in der Regel kurz gesprochen, z. B.:
> *der Schal-ter, wär-men, bin-den.*
> Steht dagegen ein **Vokal** (Selbstlaut) am Ende der ersten Silbe, dann wird der Stammvokal immer lang gesprochen, z. B.:
> *die Scha-le, das Se-gel, he-ben.*
> Einsilbige Wörter muss man **verlängern** (**Verlängerungsprobe**), um die Kürze oder Länge des Stammvokals erkennen zu können, z. B.:
> *das Rad – die Rä-der, das Feld – die Fel-der, bunt – bun-te.*

Tipp
Die Kürze kennzeichnet man mit einem Punkt, die Länge durch einen Strich unter dem Vokal.

2 Nutze die Zerlegeprobe.

a Übertrage die Tabelle in dein Heft. Ordne die Wörter ein und markiere Kürze und Länge des Stammvokals.

suchen / offen / der Boden / der Felsen / die Schere / die Nadel / der Regen / falten / das Wasser / das Segel / die Tante / die Spuren

langer Stammvokal	kurzer Stammvokal
suchen ...	offen ...

Tipp
Nutze die Verlängerungsprobe.

b Ordne folgende Wörter in die Tabelle aus Aufgabe a ein.

der Flug / das Los / der Stab / der Wind / das Kind /
der Kamm / das Rad / der Ball / das Land / der Hund

3 Lang gesprochene Vokale werden unterschiedlich geschrieben.

a Übertrage die Tabelle in dein Heft. Ordne die hervorgehobenen Wörter richtig ein. Unterstreiche die lang gesprochenen Vokale.

Wo tut es weh?
Hol ein bisschen Schnee,
hol ein bisschen kühlen Wind,
dann vergeht es ganz geschwind.

Wo tut es weh?
Trink ein Schlückchen Tee,
iss einen Löffel Haferbrei,
morgen schon ist es vorbei.

einfacher Vokal	Vokal + *h*	Doppelvokal
hol	weh	…

b Ordne die folgenden Wörter richtig in die Tabelle aus Aufgabe a ein.

das Brot / die Fliege / der Riese / sparen / der Schal /
das Mehl / die Saat / der Stahl / der Krug / die Bohne /
der Kahn / nehmen / leben / das Boot / der Hase

4 Präge dir die Schreibungen des langen Stammvokals ein.

a Übe Wörter mit einfachem Stammvokal. Schreibe die folgenden Sätze ab und ergänze die Wörter in Klammern in der richtigen Form.

1 ___ bitte, wer beim Basteln mitmachen möchte. (fragen)
2 Wer kann ___, was wir tun müssen? (vorlesen)
3 Zuerst formen wir aus ___ eine ___. (Knete, Kugel)
4 Wir stecken sie auf einen langen ___. (Stab)
5 Diesen stellen wir in ein hohes ___. (Glas)
6 Mit einer ___ schneiden wir aus Wollresten kurze Fäden. (Schere)
7 Mit ___ befestigen wir die Wollhaare am Kopf. (Kleber)
8 Lena ___ noch die Kleider aus Papier bunt an. (malen)

Tipp
Präge dir die Wörter mit doppeltem Stammvokal ein.

b Übe Wörter mit doppeltem Stammvokal. Schreibe die Antworten auf die Rätsel mit ihrem Artikel in dein Heft. Markiere den doppelten Stammvokal.

1 Was wächst auf unseren Köpfen?
2 Wie nennt man ein großes Gewässer mit Süßwasser?
3 Was ist ein anderes Wort für *Tierpark*?
4 Wie nennt man ein großes Gewässer mit salzigem Wasser?
5 Wie heißen kleine, süße Früchte, die meist an Sträuchern wachsen?
6 Wo züchtet man Gemüse, Obst und Blumen?
7 Wie nennt man ein kleines Wasserfahrzeug?
8 Wie heißt ein vierblättriger Glücksbringer?

1. die Haare
2. …

c Übe Wörter mit doppeltem Stammvokal. Ergänze die zusammengesetzten Wörter, verwende sie in Wortgruppen und schreibe sie in dein Heft.

der Fests■l / das M■rbad / das Eism■r / die M■spflanze / w■gerecht / die S■rose / der L■rlauf / das Motorb■t / die Auss■t / die T■tasse / das Liebesp■r / das Kl■blatt / der Streichelz■ / der Pulverschn■

den Festsaal schmücken, …

5 Lies den Merkkasten und wiederhole, welche Besonderheiten bei der Schreibung von Wörtern mit *h* zu beachten sind.

> Eine Besonderheit im Deutschen ist, dass in manche **Wörter mit langem Stammvokal** ein ***h*** eingefügt wird. Es markiert die Silben und hilft deshalb beim Lesen.
> Steht das *h* am Ende einer Silbe, nennt man es **silbenschließendes *h*** (oder oft auch Dehnungs-*h*). Dieses steht nur vor *l, m, n* und *r*, z. B.:
> *die Höh-le, die Müh-le, neh-men, seh-nen, fah-ren.*
> Steht das *h* am Anfang der zweiten Silbe, nennt man es **silbenöffnendes *h***.
> Es ist wichtig für das Lesen, weil es zwei Vokale voneinander trennt, z. B.:
> *die Schu-he, ge-hen, die Mü-he, die Ru-he, die Kü-he, die Re-he.*
> Einsilbige Wörter muss man **verlängern (Verlängerungsprobe)**, um die Silben mit *h* zu erkennen, z. B.:
> *der Stuhl – die Stüh-le, der Schuh – die Schu-he.*
> Bei verwandten Wörtern bleibt das *h* im Wortstamm erhalten, z. B.:
> *fahren, der Fahrer, fuhr, das Gefährt, die Fähre, das Fahrzeug.*

4 b und c Wähle aus den folgenden Wörtern aus und passe sie entsprechend an.
das Beet / die Beere / das Boot / die Haare / der Klee / leer / das Meer / das Moor / das Moos / das Paar / der Saal / die Saat / der Schnee / der See / der Tee / die Waage / der Zoo

6 Übe Wörter mit silbenschließendem *h*.

a Bilde von den folgenden Verben sinnvolle Nomen/Substantive.

fahren / fühlen / lehren / zahlen / wählen / fehlen / kühlen / sehnen

fahren – der Fahrer, ...

b Bilde von den folgenden Nomen Verben.

das Jahr / der Strahl / die Fähre / die Dehnung / der Fehler / der Fühler

das Jahr – sich jähren, ...

7 Übe Wörter mit silbenöffnendem *h*.

a Bilde von den folgenden Verben die 2. Person Singular Präsens und die 3. Person Singular Präteritum.

sehen / ziehen / nähen / drehen / stehen / wehen / krähen / blühen

sehen: du siehst, er sah, ...

b Wählt mindestens drei Wörter aus Aufgabe a aus und sucht weitere stammverwandte Wörter mit *h*. Schreibt die Wortfamilien in eure Hefte.

sehen: du siehst, er sah, gesehen, ansehen, die Sehhilfe, ...

8 Silbenschließendes oder silbenöffnendes *h*?

a Schreibe zu den folgenden Verbformen den Infinitiv in dein Heft und unterstreiche das *h*.

ich führe / es blüht / sie näht / du gehst / sie bemüht sich / er droht / du wählst / es weht / er dehnt / sie befiehlt / er belohnt uns / er erfährt es / sie ahmt nach / er gewöhnt sich ein / du siehst / es geschieht

ich führe – führen, ...

b Übertrage die Tabelle in dein Heft. Zerlege die Infinitive und ordne sie richtig in die Spalten ein.

silbenschließendes *h*	**silbenöffnendes *h***
füh-ren	blü-hen
...	...

c Welches Wort passt jeweils nicht in die Reihe? Begründe deine Meinung.

1 die Schuhe / die Kühe / die Höhle / die Drehung / das Stehen
2 sehen / bestehen / zahlen / drehen / blühen
3 wehen / flehen / fliehen / nehmen / ziehen

9 Schreibe alle Wörter mit langem Stammvokal in dein Heft, die kein silbenschließendes *h* aufweisen. Unterstreiche die Konsonanten am Wortanfang.

die Sporen / klar / quer / die Krone / der Fehler / der Schal / schmal / der Fahrer / spüren / der Lohn / das Tal / der Stahl / das Tor / der Ruhm / der Ton / schon / sich schämen / der Sohn / kahl / der Kram / gähnen / quälen / die Sohlen / die Spur / der Span / die Sparerin

die Sporen, …

> Beginnt ein Wort mit *kl, kr, qu, sp, t* und *sch*, steht **nie** ein **silbenschließendes *h***, z. B.:
> *klar, die Krone, die Qual, die Spur, das Tal, der Schal.*

10 Übe Wörter mit einem langen Stammvokal.

a Übertrage die Tabelle in dein Heft und ordne die Wörter richtig ein.

der Kram / fühlen / wehen / schämen / der Schwur / schwer / der Krümel / strahlen / die Schale / die Zahl / leihen / wählen / fehlen / die Spüle / nähen / spüren / fliehen / die Qual / fahren

ohne *h*	silbenschließendes *h*	silbenöffnendes *h*
der Kram …	fühlen …	wehen …

b Bilde von den Nomen der linken Spalte Verben und schreibe sie auf.

der Kram – kramen, …

c Bilde von den Verben der mittleren Spalte sinnvolle Nomen und schreibe sie auf.

fühlen – das Gefühl, …

d Bilde von den Verben der rechten Spalte die 2. Person Singular Präsens und die 3. Person Singular Präteritum und schreibe sie auf.

wehen – du wehst – er wehte, …

●●● **e** Bilde möglichst viele Zusammensetzungen mit den folgenden Nomen und schreibe sie auf.

das Tal / der Schal / der Ton / der Kran / die Spur / der Kram / die Schale / die Krone / der Spüler / die Tore / die Krümel

das Tal, das Gebirgstal, das Flusstal, …

11 Bilde weitere Reime mit den folgenden Wortpaaren und schreibe sie in dein Heft. Unterstreiche das *h*.

1 der Sohn – der Mohn
2 zahm – lahm
3 die Scham – der Kram
4 spüren – schüren

1. der Sohn – der Mohn – der Hohn – ...

12 Wiederhole mithilfe des Merkkastens, welche Besonderheiten bei der Schreibung des lang gesprochenen *i* zu beachten sind.

> Die Buchstabenverbindung *ii* könnte man leicht mit dem Buchstaben *u* verwechseln. Deshalb gibt es keine deutschen Wörter mit doppeltem Stammvokal *i*.
> Im Deutschen wird das **lang gesprochene *i*** meist als ***ie*** und manchmal (hauptsächlich in Namen) nur als ***i*** geschrieben, z. B.:
> *lieb, der Tiger.*
> ***ih*** tritt nur in den Wörtern *ihm, ihn, ihr, ihre; Ihnen* und deren Formen auf, z. B.:
> *Ich zeige ihr den Text. Ich helfe Ihnen gern.*
> Nur in einem Wort wird ***ieh*** geschrieben: *das Vieh*.
> Alle anderen Wörter und Wortformen mit *ieh* entstehen durch ein silbenöffnendes *h*, man erkennt sie mithilfe der **Verlängerungsprobe** und **Verwandtschaftsprobe**, z. B.:
> *du ziehst → zie-hen, Sieh! → se-hen.*

13 Übe Wörter mit lang gesprochenem *i*.

Tipp
Du kannst auch versuchen, das Gedicht auswendig zu lernen.

a Lies das folgende Gedicht deutlich und betont vor.

Wilhelm Busch

Schnurrdiburr oder Die Bienen

1. Kapitel
Sei mir gegrüßt, du lieber Mai,
Mit Laub und Blüten mancherlei!
Seid mir gegrüßt, ihr lieben Bienen,
Vom Morgensonnenstrahl beschienen,
Wie fliegt ihr munter ein und aus
In Imker[1] Dralles[2] Bienenhaus.
Und seid zu dieser Morgenzeit
So früh schon voller Tätigkeit. [...]*

[1] *der Imker:* der Bienenzüchter
[2] *Dralle:* der Name des Bienenzüchters

b Übertrage die Tabelle in dein Heft.
Suche aus dem Gedicht die Wörter mit lang gesprochenem *i* heraus und ordne sie in die richtige Spalte ein.

ie	*ih*
lieber	…

c Ergänze in jeder Spalte zwei eigene Beispiele.

●○○ **14** Präge dir Wörter mit *ie* ein.

a Schreibe die Nomen ab und ergänze jeweils den Plural.

1 der Dieb
2 das Sieb
3 die Biene
4 der Hieb
5 die Wiese
6 der Riese
7 der Betrieb
8 das Verlies
9 die Zwiebel

1. der Dieb – die Diebe 2. …

b Bilde zu folgenden Verben die 2. Person Singular Präsens.

1 bieten
2 dienen
3 fiebern
4 lieben
5 niesen
6 schließen
7 schmieren
8 sieben
9 spielen
10 verlieren
11 ziehen
12 zielen

1. bieten – du bietest 2. …

15 Du weißt, im Deutschen wird das lange *i* meist als *ie* geschrieben.

a Beweise, dass auch folgende Wörter mit *ie* geschrieben werden.
Schreibe die Wörter mit *ie* heraus, ergänze ein mehrsilbiges stammverwandtes Wort und kennzeichne die Silben.

1 Er lieh mir ein Buch.
2 Ich verzieh ihm.
3 Die Blume gedieh prächtig.
4 Zieh doch nicht so!
5 Mach doch bitte die Tür zu, es zieht.
6 Empfiehl mir bitte einen Film.
7 Sieh doch mal!

1. (er) lieh – (sie) lie-hen
2. …

●●● **b** Verwende folgende Wörter in sinnvollen Sätzen.
Beachte ihre unterschiedliche Schreibung.

1 die Mine – die Miene
2 die Fiber – das Fieber
3 das Lid – das Lied
4 wider – wieder

Wörter mit kurzem Stammvokal

1 Endet die erste Silbe des Wortstamms auf einen Konsonanten (Mitlaut), dann wird der Stammvokal in der Regel kurz gesprochen.

a Lies die Wörter laut und deutlich. Achte auf den kurzen Stammvokal.

klettern / finden / die Tonne / schwimmen / die Tanne / die Tante / singen / der Wald / der Bagger / summen / glatt / bunt / halten / der Dank / der Anker / der Pudding

b Schreibe die Wörter geordnet in dein Heft. Markiere die Konsonanten mit unterschiedlichen Farben.

zwei unterschiedliche Konsonanten: finden, …
zwei gleiche Konsonanten: klettern, …

c Ergänze die Beispiele aus Aufgabe b um jeweils fünf weitere.

> **Nach kurzem betonten Stammvokal** stehen meist **zwei Konsonanten** (Mitlaute). Der Konsonant wird nach einem kurzen betonten Vokal (Selbstlaut) beim Schreiben **verdoppelt**, wenn er zwei Silben wie ein Gelenk miteinander verbindet (**Silbengelenk**), z. B.:
> *die Tan ne, die Wol le, die Fal le.*
> Bei **zwei unterschiedlichen Konsonanten** entsteht kein Silbengelenk, deshalb wird nicht verdoppelt, z. B.:
> *die Tan te, die Wol ke, die Fal te.*
>
> Einsilbige Wörter muss man **verlängern** (**Verlängerungsprobe**), um zu entscheiden, wie sie geschrieben werden, z. B.:
> *he■ – hel ler → hell, er hä■ – hal ten → er hält.*

2 Verlängere, wenn möglich, die folgenden einsilbigen Wörter. Nenne die Wörter, die man nicht verlängern kann.

der Stoff / der Herr / der Stamm / zum / dünn / stopp / der Kamm / starr / das Fett / wann / kann / von / der Kuss / muss / der Tritt / der Ball / nass / plus

> Wenn das **Wort nicht verlängert** werden kann, dann erfolgt auch **keine Verdopplung des Konsonanten**, z. B.:
> *plus, zum, von.*
> Ausnahmen sind *wann, wenn, dann, denn,* weil sie früher auch zweisilbig waren (*wanne, wenne, danne, denne*).

1a Beachte: Doppelkonsonanten wie *tt, mm, nn, gg, dd* hört man beim Sprechen nur einfach.

Tipp
Bilde bei Verben den Infinitiv, bei Adjektiven eine Steigerungsform.

3 Entscheide, ob die folgenden Verben und Adjektive mit einem Doppelkonsonanten geschrieben werden.

1 Der Polizist stop■t den Fahrer.
2 Sie ren■t schnel■.
3 Der Roboter schrub■t den Boden.
4 Die Prüflinge schaf■en es.
5 Der Hund hat gebel■t.
6 Der Zug kom■t pünktlich.
7 Alle hatten richtig getip■t.
8 Das Auto häl■t an.
9 Die Sonne scheint hel■.
10 Alle Kinder wurden sat■.
11 Die Bäume werden nicht gefäl■t.
12 Der Junge is■t das kal■te Eis.

1. stoppen – stoppt
2. …

●●● **4** In jedem Wortpaar gibt es nur einen „echten" Doppelkonsonanten.

a Schreibe die Wörter mit dem „unechten" Doppelkonsonanten in dein Heft. Unterstreiche diese Konsonanten.

1 die Dogge – weggehen
2 der Löffel – auffahren
3 der Kaffee – das Hoffenster
4 einnehmen – erkennen
5 vielleicht – sollen
6 nass – aussehen
7 der Strommast – kommen
8 das Motorrad – die Dürre
9 das Hobby – abbilden
10 die Butter – mitteilen

1. weg-gehen
2. …

b Erkläre, wie diese Schreibung entstanden ist.

Wörter mit *s, ss, ß* im Wortstamm

1 Die Schreibung der Wörter mit *s, ss* oder *ß* ist nicht immer einfach. Tragt zusammen, welche Regeln zur *s*-Schreibung ihr kennt.

2 Überprüfe und ergänze deine Kenntnisse mithilfe der folgenden Aufgaben.

a *s* oder *ss*? Schreibe die Wörter in dein Heft und ergänze jeweils die Pluralformen.

1 das Gla■	**5** der Krei■	**9** das Gebi■
2 der Ku■	**6** die Walnu■	**10** die Rei■e
3 der Ri■	**7** der Fel■	**11** der Prei■
4 das Gra■	**8** das Schlo■	**12** die Lau■

1. das Glas – die Gläser
2. …

b Tauscht eure Hefte aus und kontrolliert euch gegenseitig. Besprecht und begründet die jeweils richtige Schreibung.

3 Achtung: In jeder Reihe ist ein schwarzes Schaf enthalten.

a Untersuche den *s*-Laut in den folgenden Wörtern. Beantworte dazu diese Fragen:
– Wird der Stammvokal lang oder kurz gesprochen?
– Wird das *s* gezischt (stimmloses *s*) oder gesummt (stimmhaftes *s*)?

1 wissen: fa■en / mü■en / die Ka■e / das Me■er / die Glä■er / wä■rig / der Schlu■ / der Genu■ / ein bi■chen
2 fließen: grü■en / bei■en / die Ho■e / die Stra■e / der Fu■ / sü■ / der Spie■ / ru■ig / spa■ig
3 lesen: die Lo■e / die Rei■e / sau■en / lei■e / die Grü■e / die Blu■e / die Brau■e / rie■ig
4 die Maus: das Hau■ / das Gra■ / der Prei■ / das Ga■ / nie■en / pa■t

b Tauscht euch darüber aus, bei welchen Wörtern ihr unsicher seid, wie sie richtig gesprochen werden. Besprecht, warum ihr unsicher seid.

c Schreibe die Wörter ab und setze in die Lücken *s, ss* oder *ß* ein. Ordne dabei das schwarze Schaf in die richtige Reihe ein.

1. wissen: fassen, …
2. …

d Tauscht euch darüber aus, bei welchen Schreibungen ihr unsicher seid. Besprecht, was bei der Entscheidung für *s, ss* oder *ß* helfen kann.

3 Als „schwarzes Schaf“ bezeichnet man etwas, das auffallend anders ist. Dadurch passt es nicht in die Reihe.

In Wörtern mit **langem Stammvokal** oder **Diphthong (Zwielaut)** schreibt man ***s***, wenn der *s*-Laut **stimmhaft (summend)** gesprochen wird, z. B.: *lösen, rieseln, das Eisen.*
In Wörtern mit langem Stammvokal oder Diphthong schreibt man ***ß***, wenn der *s*-Laut **stimmlos (zischend)** gesprochen wird, z. B.: *fließen, die Schließung, grüßen.*
Nach **kurzem Stammvokal** wird ***ss*** geschrieben, z. B.: *wissen, der Schlüssel, müssen.*
Einsilbige Wörter muss man **verlängern** (**Verlängerungsprobe**), damit der *s*-Laut eindeutig hörbar ist, z. B.: *das Gla___ – die Gläser, der Gru___ – die Grüße, er mu___ – müssen.*
Die Schreibung des *s*-Lauts bleibt auch in verwandten Wörtern mit kurzem bzw. langem betontem Vokal erhalten, deshalb hilft auch die **Verwandtschaftsprobe**, z. B.: *das Glas → gläsern, grüßen → ihr grüßt, passen → es passt.*

Tipp
Nutze auch die Verlängerungs- oder Verwandtschaftsprobe.

e Schreibe ab und setze die fehlenden Reimwörter ein.

Ein neugieriger Hase
mit kleiner N___
schnüffelt im Gr___.

Die schlaue Maus
sitzt im H___
und geht nicht r___.

Die Mama liest
und die Oma n___t.

Bei Verbformen und abgeleiteten Wörtern (Nomen/Substantiven, Adjektiven) **wechseln *ss* und *ß*** nach den oben genannten Regeln, z. B.: *essen – sie aß – essbar, gießen – der Guss, wissen – er weiß.*

f Notiere finite Verbformen und Ableitungen von folgenden Verben.

1 messen
2 lassen
3 wissen
4 reißen
5 fließen
6 schließen

1. messen, er misst, sie maß, die Messung, …

g Schreibe die folgenden Regeln ab und vervollständige sie. Wähle dazu die richtige Lösung in Klammern aus.

1 *ss* steht immer nach ___ (kurzem/langem) Stammvokal.
2 *ss* wird immer ___ (gezischt/gesummt).
3 *ß* steht immer nach einem ___ (kurzen/langen) Stammvokal.
4 *ß* wird immer ___ (gezischt/gesummt).
5 *s* steht immer nach einem ___ (kurzen/langen) Stammvokal oder einem Diphthong (*ei, ai, eu, au*).
6 *s* wird zwischen zwei Vokalen (*lesen*) immer ___ (gezischt/gesummt), am Wortende (*los*) immer ___ (gezischt/gesummt).
7 Wechsel von *ss/ß*: Nach kurzem Vokal schreibt man ___ (*s/ss/ß*), nach langem Vokal oder Diphthong schreibt man ___ (*s/ss/ß*).

4 Schreibe die folgenden Wörter ab und präge sie dir ein.

a Bilde von den Adjektiven die Steigerungsformen.

1 leise
2 böse
3 riesig
4 eisig

1. leise – leiser – am ...

→ S. 282: Merkwissen: Verb

b Notiere von den Verben die Leitformen/Stammformen.

1 isst
2 schließt
3 grüßt
4 gießt
5 vergisst
6 zerreißt
7 verreist
8 ließ
9 las

1. essen – aß – ...

c Setze die Nomen in den Plural und in den Genitiv Singular.

1 die Straße
2 die Soße
3 der Spieß
4 der Spaß
5 der Fuß
6 der Blumenstrauß

1. die Straße – die Straßen – der Straße
2. die Soße – ...

d Bilde mit den folgenden Wörtern Sätze.

1 heiß
2 der Fuß
3 der Schweiß
4 schließlich
5 ein bisschen
6 der Gruß

1. Der Tee ist noch heiß.
2. ...

5 Wie kommt man vom ersten Wort zum letzten?
Tausche bei jedem Wort jeweils nur einen Buchstaben aus.

1 die Gosse – die G▬ – die M▬ – die Messe
2 die Nüsse – die K▬ – die K▬ – die Tasse
3 die Rose – der R▬ – die R▬ – der Mast

1. die Gosse – die Gasse – die M...

Die Entscheidung, ob man ***das*** oder ***dass*** schreiben muss, hängt davon ab, welcher Wortart es zuzuordnen ist:

- **bestimmter Artikel**, z. B.: *Das Mädchen ist meine Freundin.*
- **Relativpronomen**, z. B.: *Das Mädchen, das dort steht, ist meine Freundin.*
- **Konjunktion**, z. B.: *Sie wissen, dass der Film lange dauert.*

Zur Unterscheidung von *das* und *dass* nutzt man die **Ersatzprobe**:

- Kann man *da*■ durch *dieses* ersetzen, handelt es sich um den Artikel *das*, z. B.:
  Da■ *(dieses) Mädchen ist meine Freundin.* → *das*
- Kann *da*■ durch *welches* ersetzt werden, ist es das Relativpronomen *das*, z. B.:
  Das Mädchen, da■ *(welches) dort steht, ist meine Freundin.* → *das*
- Ergibt der Satz bei diesen Proben keinen Sinn, so handelt es sich um die Konjunktion *dass*, z. B.:
  Sie wissen, da■ *(~~dieses~~, ~~welches~~) der Film lange dauert.* → *dass*

6 In Verbindung mit den Verben *hoffen, sehen, meinen, glauben, sich freuen, wissen, wünschen* folgt häufig die Konjunktion *dass*.

a Vervollständige die Sätze und schreibe sie in dein Heft.
Achte auf das Komma.

1 Anja glaubt, ■.
2 Paul hofft, ■.
3 Ihre Mutter denkt, ■.
4 Der Lehrer sieht, ■.
5 Amira weiß, ■.
6 Es ist nicht zu glauben, ■.
7 Sie freut sich, ■.
8 Yasin wünscht sich, ■.
9 Ich freue mich, ■.
10 Meine Freundin meint, ■.

b Bilde ähnliche Sätze mit den Verben *hoffen, sehen, meinen, glauben, sich freuen, wissen, wünschen*. Schreibe sie in dein Heft, achte auf die Kommasetzung und die Konjunktion *dass*.

Tipp
Nutze die Ersatzprobe.

7 *das* oder *dass*?
Überlege, zu welcher Wortart *das* oder *dass* jeweils gehört.
Schreibe die Sätze vollständig und richtig in dein Heft.

1 Ich glaube, ■ das Wetter schön wird.
2 ■ sie geht, ist traurig!
3 Sie bekommt ein Geschenk, ■ er selbst gebastelt hat.
4 Er hofft, ■ der Zug pünktlich ist.
5 Wir ärgern uns, ■ der Bahnhof so voll ist.
6 ■ Gepäck, ■ wir tragen, ist ziemlich schwer.
7 Wir freuen uns, ■ wir damit nicht weit gehen müssen.
8 Ein Glück, ■ der Bahnsteig nicht so lang ist.
9 ■ Nachdenken über die Lösung von Problemen ist wichtig.

Worttrennung

1 Manchmal reicht am Zeilenende der Platz für ein Wort nicht mehr und es muss getrennt werden.

a Lies die getrennten Wörter von oben nach unten. Überlege, was sie bedeuten und warum du beim Lesen Probleme hast.

Achtung, Fehler!

Vers- tand	Kurs- aal	Pol- armee- reis	Kran- ich	Ball- ade

b Lies die Regeln zur Trennung der Wörter am Zeilenende.

1 Mehrsilbige einfache Wörter werden nach Sprech- bzw. Schreibsilben getrennt, z. B.: *die Kin-der, die Schu-le, die Hal-le, die Fei-er, we-hen, Eu-ro-pa, die Gar-ten-stüh-le.*
2 Einzelne Vokale am Wortanfang oder am Wortende werden nicht abgetrennt, z. B.: *der Abend, die Treue.*
3 Die Buchstabenverbindungen *ch, ck, sch, ph, th* werden nicht getrennt, z. B.: *la-chen, der Zu-cker, die Wä-sche, die Stro-phe, Goe-the.*
4 Zusammengesetzte Wörter und Wörter mit Präfixen (Vorsilben) trennt man zwischen den einzelnen Wortbausteinen, z. B.: *der Fuß|ball – der Fuß-ball, der Fern|seh|turm – der Fern-seh-turm, ver|laufen – ver-lau-fen, be|suchen – be-su-chen.*

c Schreibe die Wörter aus Aufgabe a mit allen sinnvollen Trennmöglichkeiten und ihrem Artikel auf. Schreibe hinter jedes Wort die Nummer(n) der angewendeten Trennungsregel(n).

der Ver-stand (4), …

d Trenne die folgenden Wörter richtig.

1	die Tische	6	schlafen	11	necken
2	die Schuhe	7	stechen	12	wachen
3	sprechen	8	die Apotheke	13	die Decke
4	tanzen	9	lachen	14	wackeln
5	die Tabelle	10	waschen	15	steigen

●●● **e** Entdecke die Wörter. Schreibe den Satz korrigiert in dein Heft und markiere anschließend alle Trennungsmöglichkeiten.

Dierichtigenabständezwischeneinzelnenwörternerleichterndaslesen erheblichundsolltendeshalbnichtzugroßundnichtzukleinseinundauch beimhandschreibenbeachtetwerden.

Die rich/ti/gen Ab/stän/de …

Tipp
Achte auf die Groß- und Kleinschreibung.

→ S. 167: Wortbildung

2 Übe die Worttrennung.

a Zerlege die folgenden Wörter in sinnvolle Wortbausteine. Schreibe die Wörter untereinander in dein Heft und setze senkrechte Striche.

1 das Spielwarengeschäft
2 die Taschenrechnertaste
3 die Pferderennbahn
4 der Computerspielerfinder
5 der Schokoladeneisverkäufer
6 das Lieblingsspielzeug

1. das Spiel | waren | geschäft
2. ...

b Gib weitere Trennmöglichkeiten an.

1. das Spiel-wa-ren-ge-schäft
2. ...

Tipp
Fünf Wörter kann man nicht trennen.

3 Übertrage die Tabelle in dein Heft. Ordne die folgenden Wörter in die richtige Spalte ein.

der Hase / der Igel / das Krokodil / die Treue / der Wald / der Dienstag / die Physik / die Erkenntnis / die Schulmeisterschaft / verlaufen / der Flughafen / der Geburtstag / der Dampfer / putzen / die Knospe / oder / die Schülerin / der Schiedsrichter / der Computer / der Hauseingang / der Elefant / das Betttuch / der Basketball / die Lieblingsbeschäftigung / die Schreie / der Topf

nicht trennbar	zweisilbig trennbar	mehrsilbig trennbar
der Igel	der Ha-se	das Kro-ko-dil
...	...	...

Achtung, Fehler!

4 Hier gibt es Probleme mit der Silbentrennung. Nur ein einziges Wort ist richtig getrennt. Berichtige die anderen und schreibe sie in dein Heft.

1 lach-en
2 beiß-en
3 das Mus-eum
4 das Train-ing
5 das Fahr-rad
6 die Famil-ie
7 ein bis-schen
8 viell-eicht
9 die Elt-ern
10 si-tzen
11 die La-mpe
12 knus-prig
13 die Bren-nnessel
14 em-pfangen
15 allmähl-ich
16 der Bagg-er
17 die Temper-atur
18 die Masch-ine
19 die Stä-dte
20 der Bäck-er
21 der Pudd-ing
22 einand-er
23 die Öffentlic-hkeit
24 verrei-st

1. la-chen
2. ...

Groß- und Kleinschreibung

Nomen/Substantive

1 Was weißt du schon über die Großschreibung im Deutschen?

a Überlege, warum wir im Deutschen die Nomen/Substantive großschreiben. Überprüfe deine Aussagen mithilfe des folgenden Textes.

Im Deutschen wird seit über 400 Jahren großgeschrieben. Die Großschreibung hilft uns beim Lesen. Nomen/Substantive sind wichtige Wörter und mit einem Großbuchstaben erkennt man sie besser.
Es stimmt, dass wir deshalb Texte in Deutsch ein bisschen schneller lesen können, obwohl der Satzbau komplizierter ist als in den verwandten Sprachen Englisch und Französisch. Nach der Abschaffung der Großschreibung von Nomen in Dänemark und Holland vor über sechzig Jahren sind wir mit der Großschreibung nun die Einzigen in der Welt.

b Ergänze die folgenden Regeln und schreibe sie in dein Heft.

1. Satzanfänge schreibt man ___.
2. Nomen/Substantive werden im Deutschen ___ geschrieben.
3. Nomen erkennt man am Ar___.
4. Alle anderen Wortarten, zum Beispiel V___, ___, ___, ___, ___, ___ werden ___ geschrieben.

2 Kennt ihr die Geschichte des Fahrrads?

a Lest den folgenden Text und tauscht euch darüber aus, ob das Lesen euch leichtgefallen ist. Stellt Vermutungen an, woran das liegen könnte.

Achtung, Fehler!

Die entwicklung des fahrrads

Die lange entwicklung des fahrrads begann 1817 mit der erfindung einer neuen, lenkbaren laufmaschine. Der fahrer saß auf dem gefährt und stieß sich mit den füßen abwechselnd vom boden ab. Ab 1869 benutzte man hochräder aus stahl und mit gummibereifung. Das vorderrad, auf dem der fahrer saß, war wesentlich größer als das hinterrad. Dadurch war die sturzgefahr sehr groß. Das führte zur entwicklung eines neuartigen niederrades, bei dem beide räder gleich groß sind. 1888 wurde der mit luft gefüllte reifen erfunden und am anfang des 20. jahrhunderts die gangschaltung. Beides verbesserte den hohen gebrauchswert des rades nochmals. Inzwischen gibt es zahlreiche weiterentwicklungen und nicht umsonst erfreut sich das fahrrad bis heute großer beliebtheit.

b Besprecht, wie ihr beim Korrigieren vorgehen wollt. Wiederholt, was ihr über Nomen wisst.

c Übertragt den Text in der richtigen Schreibung in eure Hefte und unterstreicht alle Nomen.

3 Schreibe die folgenden lustigen Sätze in richtiger Groß- und Kleinschreibung in dein Heft. Nutze die Artikelprobe: Füge bei den Nomen Artikel hinzu und unterstreiche sie. Übe auch, diese „Zungenbrecher" möglichst schnell, deutlich und fehlerfrei zu sprechen

1 SCHNECKEN ERSCHRECKEN,
WENN SCHNECKEN AN SCHNECKEN SCHLECKEN,
WEIL ZUM SCHRECKEN VIELER SCHNECKEN,
SCHNECKEN NICHT SCHMECKEN.

2 AUF DEN SIEBEN ROBBENKLIPPEN
SITZEN SIEBEN ROBBENSIPPEN,
DIE SICH IN DIE RIPPEN STIPPEN,
BIS SIE VON DEN KLIPPEN KIPPEN.

3 WENN FLIEGEN HINTER FLIEGEN FLIEGEN,
FLIEGEN FLIEGEN FLIEGEN NACH.

4 **GEKLIMPER**
KLIMPERN
MIT WIMPERN
IST WIMPERNKLIMPERN.
UND KLIMPERWIMPERN
SIND WIMPERN,
DIE KLIMPERN.

1. Die Schnecken erschrecken,
wenn die Schnecken an den Schnecken schlecken,
...

2b Überlegt, welche der folgenden Proben ihr nutzen könnt.
Verwandtschaftsprobe / Artikelprobe / Verlängerungsprobe / Bedeutungsprobe / Ersatzprobe / Frageprobe / Umstellprobe

Nominalisierte/Substantivierte Verben

→ S. 135: Nominalisierte/ Substantivierte Verben und Adjektive

Tipp
Im Text sind 13 nominalisierte Verben enthalten.

1 Im folgenden Text sind einige Verben zu Nomen/Substantiven geworden.

a Schreibe die nominalisierten/substantivierten Verben heraus und ordne sie den Gruppen der jeweiligen Begleitwörter zu.

Es war kurz vor Weihnachten und wir fuhren mit der Klasse ins Erzgebirge nach Seiffen. Nach dem Ankommen sahen wir uns den Ort an. Das Herumführen im Ort übernahm eine Touristenführerin.
Früher lebten die Leute hier vom Abbauen der Zinnvorkommen. Zum Ende des 18. Jahrhunderts wurde ein stetiges Abnehmen des Rohstoffs verzeichnet und die Menschen mussten sich andere Berufe suchen.
Das Bearbeiten von Holz rückte in den Vordergrund. Es wurden Gebrauchsgegenstände wie Teller, Knöpfe und Ähnliches gefertigt.
Einige begannen mit dem Herstellen von Spielzeug. In dieser Gegend wurde sogar ein eigenes Handwerk erfunden, das heute nur noch wenige beherrschen: Beim Reifendrehen werden Holzringe gedrechselt.
Durch vorsichtiges Aufspalten der Ringe entstehen kleine Rohlinge von Tieren oder Häusern. Diese Rohlinge werden durch Schnitzen sowie Bemalen weiterbearbeitet und dienen als Schmuck für Weihnachtspyramiden oder -krippen. Dieses Vorgehen ermöglicht das massenhafte Anfertigen von Holzfiguren.
Heute gibt es in Seiffen mehrere Schauwerkstätten, in denen man das Herstellen von Weihnachtsschmuck beobachten kann.

Artikel:	*das Herumführen, ...*
Artikel + Adjektiv:	*...*
Pronomen + Adjektiv:	*...*
Präposition + Artikel:	*nach dem Ankommen, ...*
Präposition + Adjektiv:	*...*

Verben können zu Nomen/Substantiven werden. Sie werden dann **nominalisierte/substantivierte Verben** genannt und **großgeschrieben**.
Man kann sie erkennen an:
- Artikeln (*der, die, das; ein, eine, …*), z. B.: *das Fließen,*
- Adjektiven (*schnell, gut, …*), z. B.: *langsames Gehen,*
- Pronomen (*mein, dein, …; dieser, …*), z. B.: *ihr Lachen,*
- Präpositionen (+ Artikel) (*auf, in dem, …*), z. B.: *beim (bei dem) Spielen.*

Die **Erweiterungsprobe** hilft, **nominalisierte Verben** zu erkennen, denn sie stehen immer am Ende einer sogenannten **nominalen Wortgruppe**, z. B.:

das Lachen	*beim Gehen*
das helle Lachen	*beim langsamen Gehen*
das helle, laute Lachen	*beim langsamen und vorsichtigen Gehen*

b Verwende die Verben als Nomen. Nutze das folgende Muster.

gehen / tanzen / sprechen / singen / schwimmen

Artikel: *das Gehen*
Artikel + Adjektiv: *das schnelle Gehen*
Präposition + Pronomen: *durch ihr Gehen*
Präposition + Pronomen + Adjektiv: *durch ihr schnelles Gehen*

c Bilde je einen Satz mit dem Verb und einen mit dem nominalisierten Verb und schreibe sie in dein Heft.

schreiben / laufen / lesen / schlafen / spielen / verstehen

Ich schreibe gern Briefe. Beim Schreiben von Briefen ...

2 Entscheide, ob die unterstrichenen Wörter groß- oder kleingeschrieben werden müssen. Nutze die Erweiterungsprobe. Schreibe die Wortgruppen mit nominalisierten Verben richtig in dein Heft.

Klöppeln

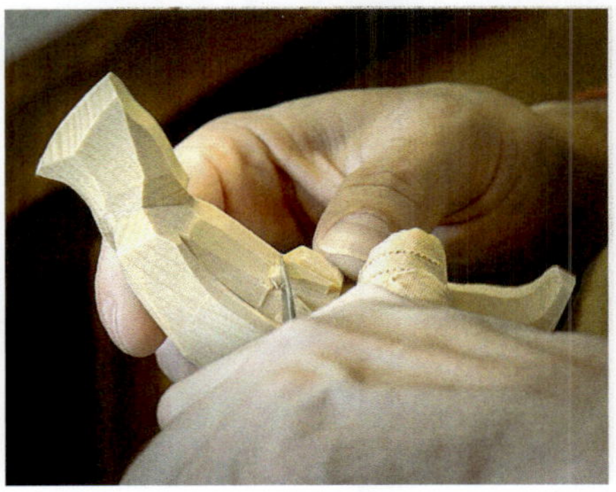

Schnitzen

Achtung, Fehler!

1 Beim schmücken von Weihnachtsbäumen wollen viele Familien nicht auf die Holzfiguren aus dem Erzgebirge verzichten. **2** Beim essen zieren erzgebirgische Holzfiguren viele Tische. **3** Manche Familien pflegen selbst noch die Tradition des schnitzens und drechselns. **4** Andere üben sich regelmäßig im klöppeln, einem herstellen von feinen Spitzen. **5** Beim backen kommen oft alte Familienrezepte zum Einsatz. **6** Aber auch das singen und musizieren darf in vielen Familien nicht fehlen.

1. beim Schmücken
beim festlichen Schmücken
beim gemeinsamen festlichen Schmücken
2. ...

2 Nutze zum Beispiel die folgenden Erweiterungen.
1 *gemeinsamen, festlichen* / **2** *traditionellen, weihnachtlichen* / **3** *kunstvollen, erzgebirgischen* / **4** *gemütlichen, schwierigen, kunstvollen, traditionellen* / **5** *gemeinsamen, vorweihnachtlichen* / **6** *gemeinsame, fröhliche, regelmäßige*

Nominalisierte/Substantivierte Adjektive

Tipp
Im Text sind zehn nominalisierte Adjektive enthalten.

1 Schreibe die nominalisierten/substantivierten Adjektive heraus und ordne sie den Gruppen der jeweiligen Begleitwörter zu.

Unser Weihnachtsschmuck aus Seiffen ist etwas Besonderes. Unser Bekanntestes sind Pyramiden, Räuchermännchen und Engel. Etwas Wertvolles sind auch die Nussknacker, die Mitte des 19. Jahrhunderts im Erzgebirge Verbreitung fanden. Das Neue war, dass die Handwerker zuerst ihnen vertraute Figuren herstellten: Bergmänner in Uniform.

Um 1870 drechselte Friedrich Wilhelm Füchtner den ersten Nussknackerkönig. Das Einfache war, dass er dafür nur eine Krone auf den schwarzen Hut malen musste. Später wurden weitere Figuren als Nussknacker gefertigt, zum Beispiel Soldaten, Gendarmen und Förster. Es ist sicherlich kein Zufall, dass meist die Reichen dargestellt wurden. Das Interessante ist, dass sich heute auch für Selteneres, wie für Ritter, Weihnachtsmänner, Köche und Ärzte, Käuferinnen und Käufer finden. Das Unglaublichste war bisher Mickey Mouse als Nussknacker. Sie wurde nach Amerika exportiert. Das Beste ist, dass Nussknacker aus dem Erzgebirge damit in vielen Ländern bekannt sind.

Artikel:	*das Neue, …*
Pronomen:	*unser Bekanntestes*
unbestimmtes Zahlwort:	*etwas Besonderes, …*
Präposition + Artikel:	*…*

Auch Adjektive können zu Nomen/Substantiven werden. Sie werden dann **nominalisierte/substantivierte Adjektive** genannt und **großgeschrieben**. Man kann sie erkennen an:

- Artikeln (*der, die, das; ein, eine, …*), z. B.: *das Gute*,
- Pronomen (*mein, dein, …; dieser, …*), z. B.: *unser Wertvollstes*,
- unbestimmten Zahlwörtern (*alles, viel, …*), z. B.: *etwas Frisches*,
- Präpositionen (+ Artikel) (*auf, in dem, …*), z. B.: *zum (zu dem) Besten*.

Die **Erweiterungsprobe** hilft, nominalisierte Adjektive zu erkennen, denn sie stehen immer am Ende einer sogenannten **nominalen Wortgruppe**, z. B.:

etwas Frisches	*unser Wertvollstes*
etwas ganz Frisches	*unser aller Wertvollstes*
etwas ganz wunderbar Frisches	*unser aller und sein Wertvollstes*

2 Bilde nominalisierte Adjektive.

a Bilde nominalisierte Adjektive mithilfe der unbestimmten Zahlwörter. Schreibe je einen Satz und unterstreiche das nominalisierte Adjektiv.

Zahlwörter: alles / nichts / manches / viel / etwas
Adjektive: gut / günstig / lustig / bunt / frech / aufregend

Für deine Reise wünsche ich dir alles Gute. ...

b Nutze die Erweiterungsprobe. Erweitere die nominalen Wortgruppen aus deinen Sätzen von Aufgabe a. Wähle aus folgenden Möglichkeiten aus.

erdenklich / besonders / wunderbar / sehr / herrlich / außergewöhnlich

alles erdenklich Gute, ...

3 Entscheide, ob die Adjektive und Verben in Klammern im Text groß- oder kleingeschrieben werden müssen. Begründe deine Entscheidung.

1 Beim Weihnachtsschmuck gibt es jedes Jahr viel ___ und manch ___ zu sehen. (schönes, interessantes)
2 Pyramiden und Nussknacker aus Seiffen im Erzgebirge, Glaskugeln aus Lauscha in Thüringen und Weihnachtssterne aus Herrnhut in der Oberlausitz kann man in der Adventszeit überall ___. (sehen)
3 In der Herrnhuter Sterne-Manufaktur ___ und ___ die Mitarbeiterinnen und Mitarbeiter seit über 160 Jahren das ganze Jahr Weihnachtssterne. (falzen, kleben)
4 Der ___ Papierstern ist mit einem Durchmesser von 13 cm etwas ganz ___. (kleinste, besonderes)
5 Das ___ von etwa 300 000 Papiersternen jährlich ist nur ein Teil der Arbeit der Manufaktur. (herstellen)
6 Einige Mitarbeiterinnen und Mitarbeiter ___ auch ___ Sterne aus Kunststoff. (produzieren, wetterfeste)
7 Weihnachtsschmuck ist immer ein ___ Geschenk für die ___. (besonderes, lieben)
8 Das ___ von etwas ___ ist für viele eine große Freude, denn sie achten es als etwas sehr ___. (verschenken, handgemachtem, wertvolles)

1. viel Schönes (nominalisiertes Adjektiv), ...

Fremdwörter

1 Tauscht euch darüber aus, welche Fremdwörter ihr kennt.
Aus welcher Sprache kommen die meisten Fremdwörter?

Fremdwörter enthalten häufig typische Wortbauteile, wie die **Suffixe** (Nachsilben) *-ieren, -ie, -ik, -iv, -(t)ion* und *-ität*, z. B.:
reparieren, die Energie, die Musik, positiv, die Aktion, die Aktivität.

2 Bilde aus den Verben 1 bis 8 und den Wörtern A bis H Wortgruppen.
Verwende diese in kurzen Sätzen.

1	organisieren	**A**	das Gespräch
2	probieren	**B**	das Fahrrad
3	protokollieren	**C**	die Speisen
4	reparieren	**D**	die Feier
5	respektieren	**E**	mit der Freundin
6	studieren	**F**	die Suppe
7	telefonieren	**G**	Physik
8	garnieren	**H**	andere Menschen

1. die Feier organisieren: Lara soll …

3 Bilde aus den Nomen/Substantiven Verben mit dem Suffix *-ieren*, schreibe sie auf und unterstreiche das Suffix.
Verwende die Verben in Sätzen.

1	die Aktivität	**5**	die Garantie
2	der Charakter	**6**	die Operation
3	die Deklination	**7**	die Qualifikation
4	die Explosion	**8**	die Demonstration

1. die Aktivität – aktivieren: Der Verein aktiviert seine Mitglieder.
2. …

4 Diktiert euch gegenseitig die Verben und schreibt sie untereinander in eure Hefte. Bildet Nomen von den Verben und schreibt sie daneben. Unterstreicht das Suffix.

1	deklinieren	**5**	reagieren
2	konzentrieren	**6**	konstruieren
3	demonstrieren	**7**	konjugieren
4	organisieren	**8**	produzieren

1. deklinieren – die Deklination
2. …

Das **Suffix *-ie*** wird als langes *i* gesprochen. Es gibt eine ganze Reihe häufig verwendeter Fremdwörter mit *-ie*. Ihre Schreibung sollte man sich einprägen, z. B.:
die Biografie, die Biologie, die Chemie, die Fotografie.

5 Schlage in einem Wörterbuch die Bedeutung der folgenden Wörter nach und schreibe sie in dein Heft.

1	die Geometrie	**5**	die Chemie	**9**	die Magie
2	die Kopie	**6**	die Fotografie	**10**	die Regie
3	die Biologie	**7**	die Sympathie	**11**	die Orthografie
4	die Biografie	**8**	die Demokratie	**12**	die Galerie

1. die Geometrie: ein Teilgebiet der Mathematik ...

6 Hier sind die Silben durcheinandergeraten.

Tipp
Achte auf die Groß- und Kleinschreibung.

a Schreibe das gesuchte Fremdwort richtig in dein Heft und markiere die Suffixe.

1. der lateinische Name für den 1. Fall: tiv – mi – no – na
2. ein Unterrichtsfach, in dem experimentiert wird: sik – phy
3. ein anderes Wort für *tätig, wirksam*: tiv – ak
4. der lateinische Name für den 3. Fall: tiv – da
5. ein anderes Wort für *gut*: po – tiv – si
6. eine Staatsform: pu – re – blik
7. ein Unterrichtsfach, in dem oft gesungen wird: sik – mu
8. der lateinische Name für den 4. Fall: sa-ku-tiv-ak
9. der lateinische Name für den 2. Fall: ni – tiv – ge
10. ein Unterrichtsfach, in dem viel gerechnet wird: the – tik – ma – ma

●●● **b** Suche weitere Fremdwörter mit den Suffixen *-ik* und *-iv*. Kläre ihre Bedeutung. Schreibe sie in dein Heft und markiere die Suffixe verschiedenfarbig.

Tipp
Manchmal gibt es mehrere Lösungen.

7 Hier sind alle Suffixe verloren gegangen. Suche sie und schreibe das Wort in der richtigen Groß- und Kleinschreibung in dein Heft.

1	GRAMMAT■	**7**	KONZENTRA■
2	FABR■	**8**	KRIT■
3	STAT■	**9**	SUBSTANT■
4	NAT■	**10**	AGGRESS■
5	KONSTRUK■	**11**	GRAF■
6	NEGAT■	**12**	AKT■

1. die Grammatik
2. ...

Mit Fehlern umgehen

So kannst du fehlerhaft geschriebene Wörter üben

1. das Wort richtig aufschreiben und die Fehlerstellen markieren, z. B.:
   interessant, Medaille, Fahrrad, Familie
2. das Wort laut lesen und in Silben sprechen (Robotersprache), z. B.:
   in-te-res-sant, Me-dail-le, Fahr-rad, Fa-mi-li-e
3. verwandte oder ähnliche Wörter suchen, z. B.:
   interessant – interessieren; Medaille – Goldmedaille; Fahrrad – Motorrad
4. Wortgruppen bilden, z. B.:
   ein interessantes Buch, den Medaillenspiegel lesen
5. Merkhilfen suchen, z. B. Eselsbrücken:
   Das Wörtchen stets *kann man vorwärts und rückwärts lesen.*
   In Interesse *stecken die Wörter* inter *und* esse.

Eine Fehlerkartei anlegen

1 Lege eine Fehlerkartei an.
Du benötigst dazu Karteikarten und eine Schachtel.

a Schreibe das Fehlerwort in die Mitte der Karteikarte.
Kennzeichne die Fehlerstelle farbig.

lesen   *ich lese*   *du liest*
vorlesen   *Vorlesewettbewerb*

er liest

er las   *wir lasen*   *Leser*

Sie liest ihrem kleinen Bruder vor.
Lies bitte leise mit.

b Schreibe verwandte Wörter auf die Karteikarte und unterstreiche ebenfalls die Fehlerstelle.

c Nimm eine Karteikarte heraus und präge dir alle Wörter genau ein. Schreibe sie anschließend aus dem Gedächtnis auf.

d Nimm Karteikarten mit Übungswörtern, die du mehrmals richtig geschrieben hast, aus der Fehlerkartei heraus. Die anderen verbleiben noch in der Kartei, bis du sie richtig schreiben kannst.

2 Übe besonders schwierige Wörter.
Bearbeite dazu die folgenden Aufgaben.

a *Fahrrad*

1. Aus welchen Wortbausteinen besteht diese Zusammensetzung?
2. Schreibe das Wort auf und markiere drei mögliche Fehlerstellen.
3. Wie heißt der Stamm des Bestimmungsworts? Suche weitere Wörter mit diesem Wortstamm und schreibe sie auf.
4. Bilde möglichst viele Zusammensetzungen mit den Wortbestandteilen *fahr* und *rad*.

b *Ingenieur*

1. Schlage das Wort im Wörterbuch nach und schreibe es richtig auf. Achte auf die Aussprache.
2. Schreibe das Wort nach Silben gegliedert auf.
3. Was für Ingenieure gibt es? Schreibe in dein Heft.
   Bauingenieur, ...
4. Welche Wörter sind in *Ingenieur* versteckt?
   in, ...

c *Medaille*

1. Suche im Wörterbuch die richtige Aussprache.
2. Schreibe die Pluralform auf. Unterstreiche mögliche Fehlerstellen.
3. Gliedere das Wort nach Silben.
4. Welche Medaillen werden bei den Olympischen Spielen vergeben?
5. Suche fünf weitere Zusammensetzungen mit *Medaille* und schreibe diese in dein Heft.
6. Überlege, wie man sich die Schreibung dieses schwierigen Fremdworts am besten merken kann.

Teste dich selbst!

1 Einfacher oder doppelter Konsonant, kurzer oder langer Stammvokal? Schreibe die zu ergänzenden Wörter richtig in dein Heft.

1 In jedem Teil Deutschlands gi■bt es besondere Sit■en und Bräuche.
2 In vi■len Orten wird der Einzug des Frü■lings gefeiert.
3 In man■chen Regionen gel■ten Maibäume als Symbol des Frü■lings.
4 Traditionell wird am Vorabend des 1. Mai in der Mit■e des Dorfes ein ho■er Baum aufgestel■t und mit bun■ten Bän■dern verzi■rt.
5 Der Maibaum wird von den jungen Män■ern nur mithilfe von langen Holzstangen und Mus■kelkraft aufgerichtet.
6 Im Harz wird in der Nacht vom 30. April zum 1. Mai Walpurgisnacht gefeiert und dabei wird getan■t.
7 Die Menschen verkleiden sich als Hexen oder Teufel. Laut Sa■ge versam■eln sich in dieser Nacht al■e Hexen auf dem höchsten Berg des Harzes, dem Brocken.
8 Auf dem Hexentanzplatz in Thale wird ausgelas■en gefeiert.

2 Schreibe die zu ergänzenden Wörter in dein Heft und setze in die Lücken *s, ss* oder *ß* ein. Markiere die *s*-Laute verschiedenfarbig.

1 In anderen Regionen gibt es zur Verabschiedung des Winters gro■e Osterfeuer. Sie werden am Ostersonnabend entzündet.
2 Auch andere Bräuche wie Eiertrudeln oder da■ Holen von Osterwa■er sind in vielen Gegenden verbreitet.
3 Wa■er ist das Symbol für Leben.

4 Das Osterwa■er mu■ sü■es Wa■er sein, da■ traditionell von den unverheirateten Frauen und jungen Mädchen geholt wird.
5 In der Osternacht oder am frühen Morgen schöpfen die Frauen das Wa■er aus einem See oder einem Flu■ in der Nähe.
6 Auf dem Weg dorthin mü■en sie schweigen, da sonst das Wa■er seine Zauberkraft verliert.
7 Die Menschen glauben, da■ Osterwa■er heilende Kräfte besitzt.
8 De■halb wird in manchen Gegenden auch darin gebadet.

3 Schreibe die zu ergänzenden Wörter in dein Heft und setze in die Lücken *e*, *eu* oder *ä*, *äu* ein.

1 Auch für Hochzeiten gibt es unterschiedliche Br…che.
2 Am Vorabend der Hochzeit wird der Polterabend gefeiert, an dem mit dem Zerschlagen von Geschirr und Porzellan Glück für das gemeinsame L…ben gewünscht wird.
3 Das Brautpaar muss gemeinsam die Sch…rben wegfegen.
4 Am Hochzeitstag begleiten Blumenkinder das Brautpaar zur Trauung und str…en Blütenbl…tter.
5 Wenn das Paar von der Trauung kommt, w…rfen Fr…nde oft Reis, Blütenbl…tter oder Konfetti.
6 Die Hochzeitsg…ste sch…nken oft Gegenst…nde für den neuen Familienhaushalt.

4 Schreibe den Text in richtiger Groß- und Kleinschreibung ab. Unterstreiche die nominalisierten/substantivierten Verben und Adjektive.

Achtung, Fehler!

auf dem weg zum feiern wird das brautpaar von hupenden autos begleitet. das lauteste ist aber, wenn man blechdosen an die hintere stoßstange des autos bindet. sie machen beim fahren ordentlich lärm und jeder weiß, dass da ein brautpaar kommt. fast überall bekannt ist die tradition des werfens des brautstraußes. die braut steht mit dem rücken zu den unverheirateten frauen und wirft ihren strauß hinter sich. wer ihn fängt, wird selbst bald heiraten. das beste ist, wenn der bräutigam die braut über die schwelle ihres hauses oder ihrer wohnung trägt. dann steht ihrem glück nichts mehr im wege!

5 Suche die passenden Fremdwörter auf *-ik* und *-iv* und schreibe sie mit ihrer Bedeutung in dein Heft.

1 die Lehre vom Licht: die Op…
2 das sucht der Kommissar: das Mo…
3 ein anderes Wort für *der Betrieb, das Werk*: die Fa…
4 eine geschichtliche Aufzeichnung: die Chro…
5 ein Unterrichtsfach, in dem viel gerechnet wird: die Ma…
6 der lateinische Name für den 1. Fall: der No…
7 die Beanstandung, der Einwand: die Kri…
8 das Gegenteil von *passiv*: akt…
9 ein Nomen zu *automatisch*: die Autom…

→ **S. 288:** Lösung zum Test

Einen szenischen Text gestaltend lesen

1 Habt ihr schon einmal eine Puppenspiel-Aufführung besucht? Tauscht euch über eure Erfahrungen aus.

2 Informiere dich genauer über das Puppenspiel. Lies dazu den folgenden Text. Notiere stichpunktartig, was neu für dich ist.

Von Kasperle bis Hurvínek

Puppentheater gibt es in fast allen Ländern der Erde. Vor vielen hundert Jahren kam das Puppenspiel aus Ostasien und Indien nach Europa. Ganze Puppenspielerfamilien verdienten sich so ihren Lebensunterhalt. Sie zogen mit ihren Wandertheatern durch das Land und spielten auf Jahrmärkten. Hauptthema der Stücke war die Auseinandersetzung zwischen Gut und Böse, zwischen Himmel und Hölle. Es entstanden einige typische Figuren, wie der Hanswurst und der Kasper.
Für das Spiel können viele unterschiedliche Puppenarten verwendet werden. Die Palette reicht von einfachen Fingerpuppen über Handpuppen und Stabpuppen bis hin zu Marionetten. In Deutschland gibt es verschiedene Puppenbühnen, die nicht nur Stücke für Kinder, sondern auch für Erwachsene spielen. Einige besitzen eine feste Spielstätte, zum Beispiel das Puppentheater Halle oder das Theater Waidspeicher in Erfurt. Andere ziehen auch heute noch von Ort zu Ort und treten zum Beispiel in Schulen auf. Puppenspieler/-in ist ein richtiger Beruf, der an Hochschulen für Schauspielkunst erlernt werden kann.
Das wohl berühmteste Marionettentheater stammt aus Prag. Spejbl und Hurvínek sind vielen Kindern und Erwachsenen seit der Gründung ihres Theaters im Jahre 1930 ein Begriff. Hauptfiguren aller Inszenierungen sind Spejbl und Hurvínek, Vater und Sohn, die meist unterschiedlicher Meinung sind. Eine wichtige Rolle spielt auch Hurvíneks Freundin Mánička. Da das Theater seine Stücke in acht Sprachen aufführen kann, gibt die Spielertruppe regelmäßig Gastspiele in aller Welt.

→ S. 19: ●●● Informationen sammeln

MK 3 Informiere dich im Internet über den Beruf der Puppenspielerin / des Puppenspielers. Präsentiere deine Ergebnisse auf einem Plakat.

4 Eine weitere Form des Puppenspiels ist das Schattentheater. Informiert euch darüber und bereitet einen kurzen Vortrag vor.

5 Lies die folgende Puppenspielszene und überlege dir eine passende Überschrift.

Miloš Kirschner, Pavel Grym

Spejbl und Hurvínek

Licht auf der Vorbühne. Spejbl steht direkt im Scheinwerferlicht, Hurvínek kommt auf seinen Vater zugetrippelt.

Hurvínek Tschau, Pappi!
Spejbl Wo warst du denn so lange?
Hurvínek Im Park.
Spejbl So spät noch? Wenn die Nacht schon hereinbricht?
Hurvínek Ich bin schon seit dem Nachmittag dort gewesen …
Spejbl Nachmittags macht es mir nichts aus … jetzt, abends geht es mir gegen den Strich, wenn da langsam alle möglichen Dingsda hinkommen und anfangen, sich …
Hurvínek Na … ich hab …
Spejbl Um diese Zeit hast du nichts auf der Straße zu suchen … Du sollst zu Hause sein, die Gute-Nacht-Sendung hören und marsch ins Bett!
Hurvínek Aber ich war ja nicht allein dort …!
Spejbl Und mit wem, wenn ich fragen darf …!
Hurvínek Mit der Mánička!

Spejbl So spät noch?
Hurvínek Wir sind schon seit dem Nachmittag dort gewesen …
Spejbl *(erbost)* Nachmittags macht's mir nichts aus, hab' ich gesagt! Mir geht es so spät gegen den Strich. *(verdächtigend)* Und überhaupt …? Was habt ihr denn gemacht, wenn ihr dort schon seit dem Nachmittag gewesen seid?
Hurvínek Na, gespielt haben wir.
Spejbl Bis jetzt zum Abend?
Hurvínek Jawohl, bitte.
Spejbl Und was habt ihr gespielt? Jetzt, wo man die Hand nicht mehr vor den Augen sieht?
Hurvínek Wir haben nachmittags gespielt …
Spejbl Nachmittags ist mir das egal … *(nachdrücklich)* Jetzt abends … was … habt ihr da gespielt?

Hurvínek Blindekuh!

Spejbl *(regt sich wieder auf)* Sei nicht frech, sonst stelle ich dir die Holzschuhe vor die Tür ...!

Hurvínek Aber ... wirklich, im Ernst! Aber dann genierten wir uns doch irgendwie und haben Vater und Mutter gespielt ...

Spejbl Was? Wie?

Hurvínek Na, wie man eben Vater und Mutter spielt, so wie die anderen ...

Spejbl Welche anderen?

Hurvínek Na die Dingsda, die da hinkamen ...

Spejbl Also bitte, da habt ihr ihn ...! Das kleine Einmaleins, das sind für ihn spanische Dörfer, aber den Teufel am Bart zupfen, das kann er schon ... *(Hurvínek rollt mit den Augen.)* Roll nicht immer so mit den Augen!

Hurvínek Also, ich verstehe dich überhaupt nicht mehr! Du sprichst in Rätseln ...

Spejbl Dafür verstehe ich dich umso besser ... Das ist aber auch eine Idee ... wie hast du gesagt, Vater und Mutter spielen ... Noch dazu in der Öffentlichkeit ... Wenn es zu Hause wäre, meinetwegen, wo man's nicht sieht, nicht wahr ... dann von mir aus ... aber ... Und überhaupt: Wie spielt man das?

Hurvínek Du kennst das nicht?

Spejbl Na, auf diese Weise jedenfalls nicht! Also, wie war es?

Hurvínek Na, wir haben uns bei der Hand gehalten ... und ... so ...

Spejbl Was heißt ... und so?

Hurvínek Na ... und so!

Spejbl Was heißt „und so", hab ich gefragt??!!

Hurvínek ... na ... und ich wollte Mánička überreden ... weil sie nicht wollte ...

Spejbl *(fällt ihm ins Wort)* Was ...??? Also, du hast die Mánička überreden wollen?

Hurvínek *(weinerlich)* Jawohl, bitte.

Spejbl Und sie wollte nicht?

Hurvínek Sie wollte nicht ...

Spejbl *(moralisch bis aufs Äußerste entrüstet)* Und weißt du, was ich jetzt tun werde? Ich hole den Doktor aus Spanien und werde dir damit eine Medizin verabreichen, dass dir ... Wozu wolltest du sie überreden?

Hurvínek *(heulend)* Na ... ich wollte ... die Mánička ... überreden ... dass wir ... nach Hause gehen sollen, weil es schon so spät war ...!

*(Spejbl ist von der Pointe wie erschlagen und fällt rücklings hin.)**

6 Gib die Pointe dieses Stückes mit eigenen Worten wieder.
Worin besteht das Missverständnis zwischen Vater und Sohn?

7 Gestaltet den Text durch Lesen mit verteilten Rollen.

a Probiert aus, wie Vater und Sohn sprechen könnten.
Die Stimmen müssen sich deutlich voneinander unterscheiden.

b Berücksichtigt beim Lesen die Regieanweisungen.
Sie geben euch Hinweise, in welcher Stimmung die Textpassage gesprochen werden soll.

8 Stellt die Szene als Puppenspiel dar. Die Tipps auf den Seiten 254–255 helfen euch dabei.

9 Denkt euch weitere Szenen zwischen Eltern und Kind aus, die ein Missverständnis zum Thema haben.

9 Verwende z. B. folgende Formulierungen.
Was meinst du damit? / Wie meinst du das? / Meinst du etwa, …? /
Ich verstehe dich nicht. / Ich glaube, du musst mir das erklären. /
Hör mir doch mal zu, bitte! / Lass mich doch erst mal ausreden! / Einen Moment mal!

10 *„Der kleine Prinz" ist ein modernes Märchen für Kinder und Erwachsene. Ein Kind, der kleine Prinz, begibt sich auf die Suche nach dem Sinn von Freundschaft. Auf seiner Reise zu verschiedenen Planeten begegnet er sprechenden Rosen und einem sprechenden Fuchs.*

a Lest die Theaterfassung dieser Begegnungen mit verteilten Rollen.

Nach Antoine de Saint-Exupéry

Der kleine Prinz

16. Szene

Der kleine Prinz betritt einen Rosengarten auf der Erde.

kleiner Prinz Guten Tag.

Rosen Guten Tag.

kleiner Prinz *(erstaunt)* Wer seid ihr?

Rosen Wir sind Rosen.

kleiner Prinz Ach! *(unglücklich)* Meine Blume hat mir erzählt, dass sie auf der ganzen Welt einzig in ihrer Art sei. Und siehe! Da sind fünftausend davon, alle gleich, in einem einzigen Garten. [...] Ich glaubte, ich sei reich durch eine einzigartige Blume, und ich besitze nur eine gewöhnliche Rose. [...]

(Der kleine Prinz weint.)

17. Szene

Der kleine Prinz und der Fuchs auf der Erde. Ein Apfelbaum.

Fuchs Guten Tag.

kleiner Prinz *(höflich)* Guten Tag.

(Der kleine Prinz dreht sich um, sieht aber nichts.)

Fuchs Ich bin hier unter dem Apfelbaum ...

kleiner Prinz Wer bist du? Du bist sehr hübsch ...

Fuchs Ich bin ein Fuchs.

kleiner Prinz Komm und spiel mit mir. Ich bin so traurig ...

Fuchs Ich kann nicht mit dir spielen. Ich bin noch nicht gezähmt!

kleiner Prinz Ah, Verzeihung!

(Schweigen.)

kleiner Prinz Was bedeutet das: „zähmen"?

Fuchs Du bist nicht von hier, was suchst du?

kleiner Prinz Ich suche die Menschen. Was bedeutet „zähmen"?

Fuchs Die Menschen, die haben Gewehre und schießen. Das ist sehr lästig. Sie ziehen auch Hühner auf. Das ist ihr einziges Interesse. Du suchst Hühner?

kleiner Prinz Nein, ich suche Freunde. Was heißt „zähmen"?

Fuchs Das ist eine in Vergessenheit geratene Sache. Es bedeutet: sich „vertraut machen".

kleiner Prinz Vertraut machen?

Fuchs Gewiss. Du bist für mich noch nichts als ein kleiner Knabe, der hunderttausend kleinen Knaben völlig gleicht. Ich brauche dich nicht, und du brauchst mich ebenso wenig. Ich bin für dich nur ein Fuchs, der hunderttausend Füchsen gleicht. Aber wenn du mich zähmst, werden wir einander brauchen. Du wirst für mich einzig sein in der Welt. Ich werde für dich einzig sein in der Welt …

kleiner Prinz Ich beginne zu verstehen. Es gibt eine Blume … ich glaube, sie hat mich gezähmt …

Fuchs Das ist möglich. Man trifft auf der Erde alle möglichen Dinge …

kleiner Prinz Oh, das ist nicht auf der Erde.

Fuchs *(aufgeregt)* Auf einem anderen Planeten?

kleiner Prinz Ja.

Fuchs Gibt es Jäger auf diesem Planeten?

kleiner Prinz Nein.

Fuchs Das ist interessant! Und Hühner?

kleiner Prinz Nein.

Fuchs Nichts ist vollkommen!
Mein Leben ist eintönig. Ich jage Hühner, die Menschen jagen mich. Alle Hühner gleichen einander, und alle Menschen gleichen einander. Ich langweile mich also ein wenig. Aber wenn du mich zähmst, wird mein Leben wie durchsonnt sein. Ich werde den Klang deines Schrittes kennen, der sich von allen anderen unterscheidet. Die anderen Schritte jagen mich unter die Erde. Der deine wird mich wie Musik aus dem Bau locken. Und dann schau! Du siehst da drüben die Weizenfelder? Ich esse kein Brot. Für mich ist der Weizen zwecklos. Die Weizenfelder erinnern mich an nichts. Und das ist traurig. Aber du hast weizenblondes Haar. Oh, es wird wunderbar sein, wenn du mich einmal gezähmt hast! Das Gold der Weizenfelder wird mich an dich erinnern. Und ich werde das Rauschen des Windes im Getreide lieb gewinnen. *(Schweigen.)* Bitte … zähme mich!

kleiner Prinz Ich möchte wohl, aber ich habe nicht viel Zeit. Ich muss Freunde finden und viele Dinge kennen lernen.

Fuchs Man kennt nur die Dinge, die man zähmt. […] Wenn du einen Freund willst, so zähme mich!

kleiner Prinz Was muss ich da tun?

Fuchs Du musst sehr geduldig sein. Du setzt dich zuerst ein wenig abseits von mir ins Gras. Ich werde dich so verstohlen, so aus dem Augenwinkel anschauen, und du wirst nichts sagen. Die Sprache ist die Quelle der Missverständnisse. Aber jeden Tag wirst du dich ein bisschen näher setzen können …

18. Szene

Der kleine Prinz und der Fuchs am nächsten Morgen auf der Erde.

Fuchs Es wäre besser gewesen, du wärst zur selben Stunde wiedergekommen. Wenn du zum Beispiel um vier Uhr nachmittags kommst, kann ich um drei Uhr anfangen, glücklich zu sein. Je mehr Zeit vergeht, umso glücklicher werde ich mich fühlen. Um vier Uhr werde ich mich schon aufregen und beunruhigen; ich werde erfahren, wie teuer das Glück ist. Wenn du aber irgendwann kommst, kann ich nie wissen, wann mein Herz da sein soll […].

19. Szene

Fuchs Ach! Ich werde weinen.

kleiner Prinz Das ist deine Schuld, ich wünschte dir nichts Übles, aber du hast gewollt, dass ich dich zähme.

Fuchs Gewiss.

kleiner Prinz Aber nun wirst du weinen!

Fuchs Bestimmt.

kleiner Prinz So hast du nichts gewonnen!

Fuchs Ich habe die Farbe des Weizens gewonnen. Geh die Rosen wieder anschauen. Du wirst begreifen, dass die deine einzig ist in der Welt.

kleiner Prinz Adieu.

Fuchs Adieu. Es ist ganz einfach: Man sieht nur mit dem Herzen gut. Das Wesentliche ist für die Augen unsichtbar.*

b Der Fuchs spricht mehrmals vom „Zähmen". Was meint er damit und was haltet ihr davon? Tauscht euch darüber aus.

c Am Ende verrät der Fuchs dem kleinen Prinzen sein Geheimnis. Erkläre, wie man „mit dem Herzen sehen" (Z. 97–98) kann.

→ S. 254–255: Methodenseiten

d Spielt die Begegnung der beiden nach. Entscheidet euch für eine bestimmte Art des Puppenspiels (Spiel mit Kochlöffelpuppen, Schattentheater o. Ä.).

Einen Jugendbuchauszug zu einem szenischen Text umschreiben

1 Auch Geschichten oder Auszüge aus Romanen lassen sich auf die Bühne bringen.

a Die Abenteuer von Tom Sawyer (Seiten 126–129) wurden zu einem szenischen Text umgeschrieben. Lies den Anfang dieses Textes und vergleiche ihn mit dem Romanauszug auf den Seiten 126–129.

Tom Sawyer

Tom: *(Tom streicht einen Zaun. Schon nach ein paar Pinselstrichen hört er auf und brütet vor sich hin.)* Bald werden die Jungen auf dem Weg zur Badestelle hier vorbeikommen und über mich spotten.

(Missmutig streicht Tom weiter. Plötzlich hält er inne.)

Tom: *(freudig)* Ich hab's! *(siegessicher)* Wenn mein Plan aufgeht, werden sich die anderen Jungen noch um meine Arbeit reißen! *(lacht)* Ich bin dann fein raus und kann faulenzen!

(Ben Rogers kommt in ausgelassener Stimmung heran.)

Tom: *(zum Publikum gewandt)* Passt mal auf, wie ich den guten Ben an der Nase herumführen werde!

(Ben Rogers kommt näher. Dabei tut er so, als wäre er ein Dampfer.)

Ben: *(stößt einen langen Pfeifton aus)* Bickebuckebickebuckebicke-bucke! Stoppen! Klingeling-ling!

(Während Ben immer näher kommt, streicht Tom seelenruhig weiter.)

Ben: *(rudert mit den Armen und ruft wie ein Kapitän)* Halbe Kraft rückwärts! Klingeling-ling! Steuerbord rückwärts!

b Schreibt die Szene weiter. Orientiert euch dabei am Romantext (Seiten 126–129).

c Lest eure Fassungen in der Klasse vor.
Tauscht euch in der Klasse darüber aus, was euch Spaß gemacht hat und welche Schwierigkeiten sich evtl. beim Schreiben ergeben haben.

2 Spielt eure Szenen in der Klasse vor und vergleicht eure Varianten.

Was habe ich gelernt?

3 Überprüfe, was du über das **Puppenspiel** gelernt hast.
Ergänze dazu die folgenden Sätze. Schreibe in dein Heft.

1 Das weiß ich jetzt über das Puppenspiel: …
2 Meine persönlichen Lieblingstipps zum gestaltenden Lesen von szenischen Texten: …
3 Das hat mir in diesem Kapitel Spaß gemacht: …

Kochlöffelpuppen herstellen

Mit einfachen Mitteln lassen sich Puppen für eine Aufführung basteln, zum Beispiel aus Kochlöffeln.

Material	– Holzkochlöffel – Filz- und Farbstifte – Stoff-, Fell- und Wollreste, Knöpfe – Schere, Klebstoff
So geht's	– mit Filzstift auf der nach innen gewölbten Seite des Kochlöffels ein charakteristisches Gesicht zeichnen, das die Grundhaltung der Figur erkennen lässt – aus Fell, Plüsch oder Wollresten Haare und Bärte fertigen und ankleben – für die Kleidung aus einem Stück Stoff einen Kreis zuschneiden – in die Mitte des Kreises ein kleines Loch für den Kochlöffelstiel schneiden – den Halsausschnitt am Kochlöffel festkleben
Tipps	– farbenfrohe Kleidung für lustige Figuren, gedeckte Farben für ältere, arme oder traurige Figuren nutzen – die Kleidungsgröße so wählen, dass die Hände bequem darunterpassen – besondere Figuren mit zusätzlichen Details versehen, zum Beispiel eine Krone für den König, Hörner und Schwanz für den Teufel

→ **S. 68:** Einen Vorgang beschreiben

1. Verfasse aus den Stichpunkten eine Bastelanleitung in ganzen Sätzen.

2. Gestalte zu einem der Texte aus diesem Kapitel einfache Kochlöffelpuppen.

Tipps für Puppenspieler

Das Spiel mit der Puppe erfordert ein hohes Maß an Geschicklichkeit und muss geübt werden. Hier sind einige Tipps dafür:

Bühnenaufbau	Dafür eignet sich eine Tischkante oder ein Karton. Dabei solltet ihr auch auf einen Bühnenhintergrund, ausreichend Lichtquellen und deren Position achten.
Probe des Puppenspiels	Führe die Puppe immer so über dem Bühnenrand, dass alle Zuschauer ihr Gesicht sehen können. Welche Puppe gerade spricht, wird durch langsames und überdeutliches Spiel angezeigt. Da Worte und Bewegungen zueinander passen müssen, ist es wichtig, die Gestik deiner Puppe einzustudieren. Überlege daher, wie sie etwas verneinen und traurig oder lustig sein kann.
Szenisches Lesen oder Sprechen	Die Figuren müssen sich in ihrer Sprechweise deutlich unterscheiden. Stimme dich daher mit deinen Partnern ab, welche Figur zum Beispiel tief und bedächtig, welche besonders schnell und hoch sprechen soll. Übt das szenische Lesen gemeinsam, damit jeder Einsatz stimmt und das Spiel nicht stockt.

1 Überlegt euch kleine Szenen mit euren Puppen und führt sie vor.

2 Plant nun ein ganzes Puppenspiel und fertigt dazu ein Bühnenbild an.

Eine verknüpfte Geschichte schreiben

1 In dem Buch „Die Insel der 1000 Gefahren“ von Edward Packard musst du als Leser immer wieder wählen, welchen Fortgang die Geschichte nehmen soll.

a Lies die folgenden Textausschnitte.

Du machst eine Expedition zu den Galapagosinseln auf einem Schiff, das eines Tages Schiffbruch erleidet.

S. 8
Ob du das alles nur geträumt hast? Aber du weißt, dass es kein Traum gewesen sein kann. Anstatt in deinem Bett liegst du nämlich hoch oben auf einer riesigen Sanddüne. Hinter dir siehst du einen breiten, leicht abfallenden Strand. Du schaust zu, wie die schäumenden Wellen gegen ihn klatschen. Vor dir liegt eine Wiese aus hohem Schilfrohr, umgeben von hohen, felsigen Hügeln. Du bist hungrig und durstig. Du schaust auf das Meer und siehst nichts als endloses blaues Wasser. Bis auf ein paar Seemöwen, die über die Wellen segeln, bist du ganz allein.

Wenn du dich entscheidest, am Strand entlangzugehen, lies weiter auf Seite 9.
Wenn du dich entscheidest, die felsigen Hügel hinaufzuklettern, lies weiter auf Seite 10.

S. 9
Du gehst am Strand entlang. Der Sand ist so weich und heiß unter deinen Füßen, dass du hinuntergehst ans Meer, dorthin, wo der Sand sich kühl und fest anfühlt. Du gehst immer weiter, und oft hast du das Gefühl, es endlich geschafft zu haben – aber dann kommt ein neues Stück Strand. Du bist hungrig und durstig und so müde, dass du kaum noch gehen kannst. Da siehst du plötzlich, wie gleich neben deinem Fuß Wasser aus dem Sand sprudelt. Du gräbst ein bisschen und holst eine Muschel hervor und dann noch eine. Du brichst die Schale auf und nimmst das fleischige Stück heraus. Es sieht nicht sehr appetitlich aus.

Wenn du dich entscheidest, die Muscheln zu essen, lies weiter auf Seite 11.
Wenn du dich entscheidest, die Muscheln nicht zu essen, lies weiter auf Seite 12.

S. 10

Du gehst auf den felsigen Hügel zu und kommst dabei durch eine sumpfige Wiese. Vorsichtig hältst du nach Schlangen Ausschau. Du findest ein paar leckere Beeren, die deinen Durst löschen und dich etwas stärken. Du gehst weiter und kletterst immer höher. Dabei wird dir klar, dass du über ziemlich steil und gefährlich aussehende Felsen klettern musst, wenn du den Gipfel erreichen willst.

Wenn du dich entscheidest, auf die steilen Felsen zu klettern,
lies weiter auf Seite 13.
Wenn du dich entscheidest, zu den Beeren zurückzugehen
und dort über Nacht zu bleiben,
lies weiter auf Seite 14.

b Beschreibe, wie dieser Text aufgebaut ist. Wähle das passende Schema aus.

1

2

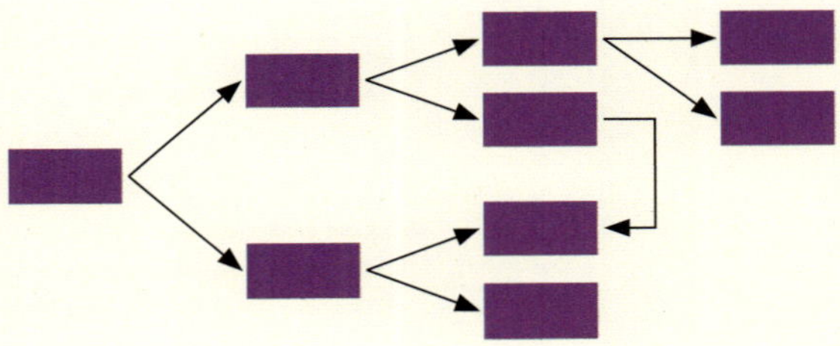

Ein **Hypertext** ist ein Text, der durch **Hyperlinks** (Verknüpfungen) netzartig mit anderen Texten oder Textteilen verbunden ist. Hypertexte kann man am besten am Computer erstellen und lesen. Die Textteile werden in verschiedenen Dateien abgespeichert und die Leser/-innen bestimmen durch Anklicken eines Hyperlinks, was sie als Nächstes lesen möchten.

2 Schreibt eine Geschichte als Hypertext.

a Schreibt den folgenden Anfang der Geschichte in eine Word-Datei.

Michaela starrte ungläubig auf das Ungetüm aus Eisen und Drähten. Seit sechs Monaten hatte ihr großer Bruder Peter Tag und Nacht im Hobbykeller der Eltern verbracht. „Und dieser Schrotthaufen soll uns in ein anderes Jahrhundert bringen?", spottete Michaela. In diesem Moment betätigte Peter einen Hebel …

b Sucht euch aus dem Anfang der Geschichte ein Stichwort heraus, zu dem ihr etwas schreiben wollt. Markiert es und verknüpft es durch einen Hyperlink mit einer neuen Datei.

So kannst du einen Hyperlink erstellen

1. Markiere in der Datei das Wort, das du als Stichwort für deine Weiterführung der Geschichte ausgewählt hast.
2. Wähle in der Menüleiste „Einfügen" und klicke auf „Links", dann auf „Link". Ein Fenster öffnet sich.
3. Klicke auf „Link zu: Neues Dokument erstellen" und gib in das Feld „Name des neuen Dokuments" einen Dateinamen ein. Diese Datei soll sich bei einem Klick auf den Link öffnen.
4. Bestätige deine Eingabe mit OK.

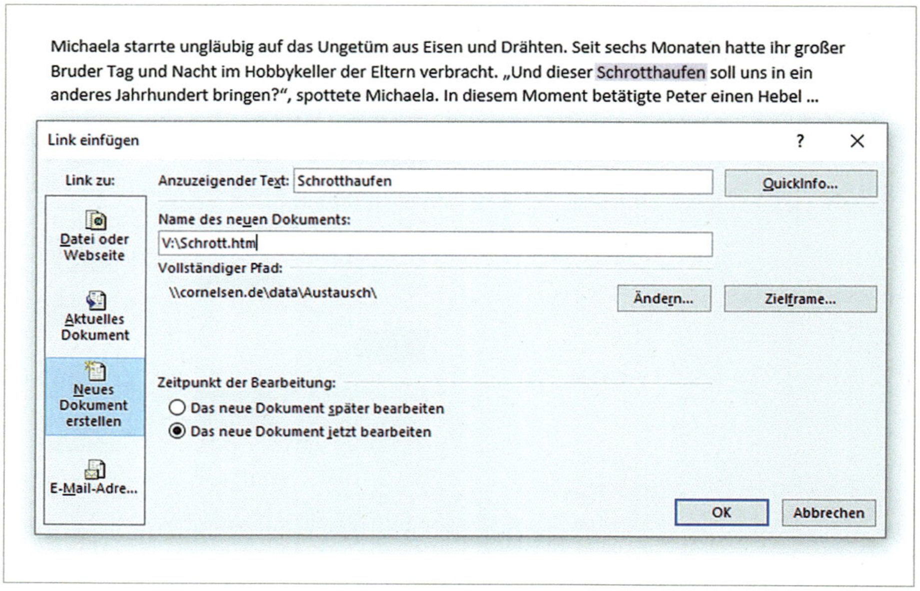

→ **S. 119:** Erzählen
→ **S. 259:** Cluster

c Erstellt einen Erzählplan für die Fortsetzung eurer Geschichte und schreibt euren Textentwurf in die neue Word-Datei.

→ **S. 47:** Eine Schreibkonferenz durchführen

d Überarbeitet eure Geschichte. Nutzt dazu auch die Möglichkeiten des Computers, zum Beispiel das Rechtschreibprogramm.

e Gestaltet eure Texte, indem ihr mit verschiedenen Schriften, Schriftgrößen oder Farben arbeitet und eventuell Bilder einfügt.

3 Ihr könnt eure Geschichte vielen Lesern vorstellen. Veröffentlicht sie mithilfe eurer Informatik-Lehrkraft auf der Homepage eurer Schule.

Was habe ich gelernt?

4 Überprüfe, was du über das **Verfassen von Hypertexten** gelernt hast. Erstelle dazu eine Checkliste „Eine verknüpfte Geschichte schreiben".

Einen Cluster entwerfen

Ein **Cluster** (engl. *cluster* – Haufen, Schwarm, Anhäufung) ist, wie das Brainstorming, eine **Methode zum Sammeln von Ideen**.
Dabei häuft man Begriffe an, die mit dem Thema in Zusammenhang stehen. In die Mitte eines Blattes schreibt man einen zentralen Begriff des Themas und ordnet ringsherum weitere Begriffe zum Thema an. Dann verdeutlicht man die Beziehungen zwischen den Begriffen durch Verbindungslinien, sodass ein Netz entsteht.

1 Sieh dir das folgende Beispiel zum Text „Spuk in der Mittsommernacht" (S. 117–118) an.

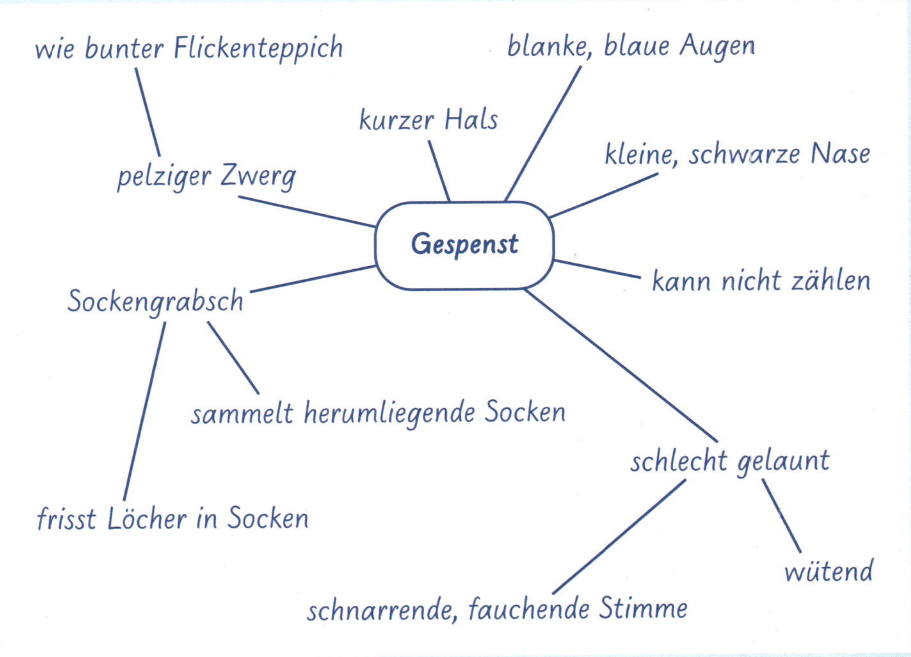

2 Erstelle einen Cluster für deine Geschichte (S. 257, Aufgabe 2).

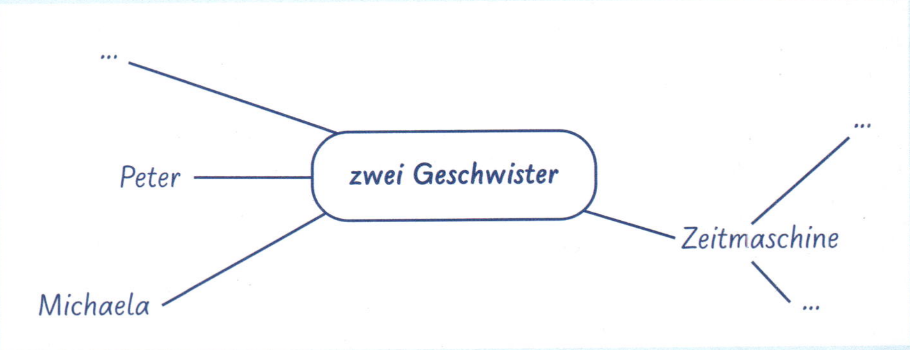

Präsentieren: Sächsische Feste und Bräuche

1 Zu welchen Themen habt ihr schon einmal einen Kurzvortrag gehalten? Wie seid ihr bei der Vorbereitung vorgegangen? Tauscht euch über eure Erfahrungen aus.

→ **S. 91:** Präsentieren: Ein Buch vorstellen

2 In deiner Klasse sollen mehrere Kurzvorträge zum Thema „Sachsen: Feste und Bräuche" erarbeitet werden.

a Über welche sächsischen Feste und Bräuche könnte in einem Kurzvortrag informiert werden? Übertrage den folgenden Cluster in dein Heft.

→ **S. 259:** Einen Cluster entwerfen

b Ergänzt weitere Ideen im Cluster.

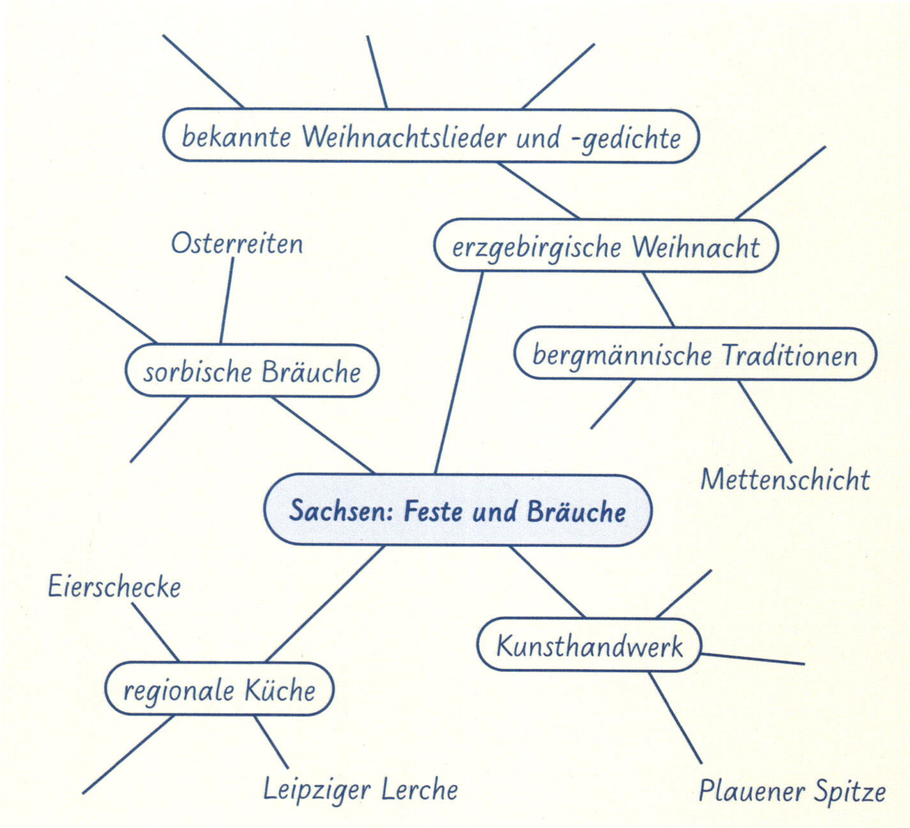

Tipp
Du kannst auch zunächst nur die Überschriften lesen und zwei Texte aussuchen.

3 Auf den Seiten 261–265 findest du verschiedene Materialien zum Thema „Sachsen: Feste und Bräuche".

a Betrachte die Bilder und überfliege die Texte.

b Überlegt, zu welchen Teilbereichen von eurem Cluster aus Aufgabe 2 die Materialien jeweils passen.

Ostereierschieben auf dem Protschenberg

Der Protschenberg am Bautzener Stadtrand hält jedes Jahr zu Ostern eine besondere Attraktion für Einheimische und Gäste bereit: das beliebte Ostereierschieben. Schon um 1550 wurde das „Eierrollen" in Bautzen erstmals erwähnt. Ursprünglich ließen die wohlhabenden Kinder hartgekochte Eier den Hang herabrollen. Diese wurden dann von ärmeren Kindern mit viel Geschick aufgefangen. Zusätzlich zu den hartgekochten Eiern wurden im Laufe der Zeit auch weitere runde Gegenstände den Berg hinuntergerollt, z. B. Äpfel, Nüsse oder Gebäck. Was die Kinder sich in ihre Sammeltasche gesteckt hatten, durften sie behalten.

In einer abgewandelten Form ließen Kinder Eier den Hang hinunterrollen und kürten denjenigen zum Sieger, der am Schluss die meisten unzerbrochenen Eier hatte oder dessen Eier unversehrt blieben beziehungsweise die weiteste Strecke zurücklegten.

Nach dem Zweiten Weltkrieg wurde das Eierschieben um 1950 erstmals wieder veranstaltet. Allerdings musste es in den folgenden Jahren – beispielsweise aufgrund von Lebensmittelknappheit – immer wieder eingestellt werden.

Seit 2001 ist der Brauch des Ostereierschiebens in Bautzen wiederbelebt: Heute rollen die Kinder bunte Plastikbälle den Berg hinunter. Die Plastikbälle können anschließend gegen Preise eingetauscht werden.

Der sogenannte Eierjokel – historisch betrachtet ein Straßenhändler in zerrissener Kleidung – begleitet als Spielleiter und Moderator das Treiben auf dem Protschenberg.

Das Ostereierschieben ist zweifellos eine der größten Touristenattraktionen der Region.

Bemmchen mit Schiebböcker Kaas

Zutaten:
120 g Brot (etwa vier Scheiben)
100 g Griebenschmalz
200 g Harzer Käse mit Kümmel
1 Bund Radieschen
2 Stängel Petersilie

Das Brot mit dem Schmalz bestreichen. Den Käse in Scheiben auf das Brot legen. Mit Radieschenröschen und der Petersilie dekorieren.

Kleines sächsisches Küchenvokabular

Aardäpplbrei	Kartoffelbrei
Bemmchen *(Bemme/Bämme)*	kleine belegte Brotscheiben
diddschn, offdiddschn	eintauchen, tunken
Fliederbeeren	Holunderbeeren
Frieslich *(Erzgebirge)*	Schnittlauch
Gähsegeilchen	Käsekuchen, Quarkkeulchen
grähdsch	grätenreich *(Fisch)*
Griegeniffte *(Vogtland)*	Klöße aus grünen rohen Kartoffeln
Muckefuck *(Muggefugg)*	Malzkaffee
Rawinzlsalat *(Erzgebirge)*	Feldsalat
ä Schälchen Heeßn	eine Tasse Kaffee
Schiebböcker Kaas	Sauermilchkäse
zerknietschen	zerdrücken, zerstampfen

„Eechndiehmlichgeeden"

Eine der liebenswerten „Eigentümlichkeiten" des Sachsen ist das „Diddschn". Wenn er sich in der Öffentlichkeit nicht gerade beobachtet fühlt (zu Hause sowieso nicht), dann diddscht […] er gerne ein. Am liebsten die Buttersemmel oder das Kuchenstück in den Kaffee, und wenn dann die Fettaugen oben schwimmen, genießt er glücklich.
Aber auch die Soßen (sämig und ganz viel davon) müssen „offgediddscht" werden. Egal ob es mit Kartoffeln, grünen Klößen oder Wickelklößen geschieht, der „echte Genuss" kommt erst, wenn alles so richtig schön „zerknietscht" ist …*

Meißner Porzellan – Eine 300-jährige Erfolgsgeschichte aus Sachsen

Heutzutage findet es sich in den meisten Haushalten im Küchenschrank. Früher allerdings war Porzellan eine seltene Kostbarkeit, die sich nur die reichen Fürsten leisten konnten. Schon vor über 1000 Jahren entwickelten die Chinesen ein Verfahren zur Herstellung von Porzellan. Den Europäern gelang es jedoch über Jahrhunderte hinweg nicht, hinter das Geheimnis des „weißen Goldes" zu gelangen. Deshalb mussten die wertvollen Teller, Tassen und Vasen über den gefährlichen Seeweg aus China importiert werden. Die zündende Idee für ein Verfahren zur Porzellanherstellung ließ bis ins 18. Jahrhundert auf sich warten und stammt von dem Apothekerlehrling Johann Friedrich Böttger und dem Naturforscher Ehrenfried Walther von Tschirnhaus. Bis heute ist nicht geklärt, wer von den beiden den größeren Anteil an der Erfindung hatte. Ursprünglich bestellte Kurfürst Friedrich August von Sachsen den jungen Böttger für ein vollkommen aberwitziges[1] Vorhaben an seinen Hof: Er sollte Gold herstellen. Natürlich klappte das nicht und der Apothekerlehrling zog den Zorn des Fürsten auf sich.

Zu Böttgers Glück wurde der angesehene Gelehrte Graf von Tschirnhaus auf den jungen Mann aufmerksam. Der Graf brütete schon seit Jahren über einer Rezeptur für Porzellan. Er gab Böttger den Tipp, die Herstellung von Porzellan zu erforschen, statt weiterhin vergeblich nach einem Rezept für Gold zu suchen. 1707 konnte Böttger tatsächlich das erste Gefäß aus Porzellan präsentieren. Am 23. Januar 1710, vor rund 300 Jahren, gründete Kurfürst Friedrich August die Porzellanmanufaktur in Meißen. In der Albrechtsburg wurde das „weiße Gold" zum ersten Mal in größeren Mengen produziert. Böttger selbst leitete die erste europäische Porzellanfabrik. Neben Tassen und Vasen wurde bald auch edler Tafelschmuck[2] hergestellt. Besonders die zierlichen Porzellanfiguren waren bei den reichen Sammlern an den europäischen Fürstenhöfen heiß begehrt. Heute ist das Porzellan aus Meißen in der ganzen Welt bekannt und beliebt. Seit über 300 Jahren erkennt man es an seinem Markenzeichen: zwei gekreuzte blaue Schwerter.

[1] *aberwitzig:* völlig unsinnig

[2] *Tafelschmuck:* Tisch-Dekoration

Carl Gottlieb Hering

Morgen, Kinder, wird's was geben

Morgen, Kinder, wird's was geben,
morgen werden wir uns freun,
welch ein Jubel, welch ein Leben
wird in unserm Hause sein,
einmal werden wir noch wach,
heißa, dann ist Weihnachtstag!

Wie wird dann die Stube glänzen
von der großen Lichterzahl,
schöner als bei frohen Tänzen
ein geputzter Kronensaal.
Wisst ihr noch, wie vor'ges Jahr,
es am heil'gen Abend war?

Wisst ihr noch mein Räderpferdchen,
Malchens nette Schäferin,
Jettchens Küche mit dem Herdchen
und dem blankgeputzten Zinn?
Heinrichs bunten Harlekin[1]
mit der gelben Violin?

Welch ein schöner Tag ist morgen!
Neue Freuden hoffen wir.
Unsre guten Eltern sorgen
lange, lange schon dafür.
O gewiss, wer sie nicht ehrt,
ist der ganzen Lust nicht wert!

[1] *Harlekin:* lustige Figur mit Narrenkappe

Zauberhafter Lichterglanz

Weit über die Landesgrenzen von Sachsen hinaus schmückt er zur Weihnachtszeit die Fenster: der Schwibbogen. Im Jahr 1726 fertigte der Bergschmied Johann Teller in Johanngeorgenstadt den Kerzenständer besonderer Art. Er schmiedete einen Bogen, auf dem halbkreisförmig Wachskerzen angebracht werden konnten, und schnitt im Inneren des Bogens ein Motiv heraus. Anfang des 19. Jahrhunderts änderte sich die Gestaltung hin zu Bildern aus dem Alltag der Menschen. Der typische „Erzgebirgs-Schwibbogen" entstand aber erst im Jahr 1937.

Ein Meisterwerk aus dem Schlaraffenland

Tonnenschwere Leckereien – ein Traum aus dem Schlaraffenland? Von wegen! Alle Jahre wieder präsentieren sächsische Bäckermeister während des Dresdner Stollenfestes ein kulinarisches Wunderwerk der Extraklasse: den Riesenstollen.

Das Dresdner Stollenfest hat – wie so vieles in Sachsen – seine Wurzeln in der Zeit, als August der Starke Kurfürst von Sachsen und König von Polen war. 1730 gab August ein legendäres Fest: das „Zeithainer Lustlager". Als Höhepunkt der Feier schuf der königliche Bäckermeister Zacharias einen etwa 1,8 Tonnen schweren Riesenstollen. Mit dem berühmten „Großen Stollenmesser" wurde das Backwerk angeschnitten und an die Gäste des sächsischen Hofstaates verteilt.

Der Kunst- und Kulturexperte Dr. Peter Mutscheller stieß 1993 auf Grafiken und Berichte über das „Zeithainer Lustlager".

Davon war er so fasziniert, dass er 1994 die Dresdner Stollenfest-Tradition wieder belebte. Inzwischen bildet das Stollenfest ein ganz besonderes Glanzlicht der Adventszeit in Sachsen. Höhepunkt des Stollenfestes ist auch heute noch das Backen eines drei bis vier Tonnen schweren Riesenstollens sowie die traditionelle Stollenprozession der Dresdner Bäcker und Konditoren. Während einer feierlichen Enthüllungszeremonie auf dem Schlossplatz wird das Gewicht des Riesenstollens bekannt gegeben.

Unter den staunenden Blicken zahlreicher Schaulustiger formiert sich anschließend der farbenfrohe Festumzug durch die barocke Dresdner Altstadt. Ziel der Stollenprozession ist der älteste deutsche Weihnachtsmarkt, der Dresdner Striezelmarkt.

Mit einem stolzen Gewicht von 2720 Kilogramm gelang dem gigantischen Backwerk 1994 der Einzug ins Guinnessbuch der Rekorde. In den folgenden Jahren konnten die Dresdner Bäcker und Konditoren ihren Rekord mehrfach überbieten. Der bisherige Weltrekord stammt aus dem Jahr 2000. Der Super-Striezel des 7. Dresdner Stollenfestes brachte exakt 4200 Kilogramm auf die Waage. Mehr als 80 Bäcker und Konditoren des Stollenschutzverbandes waren daran beteiligt, dieses Meisterwerk aus dem Schlaraffenland zu backen. Verarbeitet wurden unter anderem etwa 1,5 Tonnen Mehl, 455 Kilogramm Zucker, 2,5 Millionen Sultaninen und 44 Liter Jamaica-Rum.

Folgende Worterklärungen helfen dir.
Schlaraffenland: Land, in dem alles im Überfluss vorhanden ist (Märchen) /
Stollen: brotförmiges Gebäck aus Hefeteig, enthält meist Trockenfrüchte, Marzipan, Mohn /
kulinarisch: auf Essen und Trinken bezogen /
Hofstaat: Angestellte des Königs / der Königin; alle, die am Hof leben /
Kulturexperte: jemand, der sich mit den Bräuchen und Sitten von Gemeinschaften beschäftigt /
Prozession: feierlicher Gang/Marsch einer Menschengruppe (ursprünglich aus religiösen Gründen) /
Zeremonie: feierliche Handlung /
Schaulustige: neugierige Zuschauer /
Striezel = Stollen /
Sultaninen: getrocknete Beeren

→ S. 91: Präsentieren

4 Entscheidet in der Klasse, zu welchen Teilbereichen Kurzvorträge erarbeitet werden sollen, wie viel Zeit ihr für die Erarbeitung einplanen wollt und wie lange die Kurzvorträge dauern sollen.

5 Bildet Kleingruppen aus vier bis fünf Personen, die gemeinsam einen Kurzvortrag zu einem Thema erarbeiten.

→ S. 19: Informationen sammeln

6 Die einzelnen Gruppen müssen sich für ihren Kurzvortrag passendes Material suchen.

a Entscheidet in eurer Gruppe, welche der Materialien auf den Seiten 261–265 ihr für euren Vortrag nutzen könnt.

b Welche anderen Möglichkeiten habt ihr, um an Informationen zu eurem Thema zu gelangen? Notiert Vorschläge.

7 Setzt euch in euren Themengruppen zusammen und klärt gemeinsam die folgenden Fragen zur Vorbereitung des Kurzvortrags.

1 Wo wollen wir nach Informationen suchen?
2 Wer übernimmt welche Aufgaben bis wann?
3 Wie sollen die Informationen festgehalten werden (z. B. Stichpunkte, Cluster, Tabelle)?

8 Untersucht in der Themengruppe eure Materialien.

a Stellt euch gegenseitig die Ergebnisse eurer Informationssuche vor und wählt aus, welche Informationen ihr im Vortrag präsentieren wollt.

b Legt für jedes Unterthema eine Karteikarte an und notiert die wichtigsten Informationen darunter.

c Gliedert euren Kurzvortrag. Bringt dafür alle Informationen in eine sinnvolle Reihenfolge und ordnet eure Karteikarten dementsprechend.

9 Überlegt, wie ihr euren Kurzvortrag anschaulich gestalten könnt.

Porzellanfigürchen als Anschauungsbeispiel, ...

10 Probt den Kurzvortrag in eurer Gruppe.

a Legt zuerst die Redezeit jedes Einzelnen fest.

b Lest die folgenden Beobachtungsaufträge zur Bewertung eines Kurzvortrags und verteilt sie anschließend: Jedes Gruppenmitglied wählt ein bis zwei Punkte, auf die sie/er beim Zuhören besonders achtet.

Einen Kurzvortrag bewerten:

- *Wurde die festgelegte Redezeit eingehalten?* ☑
- *Wurden alle wichtigen Informationen genannt?* ☑
- *Wurde alles gut verständlich erklärt?* ☐
- *Wurde laut und deutlich gesprochen?* ☐
- *Hat die/der Vortragende die Zuhörenden angeschaut?* ☐
- *Wurde der Kurzvortag anschaulich gestaltet?* ☐

c Jedes Gruppenmitglied trägt mithilfe der Notizen auf den Karteikarten (S. 266, Aufgabe 8 b) seinen Teil des Kurzvortrags vor.

d Gebt euch in der Gruppe nach jedem Vortrag eine Rückmeldung.

11 Haltet eure Kurzvorträge vor der Klasse.

12 Wertet die Kurzvorträge in der Klasse aus.

a Welche Kurzvorträge haben euch besonders gefallen? Begründet eure Meinung.

b Welche Informationen waren für euch neu? Welche fandet ihr besonders interessant? Gebt sie in eigenen Worten wieder.

Was habe ich gelernt?

13 Überprüfe, was du über das **Präsentieren** gelernt hast. Übertrage dazu die Tabelle in dein Heft und fülle sie aus.

Präsentieren	
Das kann ich jetzt gut:	**Daran möchte ich noch arbeiten:**
...	...

die **Ableitung** (*Plural:* die Ableitungen)	Die Ableitung ist eine Möglichkeit der **Wortbildung**: Mithilfe von **Suffixen** (Nachsilben) und **Präfixen** (Vorsilben) entstehen aus vorhandenen Wörtern neue mit etwas veränderter Bedeutung. Typische Suffixe für **Nomen/Substantive** sind z. B.: *-heit, -keit, -ung, -schaft, -nis, -tum*, z. B.: *die Menschheit, die Heizung.* Typische Suffixe für **Adjektive** sind z. B.: *-ig, -lich, -isch, -sam, -bar, -haft*, z. B.: *schwierig, gemütlich.* Durch das Anfügen von Präfixen wie *be-, er-, ent-, miss-, ver-, zer-* verändern **Verben** ihre Bedeutung, z. B.: *achten – missachten.*
das **Adjektiv** (*Plural:* die Adjektive)	Das Adjektiv ist eine **Wortart**, die **Eigenschaften** und **Merkmale** von Lebewesen, Gegenständen, Tätigkeiten und Vorgängen bezeichnet. Adjektive lassen sich **deklinieren** (beugen). Als **Begleitwort von Nomen/ Substantiven** passen sie sich in **Geschlecht** (Genus), **Zahl** (Numerus) und **Fall** (Kasus) dem Nomen an. Dabei ist es wichtig, ob ein bestimmter oder ein unbestimmter Artikel vor der Wortgruppe steht, z. B.: *der wilde Hund – ein wilder Hund.* Adjektive lassen sich meist **steigern** (komparieren). Die Steigerung nennt man die **Komparation**. Sie bilden drei Stufen: • den Positiv (die Grundstufe), z. B.: *der schnelle Läufer,* • den Komparativ (die Mehrstufe), z. B.: *der schnellere Läufer,* • den Superlativ (die Meiststufe), z. B.: *der schnellste Läufer.* Mithilfe von Adjektiven kann man **Vergleiche** ausdrücken: • Bei **Gleichheit** verwendet man den **Positiv** (die Grundstufe) ***+ wie***, z. B.: *Ich bin genauso groß wie du.* • Bei **Ungleichheit** verwendet man den **Komparativ** (die Mehrstufe) ***+ als***, z. B.: *Ich bin größer als du.*
das **Adverb** (*Plural:* die Adverbien)	Das Adverb ist eine **Wortart**, die angibt, wann, wo, wie und warum etwas geschieht. Adverbien sind in der Regel **unveränderbar**. Meist bestimmen sie ein Verb näher, z. B.: **Adverbien der Zeit:** *Wir treffen uns morgen.* (Wann?) *Er trainiert selten.* (Wie oft?) **Adverbien des Ortes:** *Ich warte oben.* (Wo?) *Wir liefen bergauf.* (Wohin?) *Sie kam heraus.* (Woher?) **Adverbien des Grundes:** *Die Halle war geschlossen. Deshalb fiel das Training aus.* (Warum?) **Adverbien der Art und Weise:** *Er trainiert allein.* (Wie?)
die **Adverbial-bestimmung** (*Plural:* die Adverbial-bestimmungen)	Die Adverbialbestimmung (Umstandsbestimmung) ist ein **Satzglied**. Adverbialbestimmungen bestimmen das Prädikat näher und bringen zum Ausdruck, wo, wann, warum und wie etwas geschieht oder jemand etwas tut. Sie können in Form eines **Wortes**, einer **Wortgruppe** oder eines **Teilsatzes** auftreten. Man unterscheidet:

	Lokalbestimmung (Adverbialbestimmung des Ortes), Fragen: Wo? Woher? Wohin?, z. B.: *Ich bin zu Hause.* **Temporalbestimmung** (Adverbialbestimmung der Zeit), Fragen: Wann? Wie lange? Bis wann? Seit wann? Wie oft?, z. B.: *Ich bin ab 15 Uhr da.* **Kausalbestimmungen** (Adverbialbestimmungen des Grundes), Fragen: Warum? Weshalb? Aus welchem Grund?, z. B.: *Wegen der hohen Miete zogen wir um.* **Modalbestimmung** (Adverbialbestimmungen der Art und Weise), Fragen: Wie? Auf welche Art und Weise?, z. B.: *Mit Interesse sah ich den Film.*
das **Anredepronomen** (*Plural:* die Anredepronomen)	Die **persönlichen Anredepronomen** *du/dein, ihr/euer* können in Briefen und E-Mails klein- oder großgeschrieben werden. Die **höflichen Anredepronomen** *Sie* und *Ihr* und alle ihre Formen werden immer **großgeschrieben**.
der **Artikel** (*Plural:* die Artikel)	Der Artikel ist eine **Wortart**. Artikel können als **Begleitwort** bei Nomen/Substantiven stehen. Den **unbestimmten Artikel** *(ein, eine, ein)* verwendet man, um Lebewesen, Gegenstände o. Ä. neu ins Gespräch oder in den Text einzuführen, z. B.: *Am Waldrand steht ein Haus.* Den **bestimmten Artikel** *(der, die, das)* verwendet man für Lebewesen, Gegenstände o. Ä., die schon bekannt oder bereits eingeführt sind, z. B.: *Es ist das Haus der Försterei.* **Artikel** lassen sich **deklinieren** (beugen) und passen sich dem Nomen in **Geschlecht** (männlich, weiblich, sächlich), **Zahl** (Singular, Plural) und **Fall** (Nominativ, Genitiv, Dativ, Akkusativ) an, z. B.: *das Haus sehen, in dem Haus wohnen, die Häuser besichtigen.*
die **Artikelprobe** (*Plural:* die Artikelproben)	Mithilfe der Artikelprobe kann man erproben, ob ein Wort **groß- oder kleingeschrieben** wird. Man prüft, ob bei dem Wort ein Artikel steht oder ein Artikel stehen könnte, z. B.: *Am (an dem) Waldrand stehen (die) Hütten.* Manchmal „verstecken" sich Artikel, indem sie mit einer Präposition (Verhältniswort) verschmelzen, z. B.: *am – an dem, im – in dem.*
das **Attribut** (*Plural:* die Attribute)	Das Attribut (Beifügung) ist ein Teil von Satzgliedern und wird deshalb **Satzgliedteil** genannt. Attribute bestimmen ein Nomen/Substantiv näher. Sie können vor oder hinter dem Bezugsnomen stehen. Attribute treten als **Wort**, **Wortgruppe** oder **Teilsatz** auf und lassen sich mit *Was für ein (eine, ein)?* oder *Welcher (Welche, Welches)?* erfragen. Bei der **Umstellprobe** können Attribute nicht allein umgestellt werden. Sie bleiben immer bei dem Nomen, zu dem sie gehören, z. B.: *Man hat eine vergoldete Maske des Pharaos entdeckt.* *Eine vergoldete Maske des Pharaos hat man entdeckt.*

die **Aufzählung** (*Plural:* die Aufzählungen)	Manche Sätze enthalten Aufzählungen in Form von **Wörtern** oder **Wortgruppen**. Die Glieder einer Aufzählung werden durch **Komma** voneinander getrennt. Das Komma fällt weg, wenn sie schon mit den Konjunktionen (Bindewörtern) *und, oder, sowie, sowohl … als auch …, weder … noch …* verbunden sind. Ein **Komma** muss man jedoch immer bei entgegenstellenden Konjunktionen setzen, wie *aber, doch, jedoch, nicht nur …, sondern auch …*, z. B.: *Wir haben Bäume, Sträucher und Wiese, aber keine Blumen.*
das **Berichten**, der **Bericht** (*Plural:* die Berichte)	Beim Berichten informiert man möglichst **knapp, sachlich** und **in der richtigen Reihenfolge** über ein Ereignis. Die Auswahl der Informationen hängt vom Zweck, vom Anlass und von der Empfängerin bzw. vom Empfänger ab. Die meisten Berichte enthalten Antworten auf die ***W*-Fragen**: Was geschah? Wann? Wo? Warum? Wer war beteiligt? Welche Folgen ergaben sich? **Schriftliche Berichte** werden meist im **Präteritum** verfasst. Für alle Ereignisse, die vor einer anderen Handlung passiert sind, wird das **Plusquamperfekt** (Vorvergangenheit) gewählt. In **mündlichen Berichten** kann man das **Präteritum** oder das **Perfekt** verwenden. Für allgemeingültige Aussagen oder Aussagen, die in die Gegenwart reichen, kann man das **Präsens** verwenden.
das **Beschreiben**, die **Beschreibung** (*Plural:* die Beschreibungen)	Beim Beschreiben informiert man andere über etwas, was sie erkennen oder sich genau vorstellen sollen. Man unterscheidet z. B. Personen-, Tier-, Pflanzen-, Vorgangs- und Wegbeschreibungen. Welche Merkmale oder Handlungen für die Beschreibung besonders wichtig sind, hängt davon ab, was man für wen und warum beschreibt. **Allgemeine Merkmale** sind Merkmale, die Gegenstände oder Lebewesen einer Art gemeinsam haben. **Besondere Merkmale** treffen nur auf einzelne Gegenstände oder Lebewesen zu (Größe, Farbe, Besonderheiten), die dadurch unterscheidbar werden. **Handlungen** bestehen oft aus Handlungsschritten und **Teilhandlungen**. Immer sind genaue Angaben in einer sinnvollen **Reihenfolge** wichtig. Beschreibungen werden meist im **Präsens** verfasst. Manchmal kann man entscheiden, ob man **persönlich** (*du*-Form) oder **unpersönlich** (*man*-Form oder Verbform im Passiv) formuliert, z. B.: *Gib das Salz dazu. Du gibst das Salz dazu. Man gibt das Salz dazu. Das Salz wird dazugegeben.*
das **Brainstorming** (*Plural:* die Brainstormings)	Das Brainstorming (*engl.* brain – Gehirn, *engl.* storm – Sturm) ist eine **Methode zur Ideenfindung**. Man geht von einem Bild, einem Wort, einer Frage oder einem Problem aus und notiert – ohne lange nachzudenken und ungeordnet – Gedanken, Gefühle oder Erlebnisse, die einem dazu einfallen. Erst danach sortiert man die Gedanken und wählt aus, welche brauchbar sind und welche gestrichen oder ergänzt werden könnten.

die **Buchvorstellung** (*Plural:* die Buchvorstellungen)	Durch eine Buchvorstellung kann man Bücher zum Lesen empfehlen. Dabei sollten folgende Informationen enthalten sein: • Autorin bzw. Autor und Titel des Buches, • wichtige Personen oder Figuren, • einige Informationen zum Inhalt des Buches, • Vortrag einer besonders witzigen, spannenden oder interessanten Stelle. Zum Schluss sollte man zusammenfassen, warum einem das Buch besonders gefallen hat. Wenn möglich, sollte man das **Cover** (den Einband) des Buches zeigen, das meist ein Titelbild hat und Hinweise auf die Art und den Inhalt gibt. Oft sind auch der **Klappentext** (kurzer Text auf der Rückseite des Buches oder im Inneren des Schutzumschlages) oder ein **Inhaltsverzeichnis** hilfreich.
der **Cluster** (*Plural:* die Cluster)	Ein Cluster (*engl.* cluster – Haufen, Schwarm, Anhäufung) ist eine **Methode zum Sammeln von Ideen**. Man schreibt einen zentralen Begriff zu einem Thema in die Mitte und ordnet ringsherum weitere Begriffe zum Thema an. Danach verdeutlicht man die Beziehungen zwischen den Begriffen durch Verbindungslinien, sodass ein Netz entsteht.
die **Deklination** (*Plural:* die Deklinationen)	Die Deklination ist die **Beugung** von Nomen/Substantiven, Artikeln, Adjektiven und Pronomen.
die **direkte (wörtliche) Rede** (*keine Pluralform*)	In direkter (wörtlicher) Rede gibt man wieder, was jemand wörtlich sagt oder gesagt hat. In schriftlichen Texten kennzeichnet man den Beginn und das Ende der direkten Rede mit **Anführungszeichen**. Oft steht vor, zwischen oder nach der direkten Rede ein **Begleitsatz**, in dem die Sprecherin bzw. der Sprecher genannt wird. Der Begleitsatz **vor der direkten (wörtlichen) Rede** wird mit einem Doppelpunkt abgeschlossen, z. B.: *Tina fragt: „Worum geht es denn?"* Steht der Begleitsatz **zwischen oder nach der direkten Rede**, wird er immer durch **Kommas** abgegrenzt, z. B.: *„Nenn mir doch", bittet Tina, „noch andere Buchtitel von ihm!"* **Ausrufezeichen** und **Fragezeichen**, die zur direkten Rede gehören, stehen innerhalb der Anführungszeichen.
das **Diskutieren**, die **Diskussion** (*Plural:* die Diskussionen)	In einer Diskussion setzt man sich **mit den Meinungen anderer auseinander** und versucht, Probleme zu lösen. Dabei sollte man auf andere eingehen, z. B.: **Zustimmung:** *Du hast recht. Da stimme ich dir zu.* **Ablehnung:** *Da bin ich anderer Meinung. Ich sehe das anders.* **Entschuldigung:** *Entschuldige bitte! Es tut mir leid, dass …* **Kompromiss:** *Ich bin nicht ganz einverstanden. Ich könnte zustimmen, wenn …*

	Vor einer Diskussion sollte man sich überlegen, welche eigene Meinung man zum Thema hat und wie man sie durch Begründungen und Beispiele überzeugend darstellen kann. **Während** der Diskussion muss man seine Meinung aber manchmal ändern. Bei **Diskussionen** im größeren Rahmen empfiehlt es sich, jemanden für die **Diskussionsleitung** zu gewinnen. Sie oder er sollte die Diskussion eröffnen, den Verlauf lenken und die Ergebnisse zusammenfassen.
die **Ersatzprobe** (*Plural:* die Ersatzproben)	Die **Ersatzprobe** hilft z. B., über die Schreibung von *das* oder *dass* zu entscheiden: • Kann *da*■ durch *dieses* oder *welches* ersetzt werden, ist es der Artikel oder das Relativpronomen *das*, z. B.: *Da*■ *(dieses) Mädchen, da*■ *(welches) rudert, heißt Fine.* → *das* • Ergibt der Satz bei dieser Probe keinen Sinn, so handelt es sich um die Konjunktion *dass*, z. B.: *Fine weiß, da*■ (~~*welches*~~) *sie Kraft braucht.* → *dass*
die **Erweiterungsprobe** (*Plural:* die Erweiterungsproben)	Die Erweiterungsprobe hilft, **nominalisierte Verben und Adjektive** zu erkennen, denn sie stehen immer am Ende einer sogenannten nominalen Wortgruppe, z. B.: *beim Schwimmen* — *das Blau* *beim schnellen Schwimmen* — *das helle Blau* *beim schnellen, ausdauernden Schwimmen* — *das helle, leuchtende Blau*
das **Erzählen**, die **Erzählung** (*Plural:* die Erzählungen)	Beim Erzählen stellt man möglichst **unterhaltsam, anschaulich** und **wirkungsvoll** etwas Erlebtes oder Erfundenes dar. **Realistische Erzählungen** erzählen von Ereignissen, Figuren und Dingen, die es in der Wirklichkeit gibt oder geben könnte. **Fantasieerzählungen** erzählen von **Fantasiewesen** und **Fantasiewelten**, das heißt von unwirklichen und zauberhaften Ereignissen, Figuren oder Dingen. Immer muss man so erzählen, dass die anderen sich die **Personen oder Figuren** und die **Handlung** gut vorstellen können. Beim **mündlichen Erzählen** sollte man besonders auf Mimik, Gestik und Betonung achten. Beim **schriftlichen Erzählen** kommt es darauf an, alles mithilfe von Wörtern und Sätzen so darzustellen, dass Leserinnen und Leser es sich gut vorstellen können. Beim **schriftlichen Erzählen** von vergangenen Erlebnissen wird meist die Zeitform **Präteritum** verwendet. Um vorher Geschehenes darzustellen, braucht man allerdings manchmal auch die Zeitform **Plusquamperfekt**. Will man den **Verlauf eines Geschehens** besonders wirkungsvoll gestalten, kann man sich manchmal auch für das **Präsens** entscheiden.

der **Erzählkern** (*Plural:* die Erzählkerne)	Erzählkerne helfen bei der **Planung und Gestaltung einer Erzählung**. Sie geben Ort, Zeit und Personen oder Figuren sowie wichtige Handlungsschritte vor, die man ausgestalten kann. Man entnimmt dem Erzählkern, zum Beispiel einer Zeitungsmeldung, alle wichtigen Informationen und denkt sich dazu eine passende Geschichte aus.
der **Erzählplan** (*Plural:* die Erzählpläne)	Ein Erzählplan hilft bei der **Planung und Gestaltung einer Erzählung**. Dazu stellt man sich folgende Fragen: • **Worüber/Was** soll erzählt werden? • Welche **Handlungsschritte** sind wichtig? • Wo (**Orte**) und wann (**Zeiten**) geschieht etwas? • Welche **Personen** oder **Figuren** spielen eine Rolle? • Welche **Dialoge** sollen eingebaut werden? • Welche **Einleitung** macht neugierig? • Welcher **Schluss** rundet die Geschichte ab?
die **Erzählperspektive** (*Plural:* die Erzähl-perspektiven)	Man kann ein Geschehen aus verschiedenen Erzählperspektiven erzählen, zum Beispiel aus der **Perspektive verschiedener Figuren**. Dazu muss man entscheiden, **wer** erzählen soll und **in welcher Form** erzählt wird. Eine ***Ich*-Erzählerin** oder ein ***Ich*-Erzähler** ist am Geschehen beteiligt, erzählt aus ihrer bzw. seiner Sicht und gibt eigene Gedanken und Gefühle wieder. Eine ***Sie*-Erzählerin** oder ein ***Er*-Erzähler** ist nicht am Geschehen beteiligt und beobachtet alles von außen.
die **Fabel** (*Plural:* die Fabeln)	Die **Fabel** (*lat.* fabula – Erzählung) ist ein kurzer erzählender oder gereimter Text. Zu ihren **Merkmalen** zählen: • Tiere denken, handeln und sprechen wie Menschen, • den Tieren sind bestimmte menschliche Eigenschaften zugeordnet, • Fabeln enthalten eine Lehre (zentrale Aussage), die aus dem Text erschlossen werden kann oder die sogar am Anfang oder am Schluss genannt wird.
das **Fremdwort** (*Plural:* die Fremdwörter)	Fremdwörter nennt man Wörter, die aus anderen Sprachen ins Deutsche kamen, sich aber in **Aussprache**, **Schreibung** und **Betonung nicht** oder nur zum Teil dem Deutschen **angepasst** haben, z. B.: *downloaden (engl.), das Baguette (franz.), die Pasta (ital.), die Datsche (russ.), der Kaffee (arab.).* Fremdwörter enthalten häufig typische Wortbauteile, wie die **Suffixe** (Nachsilben) *-ieren, -ie, -ik, -iv, -(t)ion, -ität,* z. B.: *demonstr<u>ieren</u>, die Diplomat<u>ie</u>, die Repub<u>lik</u>, akt<u>iv</u>, die Rat<u>ion</u>, die Solidar<u>ität</u>.*
das **Gedicht** (*Plural:* die Gedichte)	Das Gedicht ist ein künstlerisch gestalteter Text, in dem Gedanken und Gefühle eines lyrischen *Ichs* (einer lyrischen Sprecherin bzw. eines lyrischen Sprechers) in Form von **Versen** (Gedichtzeilen) ausgedrückt werden. Gedichte können aus einer oder mehreren **Strophen** bestehen, die aus Versen gebildet werden.

	Sprachliche Bilder, anschauliche **Vergleiche**, **Personifizierungen**, fantasievolle Wörter, Wortgruppen oder Sätze lassen ein Gedicht besonders eindrucksvoll wirken. Die **Grundstimmung von Gedichten** kann unterschiedlich sein, zum Beispiel lustig, nachdenklich, feierlich oder traurig. Gedichte, in denen mit Sprache so experimentiert und gespielt wird, dass besondere bildliche oder klangliche Formen mit überraschenden Aussagen entstehen, bezeichnet man als **konkrete Poesie**.
das **Genus** (*Plural:* die Genera)	Das Genus bezeichnet das **grammatische Geschlecht** eines Nomens/ Substantivs oder eines Adjektivs: **männlich, weiblich** oder **sächlich**, z. B.: *der neue Mantel, die alte Jacke, das karierte Hemd.*
der **Hypertext** (*Plural:* die Hypertexte)	Ein Hypertext (verknüpfter Text) ist ein Text, der durch **Hyperlinks** (Verknüpfungen) netzartig mit anderen Texten oder Textteilen verbunden ist. Hypertexte kann man am besten am Computer erstellen und lesen. Die Textteile werden in verschiedenen Dateien abgespeichert und die Lesenden bestimmen durch Anklicken eines Hyperlinks, was sie als Nächstes lesen möchten.
Informationen suchen	Informationen kann man in verschiedenen Quellen suchen: • Ein **Lexikon** (*Plural:* Lexika) ist ein alphabetisch geordnetes Nachschlagewerk, in dem Begriffe aus verschiedenen Wissensgebieten erklärt werden. Lexika gibt es in Buchform und in elektronischer Form. • Auch **Wörterbücher** gehören zu den Lexika, da in ihnen die Bedeutung von Wörtern erklärt wird. • **Sachbücher** vermitteln in allgemein verständlicher Sprache Wissen zu verschiedenen Themen. Zur Orientierung im Sachbuch kann man das **Inhaltsverzeichnis**, den **Klappentext** (auf der Rückseite oder dem Schutzumschlag gedruckte Inhaltsangabe) und das **Register** (alphabetisch geordnetes Stichwortverzeichnis am Ende) nutzen. • **Zeitschriften** erscheinen **regelmäßig** (zum Beispiel einmal pro Woche oder Monat) und richten sich an bestimmte Leserinnen und Leser. Das **Titelbild** und das **Inhaltsverzeichnis** ermöglichen, sich einen Überblick über die Leitthemen und den Inhalt zu verschaffen.
der **Kasus** (*Plural:* die Kasus)	Der Kasus bezeichnet den **Fall** eines deklinierbaren Wortes (Nomen/Substantiv, Artikel, Adjektiv, Pronomen). Es gibt vier Fälle: **Nominativ** (Wer? Was?): *der grüne Baum* **Genitiv** (Wessen?): *des grünen Baumes* **Dativ** (Wem?): *dem grünen Baum* **Akkusativ** (Wen? Was?): *den grünen Baum*
die **Konjugation** (*Plural:* die Konjugationen)	Die Konjugation ist die **Beugung** von Verben, z. B.: *ich lese, du liest, er/sie/es liest; wir lesen, ihr lest, sie lesen.*

die **Konjunktion** (*Plural:* die Konjunk- tionen)	Konjunktionen (Bindewörter) verbinden Wörter, Wortgruppen und Teilsätze miteinander. Sie sind in der Regel **unveränderbar**, z. B.: *Lanh, Simon und Tom gingen gemeinsam an den Start.* (verbindet Wörter) *Er siegte über 100 Meter sowie in der Staffel über 400 Meter.* (verbindet Wortgruppen) *Seit sie sich fürs Rudern entschieden hat, sitzt sie fast jeden Tag im Boot.* (verbindet Teilsätze) *Der Trainer möchte, dass sie beim nächsten Rennen antritt.* (verbindet Teilsätze) Die Schreibung der **Konjunktion *dass*** muss man sich besonders einprägen. Sie wird oft mit dem Relativpronomen *das* verwechselt, denn beide Wörter leiten einen Nebensatz ein. Die **Ersatzprobe** hilft, beide zu unterscheiden: • Kann *da■* durch *welches* ersetzt werden, ist es das Relativpronomen *das*, z. B.: *Das Mädchen, da■* (welches) *rudert, heißt Fine.* → *das* • Ergibt der Satz bei dieser Probe keinen Sinn, so handelt es sich um die Konjunktion *dass*, z. B.: *Fine weiß, da■* (~~welches~~) *sie Kraft braucht.* → *dass*
das **Lesetagebuch** (*Plural:* die Lese- tagebücher)	In einem Lesetagebuch kann man seine Erfahrungen mit dem Lesen ganzer Bücher festhalten und sich so mit ihnen auseinandersetzen. Es kann individuell geführt werden oder gemeinsam mit anderen. Neben dem **Deckblatt** sollte man verschiedene **Seiten kreativ gestalten** und schrittweise ergänzen. Man kann zum Beispiel **Figurenseiten** zu wichtigen Figuren anlegen und **Kapitelseiten** zu ausgewählten Kapiteln.
die **Lügengeschichte** (*Plural:* die Lügen- geschichten)	Lügengeschichten sind **Erzählungen**, die eine Reihe von Lügen enthalten. Dabei übertreibt die *Ich*-Erzählerin oder der *Ich*-Erzähler im Laufe der Geschichte immer stärker. Die Lügen einer Lügengeschichte sind eindeutig zu erkennen, sie sollen unterhaltend wirken.
das **Märchen** (*Plural:* die Märchen)	Das Märchen ist eine kurze **Erzählung**, die von Wunderbarem und Wundersamem in einer Fantasiewelt berichtet. Viele Märchen wurden mündlich überliefert, dadurch entstanden oft Varianten. Märchen sind an den folgenden **Merkmalen** zu erkennen: • Ort und Zeit der Handlung nicht genau angegeben, • eine Heldin oder ein Held muss schwierige Aufgaben meistern, • Zauberei und Fantasiewesen, • meist siegt das Gute über das Böse, • Beginn und Ende gleich oder ähnlich, • sich wiederholende Sprüche, • Gegensatzpaare, magische Zahlen.

das **mehrdeutige Wort** (*Plural:* die mehrdeutigen Wörter)	Viele Wörter haben nicht nur eine Bedeutung, sondern mehrere. Man nennt sie mehrdeutige Wörter. Welche der Bedeutungen gemeint ist, wird erst aus dem Verwendungszusammenhang klar, z. B.: *der Hahn* (Tier) – *der Hahn* (Wasserhahn).
Meinungen äußern und begründen	Man kann zu Aussagen anderer seine Meinung äußern, das heißt, man kann **zustimmen** oder **ablehnen**. Dazwischen liegt der **Kompromiss**, bei dem man einen Gegenvorschlag unterbreitet oder eine Bedingung für die Zustimmung nennt. Seine Meinung sollte man immer **begründen** und dabei **sachlich** bleiben. Will man andere überzeugen, sollte man auch **Beispiele** nennen.
Mitteilungen verfassen	Es gibt verschiedene Anlässe und Möglichkeiten, Mitteilungen zu verfassen, z. B. als SMS. Bei jeder Mitteilung ist zu beachten, an wen sie gerichtet ist und aus welchem Anlass man schreibt. Danach richtet sich, wie man die Person anredet, ob man ausführlich und anschaulich oder kurz und sachlich schreibt und wie man sich ausdrückt.
das **Nacherzählen**, die **Nacherzählung** (*Plural:* die Nacherzählungen)	Beim Nacherzählen wird die **Handlung** einer Erzählung (Geschichte) in der gleichen Reihenfolge wie im Originaltext **wiedergegeben**. Nacherzählt wird hauptsächlich mit eigenen Worten, **wörtliche Rede** wird aber möglichst genau als solche wiedergegeben. Wichtige oder typische Wörter und Wendungen kann man auch wörtlich übernehmen, z. B.: *Es war einmal …* Vor dem Nacherzählen sollte man die Geschichte mehrmals gründlich lesen oder hören und sich **Stichpunkte** zur Handlung notieren.
das **Nomen/Substantiv** (*Plural:* die Nomen/Substantive)	Das Nomen/Substantiv ist eine **Wortart**, die Lebewesen, Gegenstände, Orte, Zeitangaben, Ereignisse und Gefühle bezeichnet. Nomen haben ein grammatisches **Geschlecht** (Genus), das man am Artikel erkennen kann (männlich: *der*, weiblich: *die*, sächlich: *das*). Jedes Nomen tritt in einer bestimmten **Zahl** (Numerus) auf: Singular (Einzahl) oder Plural (Mehrzahl). Nomen werden dekliniert: Sie stehen dann immer in einem bestimmten **Fall** (Kasus), den man mithilfe der **Frageprobe** erfragen kann. Nomen schreibt man immer **mit großem Anfangsbuchstaben**, z. B.: *der Gärtner, die Wiese, das Gefühl.*
die **Nominalisierung** (*Plural:* die Nominalisierungen)	Jedes Wort kann im Deutschen **als Nomen/Substantiv gebraucht**, also nominalisiert/substantiviert, werden. Es wird dann **mit großem Anfangsbuchstaben** geschrieben und dekliniert (gebeugt) wie ein Nomen. Es kann von einem Artikel, einem Possessivpronomen oder einem Adjektiv **begleitet** werden. Eine Nominalisierung/Substantivierung steht immer am Ende einer sogenannten nominalen Wortgruppe. Deshalb hilft die **Erweiterungsprobe**, sie zu erkennen, z. B.:

	beim Schwimmen *das Blau* *beim schnellen Schwimmen* *das helle Blau* *beim schnellen, ausdauernden Schwimmen* *das helle, leuchtende Blau*
das **Numerale** (*Plural:* die Numeralien)	Numeralien sind **Zahlwörter**, die eine Menge oder eine Anzahl angeben. Man unterscheidet zwei Arten: • **bestimmte Numeralien**, z. B.: *eins, zwei, hundert, erster, ein Dutzend,* • **unbestimmte Numeralien**, z. B.: *einige, wenige, Tausende, alle, mehrmals.* Numeralien gehören zu **unterschiedlichen Wortarten**, z. B.: Nomen: *Das Fußballspiel verfolgten Millionen Zuschauer am Fernseher.* Adjektiv: *Die Mannschaft belegte den ersten Platz.* Adverb: *Er trat dreimal zum Wettkampf an.*
der **Numerus** (*Plural:* die Numeri)	Der Numerus bezeichnet die **Zahl** eines Nomens/Substantivs, Artikels, Adjektivs oder Pronomens. Es gibt eine Form für den **Singular** (Einzahl) und eine andere Form für den **Plural** (Mehrzahl), z. B.: *der schöne Tag – die schönen Tage.*
das **Objekt** (*Plural:* die Objekte)	Das Objekt ist ein **Satzglied**, welches das Prädikat ergänzt. Der Fall des Objektes ist vom Verb abhängig. Zur Bestimmung des Falls kann man die **Frageprobe** nutzen. Man unterscheidet • **Dativobjekte** (Frage: Wem?), z. B.: *Sie begegnet einer Freundin.* • **Akkusativobjekte** (Frage: Wen? Was?), z. B.: *Er liest ein Buch.* • **Genitivobjekte** (Frage: Wessen?), z. B.: *Er rühmt sich seiner Klugheit.* • **Präpositionalobjekte** (der Fall wird von einer Präposition bestimmt), z. B.: *Er kümmert sich um ihren Sohn.* (Fragen: Um wen? Worum? Um was? – Präpositionalobjekt im Akkusativ) *Der Vater telefoniert mit seinem Freund.* (Fragen: Mit wem? Womit? Mit was? – Präpositionalobjekt im Dativ)
die **Personifizierung** (*Plural:* die Personifizierungen)	Personifizierungen nutzen Dichterinnen und Dichter, um Gedichte wirkungsvoll und anschaulich zu gestalten. Sie lassen **unbelebte Dinge wie Menschen handeln** oder schreiben ihnen **menschliche Eigenschaften** zu, z. B.: *die Sonne lacht, der Wind bläst, der schweigende Wald.*
das **Prädikat** (*Plural:* die Prädikate)	Das Prädikat ist ein **Satzglied**, das etwas über das Subjekt aussagt (**Satzaussage**). Man kann es mit der Frage *Was wird ausgesagt?* erfragen. **Subjekt** und **Prädikat** sind die Hauptbestandteile eines Satzes. Sie bilden den **Satzkern** und stimmen in Person und Zahl überein. Besteht das Prädikat nur aus der finiten (gebeugten) Verbform, dann nennt man es **einteiliges Prädikat**. Ein **mehrteiliges Prädikat** besteht aus der finiten (gebeugten) Verbform und anderen, infiniten (ungebeugten) Verbformen (Infinitiv, Partizip II) oder weiteren Wörtern. Das mehrteilige Prädikat kann andere Satzglieder einrahmen. Es bildet dann einen **prädikativen Rahmen**, z. B.: *Wir haben den Rucksack gepackt.*

die **Präposition** (*Plural:* die Präpositionen)	Die Präposition ist eine **Wortart**, die **räumliche, zeitliche oder andere Beziehungen** zwischen Wörtern und Wortgruppen ausdrückt, z. B.: *in, vor, unter, über, hinter, seit, für, mit.* Präpositionen stehen meist **vor dem Nomen/Substantiv** und seinen Begleitwörtern. Sie ändern ihre Form nicht, aber sie **fordern** einen bestimmten **Fall**. Die Präpositionen und den Fall, den sie fordern, muss man sich einprägen. In der Umgangssprache werden Präpositionen und Artikel oft zusammengezogen, z. B.: *am (an dem), beim (bei dem).* Die Präpositionen *an, auf, hinter, in, neben, über, unter, zwischen, vor* nennt man **Wechselpräpositionen**, weil sie entweder den Dativ oder den Akkusativ fordern. Den Fall bestimmt allein das Verb, z. B.: *Lilly setzt sich in den bequemen Kinosessel.* (Wohin? Akkusativ) *Jurek und Paul sitzen im (in dem) Parkett.* (Wo? Dativ)
das **Präsentieren**, die **Präsentation** (*Plural:* die Präsentationen)	Das Halten eines durch Anschauungsmaterial gestalteten Vortrags nennt man Präsentation. In einem **Vortrag** informiert man andere über ein bestimmtes Thema. Den Vortrag sollte man gründlich **vorbereiten**. Man sammelt und ordnet dazu Informationen und notiert übersichtliche Stichpunkte. Veranschaulichen kann man den Vortrag zum Beispiel mit Übersichten, Karten, Diagrammen, Fotos oder Videos. Man kann den Vortrag auch durch eine PowerPoint-Präsentation unterstützen, in die man verschiedene Anschauungsmaterialien aufnimmt. Beim Präsentieren achtet man auf freies, langsames und deutliches Sprechen und hält Blickkontakt zum Publikum. Außerdem ist die **Körpersprache** wichtig, zum Beispiel die **Mimik** (der Gesichtsausdruck) und die **Gestik** (die Bewegungen). Das Vortragen und Präsentieren sollte man vorher mehrmals üben.
das **Pronomen** (*Plural:* die Pronomen)	Das Pronomen ist eine **Wortart**, die Nomen/Substantive **ersetzen** oder **begleiten** kann. Pronomen werden wie Nomen **dekliniert** (gebeugt), also dem Bezugsnomen in **Geschlecht** (Genus), **Zahl** (Numerus) und **Fall** (Kasus) angepasst , z. B.: *neben mir, meines Vaters, zu diesem Haus; Can heißt ein Skater, den ich gut kenne. Can heißt der Skater, von dem ich viel lerne.* **Personalpronomen** (*er, sie, es; wir, ihr, sie*) können Nomen/Substantive ersetzen, um Wiederholungen zu vermeiden. Die Personalpronomen treten dann als **Stellvertreter der Nomen** auf und erfüllen deren Aufgaben im Satz, z. B.: *Mein Hund ist ein Dackel. Er heißt Bello.* **Possessivpronomen** (besitzanzeigende Fürwörter) können Nomen/Substantive **begleiten**, z. B.: *mein Hund, unsere Katze.* Sie zeigen den **Besitz** an. Zu jedem Personalpronomen gehört ein Possessivpronomen, z. B.: *ich – mein, du – dein, wir – unser.*

	Demonstrativpronomen (hinweisende Fürwörter: *dieser, diese, dieses, diese; jener, jene, jenes, jene; der, die, das, die*) weisen auf etwas hin, das vorher genannt wurde. Sie können als **Begleitwort oder Stellvertreter** genutzt werden, z. B.: *Ich bevorzuge dieses Blau. Ich nehme lieber das.* **Relativpronomen** (bezügliche Fürwörter: *der, die, das, die; welcher, welche, welches, welche*) leiten Nebensätze ein, die ein Nomen im Hauptsatz näher erklären. Solche Nebensätze nennt man **Relativsätze**, z. B.: *Ein Skater, der auf dem Fußweg fährt, muss Rücksicht nehmen.* **Reflexivpronomen** (rückbezügliche Fürwörter) treten zusammen mit reflexiven Verben auf (*sich treffen, sich freuen, sich bedanken, ...*). Sie beziehen sich auf das Subjekt des Satzes, z. B.: *Er hat sich beim Skaten verletzt.* (sich verletzen) *Wir haben uns gesonnt.* (sich sonnen) *Du wäschst dich bitte jetzt!* (sich waschen) Zu jedem Personalpronomen gehört ein Reflexivpronomen, z. B.: *ich – mich, du – dich, wir – uns.*
das **Puppenspiel** (*Plural:* die Puppenspiele)	(auch Figurentheater) Sonderform des darstellenden Spiels, bei dem Figuren oder Gegenstände von einem meist verdeckten Puppenspieler geführt werden
der **Reim** (*Plural:* die Reime)	Reime entstehen durch **Reimwörter**. Reimwörter klingen vom letzten betonten Vokal (oder Zwielaut) an ähnlich, z. B.: *sehen – gehen, kleine – keine, Enden – wenden.* Oft sind Reime in **Gedichten** enthalten, wodurch ein bestimmter Klang und Rhythmus entsteht. **Reime** stehen oft am **Ende einer Verszeile** und ergeben ein Reimschema. Dieses kann man durch Buchstaben verdeutlichen, z. B.: • **Paarreim**: zwei direkt aufeinanderfolgende Verse reimen sich (a a b b), • **Kreuzreim**: jeweils ein Vers reimt sich mit dem übernächsten (a b a b), • **umarmender Reim**: ein Paarreim wird von einem anderen umschlossen (a b b a).
der **Sachtext** (*Plural:* die Sachtexte)	Sachtexte sind Texte, die **über ein Thema informieren**. Sie dienen der Wissensvermittlung und liefern sachliche Informationen. Häufig werden Informationen auch in Form von **Tabellen**, **Diagrammen**, **Grafiken** oder **Schaubildern** dargestellt. Sie dienen dazu, Zahlen, Vorgänge und Entwicklungen übersichtlich und anschaulich zu gestalten.
Sachtexte lesen	Um einen Sachtext richtig und vollständig zu verstehen, hilft beim Lesen die **5-Gang-Lesemethode**: 1. Den Text überfliegen 2. Fragen an den Text stellen 3. Den Text gründlich lesen 4. Das Wichtigste des Textes erfassen 5. Den Text noch einmal lesen

	Um bereits **vor dem Lesen** Vermutungen über den Textinhalt anstellen zu können, sucht man nach **Orientierungshilfen**. Man kann zum Beispiel: • aus der Überschrift auf den Textinhalt schließen, • sich durch überfliegendes Lesen einen Überblick verschaffen, • Schlüsselwörter zu bestimmten Fragen oder Themen notieren. **Während des Lesens** kann man wichtige Textstellen mit Markierungen und Randnotizen versehen. Um **Aufbau** und **Gedankengang** eines Sachtextes zu erfassen, kann man sich an **Textabschnitten** orientieren und **Teilüberschriften** formulieren. Manchmal ist es wichtig, **Informationen eines Sachtextes** übersichtlich **zusammenfassend festzuhalten**, zum Beispiel durch die Beantwortung von *W*-Fragen oder indem man sie mithilfe von Linien, Pfeilen, Rahmen und Ähnlichem grafisch darstellt.
die **Sage** (*Plural:* die Sagen)	Die Sage ist eine von Generation zu Generation weitererzählte Geschichte. **Ortssagen** enthalten einen **wahren historischen Kern**. Sie sind eng mit Orten, Personen, geschichtlichen Ereignissen, landschaftlichen Besonderheiten, Gebäuden und Naturerscheinungen verbunden. **Götter-** und **Heldensagen** erzählen vom Anfang der Welt, von Göttern, Helden und deren Taten. Oft geht es darin um Sieg und Niederlage, um Kampf und Bewährung und um abenteuerliche Reisen.
die **Satzart** (*Plural:* die Satzarten)	Der Satzbau und die Satzart sind abhängig von der Aussageabsicht der Schreibenden oder Sprechenden: • Um etwas mitzuteilen, bildet man einen **Aussagesatz**, z. B.: *Wir gehen heute früh los.* Die finite Verbform steht an zweiter Satzgliedstelle. (Satzschlusszeichen: Punkt) • Um etwas zu erfahren, bildet man einen **Fragesatz**, z. B.: *Geht ihr heute auch früh los? Wann geht ihr heute los?* Die finite Verbform steht an erster Satzgliedstelle bzw. hinter dem Fragewort. (Satzschlusszeichen: Fragezeichen) • Um jemanden zum Handeln aufzufordern, bildet man einen **Aufforderungssatz**, z. B.: *Geht doch heute mal früh los!* Die finite Verbform steht an erster Satzgliedstelle. (Satzschlusszeichen: Ausrufezeichen oder Punkt) Mündlich macht man die Aussageabsicht mit der **Satzmelodie** deutlich.
das **Satzgefüge** (*Plural:* die Satzgefüge)	Als Satzgefüge bezeichnet man einen zusammengesetzten Satz, der aus mindestens einem **Hauptsatz** und einem **Nebensatz** besteht. **Hauptsätze** erkennt man daran, dass die finite (gebeugte) Verbform an zweiter Satzgliedstelle steht. **Nebensätze** erkennt man daran, dass am Satzanfang meist ein **Einleitewort** steht und am Satzende die **finite (gebeugte) Verbform**, z. B.: *Das Publikum klatscht , weil der Clown Späße macht.* **Nebensätze** werden vom Hauptsatz immer durch **Komma** abgegrenzt.

	Eingeschobene Nebensätze werden von Kommas eingeschlossen, z. B.: *Die Goldvorkommen, die viele Glücksritter anzogen, waren bald erschöpft.* **Nebensätze**, die mit einem **Relativpronomen** (bezüglichen Fürwort: *der, die, das, die; welcher, welche, welches, welche*) eingeleitet werden, nennt man **Relativsätze**. Das Relativpronomen bezieht sich auf ein Nomen/ Substantiv (Bezugswort) im Hauptsatz und charakterisiert es näher, z. B.: *Bald erschöpft waren die Goldvorkommen, die viele Glücksritter anzogen.*
das **Satzglied** (*Plural:* die Satzglieder)	Sätze bestehen aus Wörtern und Wortgruppen, die Satzglieder bilden. Satzglieder sind: **Subjekt**, **Prädikat**, **Objekt** und **Adverbialbestimmung**. Sie haben im Satz jeweils bestimmte Aufgaben. Die Anzahl der Satzglieder kann man mithilfe der **Umstellprobe** ermitteln: Zu einem Satzglied gehören jeweils die Wörter, die sich nur zusammenhängend umstellen lassen, z. B.: *Mein Bruder | wartet | jeden Morgen | auf den Bus.*
die **Satzreihe** (*Plural:* die Satzreihen)	Eine Satzreihe (Satzverbindung) ist eine Verbindung von **zwei oder mehr Hauptsätzen**. Hauptsätze erkennt man daran, dass die finite (gebeugte) Verbform an zweiter Satzgliedstelle steht. Hauptsätze können unverbunden nebeneinanderstehen oder mithilfe von **nebenordnenden Konjunktionen** (Bindewörtern) miteinander verbunden werden, z. B.: *Caracas ist die Hauptstadt Venezuelas, Perus Hauptstadt heißt Lima.* *Caracas ist die Hauptstadt Venezuelas(,) und Perus Hauptstadt heißt Lima.* Hauptsätze werden in der Regel durch **Komma** voneinander **getrennt**. Nur wenn Hauptsätze durch die Konjunktionen *und, oder, sowie, beziehungsweise (bzw.)* verbunden sind, ist die Kommasetzung freigestellt, z. B.: *Enrique wohnt im 19. Stock, aber es gefällt ihm hier.* *Der Turm hat 28 Etagen(,) und er lebt im 19. Stock.*
das **Schlüsselwort** (*Plural:* die Schlüsselwörter)	Schlüsselwörter sind **wichtige Wörter** zu einer Frage oder zu einem Thema. Sie antworten meist auf *W*-Fragen.
die **Schreibkonferenz** (*Plural:* die Schreibkonferenzen)	In einer Schreibkonferenz werden Texte gemeinsam überarbeitet. Dabei überlegt und berät man in Gruppen, welche Stärken und Schwächen ein Text hat und welche Verbesserungsvorschläge unterbreitet werden können.
der **Stichpunkt** (*Plural:* die Stichpunkte)	Stichpunkte helfen, etwas schnell, kurz und übersichtlich zu notieren. Stichpunkte sind keine Sätze, sondern Wortgruppen, zum Beispiel ohne Subjekte und mit Verben im Infinitiv, z. B.: *zu teuer, Oma um Geld bitten, …*
das **Subjekt** (*Plural:* die Subjekte)	Das Subjekt ist ein **Satzglied**, über das etwas ausgesagt wird. Man nennt es auch den **Satzgegenstand**. Das Subjekt lässt sich mit *Wer?* oder *Was?* erfragen. Es steht immer im **Nominativ** und stimmt in Person und Zahl mit dem Prädikat überein, z. B.: *Im Sommer fährt unsere Familie oft an den See. Der See liegt nahe am Wald.*

das **Synonym** (*Plural:* die Synonyme)	Wörter einer Wortart, die eine **ähnliche Bedeutung** haben, nennt man Synonyme. Sie bilden ein **Wortfeld**, mit dessen Hilfe man einen Text abwechslungsreicher gestalten und Wortwiederholungen vermeiden kann. Meist weisen Synonyme kleine Bedeutungsunterschiede auf, z. B.: *sagen, reden, sprechen, rufen, meinen.*
Texte überarbeiten	Beim Überarbeiten von Texten sollte man folgende Schritte gehen: 1. die **Schreibaufgabe** und das **Schreibanliegen** durchdenken, 2. gründlich lesen und den **Inhalt** überarbeiten, 3. gründlich lesen und die **Wortwahl** überprüfen, 4. gründlich lesen und die **Satzgestaltung** kontrollieren, 5. gründlich lesen und die **Rechtschreibung** korrigieren.
Texte verfassen	Beim Verfassen von Texten sollte man folgende Schritte gehen: 1. die **Schreibaufgabe** und das **Schreibanliegen** durchdenken, 2. den Text **planen** und Textteile schreiben, 3. einen **Textentwurf** schreiben, 4. den Textentwurf **überarbeiten**, 5. die **Endfassung** schreiben.
die **Umstellprobe** (*Plural:* die Umstellproben)	Die Umstellprobe ist eine Probe zur Ermittlung der **Anzahl der Satzglieder eines Satzes**. Man prüft, welche Wörter und Wortgruppen sich nur zusammenhängend vor die finite (gebeugte) Verbform stellen lassen. Im Aussagesatz steht die **finite Verbform** immer an der **zweiten Satzgliedstelle**. An der ersten Stelle, also vor der finiten Verbform, kann immer nur ein Satzglied (Wort oder Wortgruppe) stehen. Alle weiteren folgen nach der finiten Verbform, z. B.: *Wir* | *gehen* | *heute* | *ins Schwimmbad.* *Heute* | *gehen* | *wir* | *ins Schwimmbad.* *Ins Schwimmbad* | *gehen* | *wir* | *heute.*
das **Verb** (*Plural:* die Verben)	Das Verb ist eine **Wortart**, die **Tätigkeiten** (was jemand tut), **Vorgänge** (was geschieht) und **Zustände** (was ist) bezeichnet. Nach ihrem Gebrauch unterscheidet man **Vollverben** und **Hilfsverben**. Alle Verben können als Vollverben gebraucht werden, z. B.: *Ich renne. Wir schlafen. Er hat Zeit. Das Kind wird drei.* Bei der Bildung zusammengesetzter Zeitformen werden *haben, sein* und *werden* als Hilfsverben verwendet, z. B.: *ich bin gerannt, du hast gesungen, er wird Spanisch lernen, sie ist schnell gewesen.* Verben haben eine Grundform, den **Infinitiv**, und Formen für die 1., 2. und 3. Person im Singular und im Plural. Diese Formen nennt man Personalformen oder **finite Verbformen**. Die Veränderung der Verbformen heißt **Konjugation** (Beugung, Verb: konjugieren). Verben bilden **Zeitformen** (Tempusformen). Diese bezeichnen, ob die Tätigkeiten, Vorgänge und Zustände schon vergangen und abgeschlossen

	sind, noch andauern bzw. immer gelten oder aber erst in der Zukunft stattfinden werden. Präsens und Präteritum sind **einfache Zeitformen**, sie bestehen nur aus der finiten Verbform. Perfekt, Plusquamperfekt und Futur sind **zusammengesetzte Zeitformen**, sie bestehen aus mindestens zwei Verbformen. Um alle Formen eines Verbs richtig bilden und schreiben zu können, muss man die drei **Leitformen** (**Stammformen**) kennen. Diese sind: Infinitiv – Präteritum (1./3. Person Singular) – Partizip II, z. B.: *laufen – lief – gelaufen*. An den Leit- bzw. Stammformen kann man starke und schwache Verben unterscheiden. Bei **schwachen Verben** ändert sich der Stammvokal nicht, das Präteritum hat eine Endung *-t* und das Partizip II endet auf *-t*. Bei **starken Verben** ändert sich der Stammvokal, das Präteritum ist endungslos und das Partizip II endet auf *-en*. Im Deutschen gibt es heute noch ungefähr 200 starke, sehr alte Verben. Alle neuen Verben werden schwach gebildet. Eine besondere Gruppe von Verben sind die **Modalverben**. Sie drücken aus, wie man eine Tätigkeit oder einen Vorgang meint: *wollen* (Absicht), z. B.: *ich will gehen,* *sollen* (Aufforderung), z. B.: *ich soll gehen,* *dürfen* (Erlaubnis), z. B.: *ich darf gehen,* *können* (Fähigkeit oder Möglichkeit), z. B.: *ich kann gehen,* *müssen* (Notwendigkeit), z. B.: *ich muss gehen,* *mögen* (Wunsch), z. B.: *ich möchte gehen.* Modalverben werden mit einem Vollverb im Infinitiv verwendet, das im Satz am Ende steht, z. B.: *Ihr müsst pünktlich losfahren. Du darfst morgen zu mir kommen.* Von den meisten Verben kann man eine **Aktivform** und eine **Passivform** bilden. Will man ausdrücklich betonen, wer handelt, verwendet man die **Aktivform** (Verbform im Aktiv), z. B.: *Die Bürgermeisterin <u>ehrt</u> den Sieger.* Ist unwichtig oder unbekannt, wer handelt, verwendet man die **Passivform** (Verbform im Passiv), z. B.: *Der Sieger <u>wird</u> <u>geehrt</u>.*
die **Verlängerungsprobe** (*Plural:* die Verlängerungsproben)	Die Verlängerungsprobe ist eine Probe, um die **richtige Schreibweise und Aussprache von Wörtern** zu finden. Man verlängert die Wörter, indem man zum Beispiel Pluralformen von Nomen/Substantiven, Infinitive von Verben oder Steigerungsformen von Adjektiven bildet, um: • die Schreibung am Stammende zu ermitteln, z. B.: *das Ba■ – die Bäder, gi■ – geben, mil■ – milder,* • die Kürze bzw. Länge eines Stammvokals zu erkennen, z. B.: *der Hut – die Hüte, das Bett – die Betten,* • Silben mit *h* zu verdeutlichen, z. B.: *der Stu■l – die Stüh-le, die Wa■l – wäh-len, der Schu■ – die Schu-he, ge■ – ge-hen.*

die **Verwandtschaftsprobe** (*Plural:* die Verwandtschaftsproben)	Die Verwandtschaftsprobe ist eine Probe, um die **richtige Schreibweise von Wörtern** zu finden, zum Beispiel bei Wörtern mit langem Stammvokal oder schwierigen Buchstabenverbindungen. Man sucht nach einem stammverwandten Wort aus der **Wortfamilie**, das Hinweise auf die Schreibung gibt, z. B.: *mahlen – Mehl – Mühle; malen – Maler – Malstift; Band – Bänder – binden; die St■rke – stark – die Stärke; das L■ben – (kein verwandtes Wort mit a) – das Leben.* Es gilt: Wörter einer Wortfamilie werden immer gleich oder ähnlich geschrieben.
die **Wortart** (*Plural:* die Wortarten)	Wortarten lassen sich an ihrer **Bedeutung** erkennen. Sie bezeichnen zum Beispiel Gegenstände und Personen oder Tätigkeiten und Vorgänge oder Eigenschaften und Merkmale. Außerdem kann man sie an ihren **grammatischen Besonderheiten** erkennen. Sie können ein grammatisches Geschlecht haben, sich in Person, Zahl und Zeit verändern oder eine Steigerungsform bilden. Wortarten sind zum Beispiel: Nomen/Substantiv *(der Baum, die Straße, das Haus)*, Verb *(reden)*, Adjektiv *(alt, gemütlich)*, Pronomen *(ich, mein, dieser)* und Artikel *(ein, die)*.
die **Wortfamilie** (*Plural:* die Wortfamilien)	Wörter, die aufgrund ihrer Herkunft miteinander **verwandt** sind, bilden eine **Wortfamilie**. Sie entstehen durch **Ableitung** und **Zusammensetzung**. Das heißt, alle Wörter, die von einem **gemeinsamen Wortstamm** abgeleitet oder mit ihm zusammengesetzt sind, gehören zu einer Wortfamilie, z. B.: *Gras, grasen, grast, Grashalme, grasgrün.*
das **Wortfeld** (*Plural:* die Wortfelder)	Wörter, die eine **gleiche oder ähnliche Bedeutung** haben, bilden ein Wortfeld. Mithilfe von Wortfeldern kann man sich genauer ausdrücken, z. B.: *gehen, laufen, schleichen, humpeln, staksen, …* Bedeutungsgleiche oder -ähnliche Wörter eines Wortfeldes lassen sich in **Oberbegriffe** mit allgemeiner Bedeutung und **Unterbegriffe** mit spezieller Bedeutung einteilen, z. B.: *Wortart* (Oberbegriff) – *Nomen, Verb, Adjektiv, …* (Unterbegriffe).
der **Wortstamm** (*Plural:* die Wortstämme)	Der Wortstamm entspricht meist der **Nennform**, in der die Wörter im Wörterbuch aufgeführt werden, z. B.: *Mann, Hose, Kleid; jung, schön, groß.* Bei Verben wird vom Infinitiv (Nennform) die Endung *-(e)n* abgestrichen, z. B.: *such-en, renn-en, seh-en; sammel-n, ärger-n, schummel-n.*
die **Worttrennung** (*Plural:* die Worttrennungen)	Man kann mehrsilbige **Wörter am Zeilenende** nach bestimmten Regeln **trennen**, wenn man beim Schreiben den Platz bestmöglich nutzen muss. In der Regel trennt man dann **nach Sprechsilben**, z. B.: *be-ra-ten.* Die wichtigsten Regeln der Worttrennung am Zeilenende sind: • Mehrsilbige einfache Wörter trennt man nach Sprechsilben bzw. Schreibsilben, z. B.: *die Kin-der, die Fei-er, we-hen.* • Einzelne Vokale am Wortanfang oder -ende trennt man nicht ab, z. B.: *der Abend, die Treue.*

	• Die Buchstabenverbindungen *ch, ck, sch, ph, th* werden nicht getrennt, z. B.: *la-chen, der Zu-cker, die Wä-sche, die Stro-phe, Goe-the.* • Zusammengesetzte Wörter und Ableitungen mit Präfixen (Vorsilben) trennt man zwischen den einzelnen Wortbausteinen, z. B.: *der Fuß|ball – der Fuß-ball, be|suchen – be-su-chen.*
die **Zerlegeprobe** (*Plural:* die Zerlegeproben)	Die Zerlegeprobe hilft, die Kürze oder Länge des Stammvokals zu ermitteln: Man zerlegt die Wörter in **Silben**. Endet die erste Silbe des Wortstamms auf einen **Konsonanten** (Mitlaut), dann wird der Stammvokal in der Regel kurz gesprochen, z. B.: *der Schal-ter, wär-men, bin-den.* Steht dagegen ein **Vokal** (Selbstlaut) am Ende der ersten Silbe, dann wird der Stammvokal immer lang gesprochen, z. B.: *die Scha-le, das Se-gel, he-ben.* Einsilbige Wörter muss man **verlängern** (**Verlängerungsprobe**), um die Kürze oder Länge des Stammvokals erkennen zu können, z. B.: *das Rad – die Rä-der, das Feld – die Fel-der, bunt – bunte.*
der **zusammengesetzte Satz** (*Plural:* die zusammengesetzten Sätze)	Aus inhaltlich eng zusammengehörenden Sätzen lassen sich zusammengesetzte Sätze bilden. Die **Teilsätze** des zusammengesetzten Satzes verbindet man meist mit einer **Konjunktion** (einem Bindewort) wie *weil, aber, denn, dass, nachdem, wenn, als, seitdem* und markiert die Bindestelle mit einem **Komma**, z. B.: *Die Kinder wachsen im Zirkus auf, weil ihr Vater der Zirkusbesitzer ist.* *Sie gehen zur Schule, aber der Unterricht findet im Zirkus statt.* Man unterscheidet **Satzreihen** (zwei oder mehr Hauptsätze) und **Satzgefüge** (Hauptsatz, Nebensatz).
die **Zusammensetzung** (*Plural:* die Zusammensetzungen)	Die Zusammensetzung ist eine Möglichkeit der **Wortbildung**. Zusammensetzungen bestehen aus einem **Bestimmungswort** und einem **Grundwort**. Die Wortart des Grundwortes entscheidet über die Wortart der Zusammensetzung und damit über die Groß- oder Kleinschreibung sowie über ihr grammatisches Geschlecht. Manchmal muss eins der **Fugenelemente** *-(e)s-, -(e)n-, -er-* die beiden Wörter verbinden, z. B.: *die Mittag|s|zeit, leben|s|lang.*

Texte erschließen

(→ S. 38–39)

1

a Thema des Textes: Taschengeld deutscher Kinder und Jugendlicher

b Deutsche Kinder und Jugendliche verfügen über viel Geld
Taschengeld richtig ausgeben

2

a **1** Da Kinder und Jugendliche ihr Geld investieren, wird die Wirtschaft am Laufen gehalten.
2 Die Autorin beabsichtigt, Kinder und Jugendliche zum sinnvollen Geldausgeben zu bewegen.

b Bitte überlegt also, wofür und warum ihr euer Geld ausgebt!

c Mit den Angaben im ersten Abschnitt belegt die Autorin, dass Kinder und Jugendliche in Deutschland über viel Geld verfügen, mit dem sie, wie ab dem 2. Abschnitt beschrieben, die Wirtschaft am Laufen halten.

3

a **1** deutsche Kinder und Jugendliche – viel Geld
2 wenn alle sparen – schlecht für Wirtschaft
3 nicht so einfach, sein Geld richtig/sinnvoll auszugeben
4 überlegen, wofür und warum man sein Geld ausgibt

4

a 1. Abschnitt

b Deutsche Kinder und Jugendliche verfügen über 6,4 Milliarden Euro. (Davon liegen 3,8 Milliarden Euro auf Sparkonten, die restlichen 2,6 Milliarden Euro geben sie aus.)

5

a *x*-Achse: Antworten von 100 Befragten;
y-Achse: unterschiedliche Antworten

b **1** falsch **2** falsch **3** richtig

Sprache gebrauchen – Sprache untersuchen

(→ S. 215–216)

1

1 Es sind Sommerferien in Memphis (Tennessee), als der Elfjährige seinen ersten Ferienjob antritt. (Hs, Ns.)
2 Seinem besten Freund Rat hat Victor versprochen, dass er das Zeitungsaustragen für ihn übernimmt. (Hs, Ns.)
3 Weil Victor stottert und ein A am Anfang seines richtigen Namens Art nicht aussprechen kann, nennt er seinen Freund Rat. (Ns, Hs.)
4 Victor mag seinen Job, aber er trifft merkwürdige Kunden. (Hs, Hs.)
5 Er fürchtet den Freitag, weil er dann kassieren und mit den Kunden sprechen muss. (Hs, Ns.)
6 Wenn er stottert, lachen ihn Kinder und Erwachsene oft aus. (Ns, Hs.)
7 Mr Spiro, der zu seinen Zeitungskunden gehört, kennt das Problem. (Hs1, Ns, Hs1.)

2
1 Es sind Sommerferien in Memphis (Tennessee), als der Elfjährige seinen ersten Ferienjob antritt.
2 Seinem besten Freund Rat hat Victor versprochen, dass er das Zeitungsaustragen für ihn übernimmt.
3 Weil Victor stottert und ein A am Anfang seines richtigen Namens Art nicht aussprechen kann, nennt er seinen Freund Rat.
4 Victor mag seinen Job, aber er trifft merkwürdige Kunden.
5 Er fürchtet den Freitag, weil er dann kassieren und mit den Kunden sprechen muss.
6 Wenn er stottert, lachen ihn Kinder und Erwachsene oft aus.
7 Mr Spiro, der zu seinen Zeitungskunden gehört, kennt das Problem.

3
1 Akkusativobjekt 2 Akkusativobjekt 3 Akkusativobjekt
4 Dativobjekt 5 Präpositionalobjekt (*vor* + Dativ)

4
2 hat hergestellt 3 kann austauschen 4 hört zu

5
1 seiner Tour, Menschen aus allen sozialen Schichten 2 seines Sprachfehlers, Kontakt zu seinen Kunden 3 belesenen Mr Spiro

6
2 schnell 4 verständnisvoll 5 besonders

7
1 seiner 2 seines, er, seinen 3 er 4 dieser

8
1 Victor trägt Zeitungen in der Nachbarschaft aus. 2 Beim Kassieren muss er mit den Kunden sprechen. 3 Aber Victors Problem ist das Stottern.

9
Präsens: erzählt, stottert
Präteritum: arbeitete
Perfekt: aufgewachsen ist
Plusquamperfekt: hatte gemacht
Futur: wird schreiben

10
werden angesprochen, (darf) besucht werden, aufgestellt wurden

11
Ableitung: versprechen, sprachlos, die Stimmung, stimmlich, die Heiserkeit, flüssig
Zusammensetzung: der Sprachfehler, die Klangfarbe, einstimmen, das Sprechtraining

12
Präfixe, Suffixe
die Be|schall|ung, klang|lich, ver|klingen, sänger|isch,
er|klingen, die Heiser|keit, die Ent|täusch|ung

13
viel sprechen: schnattern, plappern, ohne Punkt und Komma, sabbeln, schwafeln
laut sprechen: kreischen, brüllen, donnern, schreien, schmettern, johlen, keifen
leise sprechen: flüstern, hauchen, piepsen, wispern, tuscheln, murmeln

14
1 schnell wie der Blitz 2 schlau wie ein Fuchs 3 stark wie ein Bär
4 flink wie ein Wiesel 5 fleißig wie eine Biene
6 ungeschickt wie ein Elefant im Porzellanladen

Richtig schreiben

(→ S. 244–245)

1 **1** gibt, Sitten **2** vielen, Frühling **3** manchen, gelten, Frühlings
4 Mitte, hoher, aufgestellt, bunten, Bändern, verziert **5** Männern, Muskelkraft
6 getanzt **7** Sage, versammeln, alle **8** ausgelassen

2 **1** große **2** das, Osterwasser **3** Wasser **4** Osterwasser, muss, süßes, Wasser, das
5 Wasser, Fluss **6** müssen, Wasser **7** dass, Osterwasser **8** deshalb

3 **1** Bräuche (Brauch) **2** Leben **3** Scherben **4** streuen, Blütenblätter (Blatt)
5 werfen, Freunde, Blütenblätter (Blatt)
6 Hochzeitsgäste (Gast), schenken, Gegenstände (Gegenstand)

4 Auf dem Weg zum Feiern wird das Brautpaar von hupenden Autos begleitet. Das Lauteste ist aber, wenn man Blechdosen an die hintere Stoßstange des Autos bindet. Sie machen beim Fahren ordentlich Lärm und jeder weiß, dass da ein Brautpaar kommt.
Fast überall bekannt ist die Tradition des Werfens des Brautstraußes. Die Braut steht mit dem Rücken zu den unverheirateten Frauen und wirft ihren Strauß hinter sich. Wer ihn fängt, wird selbst bald heiraten.
Das Beste ist, dass der Bräutigam die Braut über die Schwelle ihres Hauses oder ihrer Wohnung trägt. Dann steht ihrem Glück nichts mehr im Wege!

5 **1** die Optik **2** das Motiv **3** die Fabrik **4** die Chronik **5** die Mathematik
6 der Nominativ **7** die Kritik **8** aktiv **9** die Automatik

Textquellen

Die im SB mit * gekennzeichneten Texte wurden aus didaktischen Gründen gekürzt und/oder verändert.

8 Warum wird an der Uhr gedreht? Nach: Beckmann, Katharina: Warum wird an der Uhr gedreht? Aus: GEOlino 3/2006, S. 44 ff. **19** Inhaltsverzeichnis Dein SPIEGEL 06/2020; © DER SPIEGEL 06/2020 **21** Ländersteckbrief Peru. Aus: Bertelsmann Jugendlexikon. Gütersloh: Wissen Media Verlag, 2008, S. 496. **22** *Klappentext* Aus: Janßen, Ulrich und Steuernagel, Ulla: Die Kinder-Uni 2: Forscher erklären die Rätsel der Welt. München: Deutsche Verlagsanstalt, 2004. **23** *Inhaltsverzeichnis* Aus: Janßen, Ulrich und Steuernagel, Ulla: Die Kinder-Uni 2: Forscher erklären die Rätsel der Welt. München: Deutsche Verlagsanstalt, 2004, S. 5. **27** Die Feste feiern, wie sie fallen? Nach: Linder, Leo G. und Mendlewitsch, Doris: Geburtstag. Aus: Christiansen, Sabine und Janosch (Hg.): Gibt es Hitzefrei in Afrika? So leben die Kinder dieser Welt. München: Wilhelm Heyne Verlag, 2006, S. 109 f. **29** Menu à la carte. Aus: Laffon, Martine und Laffon, Caroline: Kinder in den Kulturen der Welt. Übersetzt von Eva Plorin. Hildesheim: Gerstenberg Verlag, 2003 (2. Aufl.), S. 13. **30 f.** Für eine Inuit-Mutter ... Aus: Laffon, Martine und Laffon, Caroline: Kinder in den Kulturen der Welt. Übersetzt von Eva Plorin. Hildesheim: Gerstenberg Verlag, 2003 (2. Aufl.), S. 73. **32 f.** In Deutschland wird Fußball ... Aus: Linder, Leo G. und Mendlewitsch, Doris: Fußball. Aus: Christiansen, Sabine und Janosch (Hg.): Gibt es Hitzefrei in Afrika? So leben die Kinder dieser Welt. München: Wilhelm Heyne Verlag, 2006, S. 103 f. **34** Kathleen Wermke und ihre ... Nach: http://www.geo.de/GEO/mensch/62680.html [23.04.2010]. **35** *Tabelle* Nach: Medienpädagogischer Forschungsverbund Südwest (Hg.): KIM-Studie 2018. Kinder und Medien. Computer und Internet. Basisuntersuchung zum Medienumgang 6- bis 13-Jähriger in Deutschland, 2019, S. 11. **36** *Diagramm* Aus: http://de.statista.com [10.06.2019]. **37** *Diagramm* Aus: http://de.statista.com [10.06.2019]. **38** Einmal Milliardär sein ... Nach: Magazin SCHULE, 2009 (Autorin: Beatrix Boutonnet); zitiert nach http://www.focus.de/schule [10.06.2009]. **39** *Diagramm* Aus: http://de.statista.com [10.06.2019]. **41** Greschik, Stefan: Peru: Leben auf dem See. Aus: GEOlino 11/2008, S. 8 f. **43** Gefährliche Arbeit auf Müllkippen. Nach: http://www.unicef.de (Autor: UNICEF Deutschland) [06.06.2009]. **44** *Diagramm* Zahlen aus: robinson-im-netz.de/wie-viele-kinder-weltweit-muessen-arbeiten/ [06.06.2019]. **49** Telek, Nazif: Sesamring-Verkäufer. Aus: Gelberg, Hans-Joachim (Hg.): Oder die Entdeckung der Welt. 10. Jahrbuch der Kinderliteratur. Weinheim, Basel: Beltz & Gelberg, 1997, S. 15. **50** Schöne, Gerhard: Lass uns eine Welt erträumen. Aus der CD: Gerhard Schöne: Kinder-Lieder-Galerie, Sony Music, 2004. © Lied der Zeit GmbH, Hamburg. **51** Ruck-Pauquèt, Gina: Freunde. Aus: Kliewer, Heinz-Jürgen u. a. (Hg.): Der Zauberkasten. Alte und neue Geschichten für Kinder. Stuttgart: Philipp Reclam jun. 1992, S. 44 ff. **52 ff.** Siege, Nasrin: Juma. Ein Straßenkind aus Tansania (Auszug). Weinheim, Basel: Beltz & Gelberg, 1998, S. 79–87. **58 f.** Pludra, Benno: Jakob heimatlos. Berlin: Kinderbuch Verlag, 1999, S. 31–33. **60** *Lexikoneintrag* „Held". Aus: Zwahr, Anette, u. a. (Hg.): Brockhaus Enzyklopädie Bd. 12. Mannheim:Brockhaus, 2006, S. 266.; *Grafik* Aus: Medienpädagogischer Forschungsverbund Südwest/KIM-Studie 2018/www.mpfs.de [06.06.2019]. **61** Eine UNICEF-Juniorbotschafterin berichtet. Nach: Linder, Leo G. und Mendlewitsch, Doris: Juniorbotschafter. Aus: Christiansen, Sabine und Janosch (Hg.): Gibt es Hitzefrei in Afrika? So leben die Kinder dieser Welt. München: Wilhelm Heyne Verlag, 2006, S. 138 f. **68** Tomaten, Basilikum, Zucker ... Nach: Loren, Sophia: Rezepte und Erinnerungen. Ins Deutsche übertragen von Lexa Katrin von Nostitz. München: Wilhelm Heyne Verlag, 2004, S. 75. **69** Zuerst reinigst du ... Nach: Bull, Jane: 100 Ideen für dein Zimmer. Aus dem Englischen von Wiebke Krabbe. Starnberg: Dorling Kindersley Verlag GmbH, 2004, S. 56. **71** Bleistift – Sportstars ... Nach: Bull, Jane: 100 Ideen für dein Zimmer. Aus dem Englischen von Wiebke Krabbe. Starnberg: Dorling Kindersley Verlag GmbH, 2004, S. 66 f. **72 f.** Inkiow, Dimiter: Das trojanische Pferd. Nach: Inkiow, Dimiter: Die Abenteuer des Odysseus. München: Hase und Igel Verlag, 2002. **78 ff.** Hüttner, Hannes: Herakles befreit Prometheus. Nach: Hannes Hüttner: Herakles. Die zwölf Abenteuer. Nach Apollodores, Hesiod, Homer, Euripides und anderen Quellen. Berlin: Der Kinderbuchverlag, 1979, S. 129–132. **81 ff.** Hecht, Gretel und Wolfgang: Die Heldentaten des jungen Siegfried. Aus: Deutsche Heldensagen. Leipzig, Weimar: Gustav Kiepenheuer Verlag, 1969, S. 99–102. **84 ff.** Held, Kurt: Die rote Zora und ihre Bande. Aus: Kurt Held: Die rote Zora und ihre Bande: Sonderausgabe mit dem Originaltext anlässlich der Neuverfilmung „Die rote Zora". Düsseldorf: Sauerländer, 2008, S. 53–55, 62–63. **87** Wusstest du schon ... Nach: www.buechersammler.de/rekorde-rund-ums-buch/ (Martina Berg) [27.06.19]. **88 f.** Andreas Steinhöfel wurde ... Nach: https://www.kinderbuch-couch.de/magazin/interview/archiv-2010-2004/04-2008-andreas-steinhoefel/ (Eckmann-Schmechta, Stefanie und Hahn, Karin) [20.12.19]. **91** Es fiel Regen ... Aus: Funke, Cornelia: Tintenherz. Hamburg: Dressler, 2003, S. 9 f. **93** *Kurzbeschreibung* Aus: Ani, Friedrich: Meine total wahren und überhaupt nicht peinlichen Memoiren mit genau elfeinhalb. München: Carl Hanser Verlag, 2008. **95** Ich ging nach Hause ... Aus: Ani, Friedrich: Meine total wahren und überhaupt nicht peinlichen Memoiren mit genau elfeinhalb. München: Carl Hanser Verlag, 2008, S. 42 f. **98 ff.** Steinhöfel, Andreas: Rico, Oskar und die Tieferschatten. Hamburg: Carlsen Verlag, 2008, S. 64 ff. **104 ff.** Thor, Annika: Ich hätte Nein sagen können. Aus dem Schwedischen von Angelika Kutsch. Weinheim, Basel: Beltz & Gelberg, 2000, S. 39–48. **110** Heine, Heinrich: Der Wind zieht seine Hosen an. Aus: Kaufmann, Hans (Hg.): Heinrich Heine: Werke und Briefe in zehn Bänden. Band 1. Berlin und Weimar: Aufbau, 1972, S. 109 f. **111** Eichendorff, Joseph von: Mondnacht. Aus: Nationale Forschungs- und Gedenkstätten der klassischen deutschen Literatur in Weimar (Hg.): Eichendorffs Werke in einem Band. Berlin, Weimar: Aufbau, 1986, S. 97. **113 ff.** Bydlinski, Georg: Das duschende Gespenst. Aus: Gelberg, Hans-Joachim (Hg.): Die Erde ist mein Haus. Weinheim, Basel: Beltz & Gelberg, 1988, S. 42 f. **117 f.** Thiele, Marianne: Spuk in der Mittsommernacht. Aus: Thiele, Marianne: Geschichtenschatztruhe. Kückenshagen: Bülten Verlag, 2009, S. 47 ff. **122** Morgenstern, Christian: Die Trichter. Aus: Christian Morgenstern: Galgenlieder. Palmström. Palma. Kunkel. Der Gingganz. Stuttgart: Reclam, 1978, S. 15; Morgenstern, Christian: Gruselett. Aus: ebd S. 137. **123** Weinert, Erich: Gespensterballade. Aus: Erich Weinert: Gedichte 1919–1925. Berlin: Aufbau, 1970, S. 108. **124 f.** Goethe, Johann Wolfgang von: Erlkönig. Aus: Johann Wolfgang von Goethe: Werke. Hamburger Ausgabe. Bd. 1 Gedichte und Epen I. München: dtv, 1998. © C. H. Beck'sche Verlagsbuchhandlung GmbH & Co. KG, S. 154 f. **126 ff.** Twain, Mark: Die Abenteuer von Tom Sawyer. Aus: Mark Twain: Tom Sawyer und Huckleberry Finn. Im Auftrag hergestellte Sonderausgabe. Für die Jugend neu bearbeitet. Übersetzt von Lore Krüger. Wien: Tosa Verlag, o.J., S. 15–19.

130 ff. Funke, Cornelia: Herr der Diebe. Hamburg: Dressler, 2000, S. 49–52. **213 f.** Vawter, Vince: Wörter auf Papier (Auszüge). Aus dem Englischen von Ingo Herzke. Hamburg: Carlsen/Königskinder, 2014, S. 11–12, S. 39–43. **218** Maar, Paul: Briefwechsel. Aus: JAguar und NEINguar. Gedichte von Paul Maar. Hamburg: Verlag Friedrich Oetinger, 2007, S. 12. **220** Wo tut es weh? (Volksgut). Aus: Schutt, Karin; Astolfi, Simone und Weidenhausen, Susanne: Babys Zeichensprache. München: Gräfe und Unzer, 2008, S. 93.
224 Busch, Wilhelm: Schnurrdiburr oder Die Bienen. Aus: Wilhelm Busch: Die schönsten Geschichten für jung und alt. Rastatt: Verlagsunion Ernst Pabel-Artur Moewig KG, 1994, S. 194.
235 Text 1 Schnecken erschrecken ... Aus: Port, Moni und Waechter, Philip: Der Flugplatzspatz nahm auf dem Flugblatt Platz: Schnellsprecher und Zungenbrecher. Leipzig: Klett Kinderbuch, 2017, o. S. **235** Text 2 Auf den sieben Robbenklippen ... Aus: Port, Moni und Waechter, Philip: Der Flugplatzspatz nahm auf dem Flugblatt Platz: Schnellsprecher und Zungenbrecher. Leipzig: Klett Kinderbuch, 2017, o. S. **235** Text 3 Wenn Fliegen ... Aus: Schwarz, Mascha (Hg.): Ein Hut, ein Stock, ein Regenschirm: Schüttelreime, Zungenbrecher, Quatschgedichte und mehr. Berlin: Tulipan, 2013, S. 27.
235 Text 4 Geklimper. Aus: Schwarz, Regina und Leberer, Sven: Knickel, knackel, Knobelbecher – verzwickt-verzwackte Zungenbrecher. Esslingen: Esslinger Verlag J. F. Schreiber, 2010, o. S.
247 ff. Spejbl und Hurvínek Aus: Spejbl und Hurvínek. Texte. Ausgew. und hg. v. Miloš Kirschner und Pavel Grym. Übersetzt von Vera Labská. Berlin: Henschelverlag Kunst und Gesellschaft, 1975, zit. n. der Lizenzausgabe für die DDR, 2. Auflage 1976, S. 41–43.
250 ff. Der kleine Prinz. Theaterstück nach Antoine de Saint-Exupéry. Fassung des carrousel Theaters (heute: Theater an der Parkaue), Berlin, 1994, S. 19–22. **253** Tom Sawyer – Ergebnis eines Unterrichtsprojekts, an der „Nordlicht"-Schule Rostock unter der Leitung von Anja Kruse. **256 f.** Packard, Edward: Die Insel der 1 000 Gefahren. Aus d. Engl. übers. von Maja Thewalt. Ravensburg: Ravensburger Buchverlag, 2007, S. 8 ff. **262** Bemmchen ... Aus: Ruschitzka, Gudrun: Sächsisch kochen. München: Gräfe und Unzer Verlag GmbH, 1995, S. 18. Kleines sächsisches ... Nach: ebd., S. 6. „Eechndiehmlichgeeden". Aus: ebd. **264** Hering, Karl Gottlieb: Morgen Kinder wird's was geben. Nach: Sieber, Helmut (Hg.): Morgen Kinder wird's was geben. Ein sächsisches Weihnachtsbuch. Frankfurt a. M.: Verlag Weidlich, 1966, S. 41.

Bildquellen

8 interfoto e.k./Sammlung Rauch
15 o. sciencephotolibrary/Smetek;
u. stock.adobe.com/Wonderful pictures
16 Shutterstock.com/Happy Art
18 stock.adobe.com/Picture-Factory J.Rofeld/pictworks
19 o. und u. © DER SPIEGEL 06/2020
20 li. und re. © Johann Michael Sailer Verlag GmbH & Co. KG;
Mi. © DER SPIEGEL 10/2020
21 Flagge: stock.adobe.com/stringerphoto;
Karte: stock.adobe.com/Maxim Grebeshkov
23 © Bundesministerium für Familie, Senioren, Frauen und Jugend
24 © Blinde Kuh e. V., https://www.blinde-kuh.de
25 stock.adobe.com/Kzenon
26 stock.adobe.com/wanwipa
27 stock.adobe.com/coward_lion
29 mauritius images/Robert Harding
31 Shutterstock.com/David Boutin
33 mauritius images/alamy stock photo/Martin Thomas Photography
34 o. mauritius images/alamy stock photo/Pix;
u. mauritius images/Pitopia
35 interfoto e.k./Danita Delimont/Lee Klopfer
37 stock.adobe.com/Hermann
38 lantapix
41 stock.adobe.com/Gail Johnson
43 Shutterstock.com/Doidam 10
45 Panther Media GmbH/Monkeybusiness Images
48 stock.adobe.com/Joerg Rofeld/pictworks
49 mauritius images/Westend61
50 stock.adobe.com/karelnoppe
52 © Nasrin Siege, Juma – Ein Straßenkind aus Tansania © Verlagsgruppe Beltz, 2000
54 stock.adobe.com/@MHSKYPIXEL/Moiz
57 o. akg-images/Benjamin Ochse; **u.** Shutterstock.com/addkm
59 Shutterstock.com/hanohiki
61 dpa Picture-Alliance/Eventpress
63 Imago Stock & People GmbH/Westend61/imago images
65 stock.adobe.com/Alexandra Langendor
67 li. dpa Picture-Alliance/Jens Niering;
Mi. Imago Stock & People GmbH/imago images/ZUMA press;
re. Imago Stock & People GmbH/imago images/Andreas Gora
68 interfoto e.k./Friedrich
76 mauritius images/Karo
81 bpk/Kupferstichkabinett, SMB/Volker-H. Schneider
83 akg-images
84 2015 © S. Fischer Verlag GmbH Frankfurt/Main
87 stock.adobe.com/jollier_
88 Imago Stock & People GmbH /Sven Simon
90 mauritius images/alamy stock photo/Wild Places Photography/ Chris Howes
91 o. Cornelia Funke, Tintenherz © Verlag Friedrich Oetinger GmbH, 2003;
u. Licensed By: Warner Bros. Entertainment Inc. All Rights Reserved
93 li. Hanna Jansen: Gretha auf der Treppe © 2004 Thienemann in der Thienemann-Esslinger Verlag GmbH, Stuttgart;
Mi. Friedrich Ani, Meine total wahren und überhaupt nicht peinlichen Memoiren mit genau elfeinhalb © 2008 Carl Hanser Verlag GmbH & Co. KG, München;
re. Andreas Steinhöfel, Rico, Oscar und die Tieferschatten. Mit Bildern von Peter Schössow © Carlsen Verlag GmbH, Hamburg 2008
95 mauritius images/Chromorange

96 stock.adobe.com/Hero Images
97 stock.adobe.com/© Rido/Rido
98 Andreas Steinhöfel, Rico, Oscar und die Tieferschatten. Mit Bildern von Peter Schössow © Carlsen Verlag GmbH, Hamburg 2008
104 o. Annika Thor, Ich hätte Nein sagen können. Mit Illustrationen von Jutta Bauer © Verlagsgruppe Beltz, 2002
126 2008 © S. Fischer Verlag GmbH Frankfurt/Main
129 © 2011 Majestic/Bernd Spauke (Kinofilm „Tom Sawyer")
130 Cornelia Funke, Herr der Diebe © Dressler Verlag in der Verlagsgruppe Oetinger GmbH, Hamburg, 2000
133 mauritius images/alamy stock photo/Allstar Picture Library Ltd.
135 Shutterstock.com/sirtravelalot
137 Shutterstock.com/EpicStockMedia
138 Shutterstock.com/JaySi
139 Shutterstock.com/Kamifo
140 imago images/Insidefoto
142 Shutterstock.com/Paul Marcus
144 Shutterstock.com/Sergii Kovalov
147 Shutterstock.com/Kaderov Andrii
149 dpa Picture-Alliance/EPA/dpaweb
151 imago images/nph
152 stock.adobe.com/Victoria VIAR PRO
153 dpa/international
154 Imago Sportfotodienst GmbH/Icon SMI
155 stock.adobe.com/www.schurr-fotografie.de/Stefan Schurr
159 dpa-Report
161 dpa-Report
164 dpa
166 Shutterstock.com/Lorraine Swanson
167 shutterstock.com/vchal
176 li. dpa Picture-Alliance/dieKLEINERT.de/..... Kalaudia;
re. Frank Speth
184 stock.adobe.com/U. J. Alexander
185 Shutterstock.com/ynm_yn
187 dpa Picture-Alliance/X02000/REUTERS
188 Shutterstock.com/DorotaB
189 picture alliance/AA
192 Shutterstock.com/chrisdouglas123
193 mauritius images/alamy stock photo/Alice Mutasa
196 Shutterstock.com/Roman023_photography
197 mauritius images/alamy stock photo/Torsten Krüger
198 ClipDealer/Alexander Fischer
199 Shutterstock.com/FenlioQ
200 li. interfoto e.k./LatitudeStock/Philip Craven;
Mi. stock.adobe.com/KaYann;
re. Shutterstock.com/Grand Warszawski
202 Shutterstock.com/IndustryAndTravel
204 Shutterstock.com/Tom McGinty
206 Shutterstock.com/Maria Mozgovaja
207 Panther Media GmbH/Rui Vale de Sousa
209 dpa Picture-Alliance/Demotix
211 Imago Stock & People GmbH/Bernd Friedel
212 © J. Miles Cary
217 Stiftung Preußische Schlösser und Gärten, Berlin-Brandenburg/ Reinhardt & Sommer, Potsdam
234 Shutterstock.com/Ungor
236 dpa Picture-Alliance/dpa-Zentralbild
237 li. Imago Stock & People GmbH/imago images/Shotshop;
re. stock.adobe.com/Fotostudio Gerth
238 imago imago/ images/biky
239 imago images/Rainer Weisflog
244 dpa Picture-Alliance/dpa-Zentralbild/Patrick Pleul/ZB
245 Panther Media GmbH/Craig Robinson
246 stock.adobe.com/ccgocke
247 stock.adobe.com/© Mikhail Markovskiy, 2012
249 stock.adobe.com/photocrew
254 Cornelsen/Angelika Wagener
255 dpa Picture-Alliance/imageBROKER
256 Science Photo Library/SAM OGDEN
258 © Microsoft® Office. Nutzung mit Genehmigung von Microsoft
261 links Imago Stock & People GmbH/imago images/Sylvio Dittrich;
u. dpa Picture-Alliance/Zentralbild/ZB
262 Cornelsen/Angelika Wagener
263 mauritius images/Hubertus Blume
265 Imago Stock & People GmbH/epd
266 mauritius images/alamy stock photo/Dmitriy Shironosov

Infinitiv	Präsens	Präteritum	Perfekt
befehlen	du befiehlst	er befahl	er hat befohlen
beginnen	du beginnst	sie begann	sie hat begonnen
beißen	du beißt	er biss	er hat gebissen
bieten	du bietest	er bot	er hat geboten
bitten	du bittest	sie bat	sie hat gebeten
bleiben	du bleibst	sie blieb	sie ist geblieben
brechen	du brichst	sie brach	sie hat gebrochen
brennen	du brennst	es brannte	es hat gebrannt
bringen	du bringst	sie brachte	sie hat gebracht
dürfen	du darfst	er durfte	er hat gedurft
erschrecken	du erschrickst	er erschrak	er ist erschrocken
essen	du isst	er aß	er hat gegessen
fahren	du fährst	sie fuhr	sie ist gefahren
fallen	du fällst	er fiel	er ist gefallen
fangen	du fängst	sie fing	sie hat gefangen
fliehen	du fliehst	er floh	er ist geflohen
fließen	du fließt	es floss	es ist geflossen
frieren	du frierst	er fror	er hat gefroren
gehen	du gehst	sie ging	sie ist gegangen
gelingen	es gelingt	es gelang	es ist gelungen
genießen	du genießt	sie genoss	sie hat genossen
geschehen	es geschieht	es geschah	es ist geschehen
greifen	du greifst	sie griff	sie hat gegriffen
haben	du hast	er hatte	er hat gehabt
halten	du hältst	sie hielt	sie hat gehalten
heben	du hebst	er hob	er hat gehoben
heißen	du heißt	sie hieß	sie hat geheißen
helfen	du hilfst	er half	er hat geholfen
kennen	du kennst	sie kannte	sie hat gekannt
kommen	du kommst	sie kam	sie ist gekommen
können	du kannst	er konnte	er hat gekonnt
laden	du lädst	sie lud	sie hat geladen
lassen	du lässt	sie ließ	sie hat gelassen
laufen	du läufst	er lief	er ist gelaufen
lesen	du liest	er las	er hat gelesen
liegen	du liegst	er lag	er hat gelegen

Infinitiv	Präsens	Präteritum	Perfekt
mögen	du magst	sie mochte	sie hat gemocht
nehmen	du nimmst	er nahm	er hat genommen
raten	du rätst	sie riet	sie hat geraten
reiten	du reitest	er ritt	er ist geritten
riechen	du riechst	er roch	er hat gerochen
rufen	du rufst	er rief	er hat gerufen
scheinen	du scheinst	sie schien	sie hat geschienen
schieben	du schiebst	sie schob	sie hat geschoben
schlafen	du schläfst	er schlief	er hat geschlafen
schleichen	du schleichst	er schlich	er ist geschlichen
schließen	du schließt	sie schloss	sie hat geschlossen
schneiden	du schneidest	er schnitt	er hat geschnitten
schreien	du schreist	er schrie	er hat geschrien
schwimmen	du schwimmst	er schwamm	er ist geschwommen
sehen	du siehst	sie sah	sie hat gesehen
sein	du bist	er war	er ist gewesen
singen	du singst	er sang	er hat gesungen
sitzen	du sitzt	sie saß	sie hat gesessen
sprechen	du sprichst	sie sprach	sie hat gesprochen
stehen	du stehst	er stand	er hat gestanden
stehlen	du stiehlst	er stahl	er hat gestohlen
steigen	du steigst	sie stieg	sie ist gestiegen
stoßen	du stößt	er stieß	er hat gestoßen
streiten	du streitest	sie stritt	sie hat gestritten
treffen	du triffst	sie traf	sie hat getroffen
treten	du trittst	sie trat	sie hat getreten
tun	du tust	sie tat	sie hat getan
verbieten	du verbietest	er verbot	er hat verboten
vergessen	du vergisst	sie vergaß	sie hat vergessen
verlieren	du verlierst	er verlor	er hat verloren
verzeihen	du verzeihst	sie verzieh	sie hat verziehen
wachsen	du wächst	er wuchs	er ist gewachsen
werden	du wirst	sie wurde	sie ist geworden
wissen	du weißt	sie wusste	sie hat gewusst
wollen	du willst	sie wollte	sie hat gewollt
ziehen	du ziehst	er zog	er hat gezogen